高职高专“十三五”规划教材

酒店前厅运营管理实务

主编　马　琼　朱艳艳　王兰玲

北　京
冶金工业出版社
2020

内 容 提 要

本书依照客人到酒店的业务流程，将传统的教学章节分解成基础知识篇（岗位认知）、专业技能篇（岗位任务）和能力培养篇（岗位提升）3大篇，共14个实践模块，分别介绍前厅部概述、前台预订服务、礼宾服务、前台接待服务、应求服务、总机服务、商务中心服务、行政楼层服务、宾客关系管理、收银服务、前厅销售管理、前厅信息沟通管理、前厅人力资源管理、前厅质量管理等内容。

本书可作为高职高专旅游管理专业、酒店管理专业的教材，也可作为酒店企业员工的培训教材。

图书在版编目(CIP)数据

酒店前厅运营管理实务/马琼，朱艳艳，王兰玲主编．—北京：冶金工业出版社，2020.10

高职高专“十三五”规划教材

ISBN 978-7-5024-8670-9

Ⅰ.①酒…　Ⅱ.①马…　②朱…　③王…　Ⅲ.①饭店—商业管理—高等职业教育—教材　Ⅳ.①F719.2

中国版本图书馆CIP数据核字(2020)第266452号

出 版 人　苏长永
地　　址　北京市东城区嵩祝院北巷39号　邮编　100009　电话　(010)64027926
网　　址　www.cnmip.com.cn　电子信箱　yjcbs@cnmip.com.cn
责任编辑　俞跃春　刘林烨　美术编辑　郑小利　版式设计　禹　蕊
责任校对　郭惠兰　责任印制　李玉山
ISBN 978-7-5024-8670-9
冶金工业出版社出版发行；各地新华书店经销；三河市双峰印刷装订有限公司印刷
2020年10月第1版，2020年10月第1次印刷
787mm×1092mm　1/16；17.25印张；417千字；261页
53.00元

冶金工业出版社　投稿电话　(010)64027932　投稿信箱　tougao@cnmip.com.cn
冶金工业出版社营销中心　电话　(010)64044283　传真　(010)64027893
冶金工业出版社天猫旗舰店　yjgycbs.tmall.com
（本书如有印装质量问题，本社营销中心负责退换）

前　言

近年来，国家大力推进以服务为宗旨、以就业为导向的职业教育改革，尤其是在课程改革环节，遵循“以培养职业能力为核心，以工作实践为主线，以工作过程（项目）为导向，用任务进行驱动，建立以行动（工作）体系为框架的现代课程结构，重新序化课程内容，做到陈述性（显性）知识与程序性（默会）知识并重，将陈述性知识穿插于程序性知识之中，理论与实践一体化”的课程改革思路。而高等职业教育是以培养生产、建设、管理、服务第一线的高素质技能型专门人才为目标，因此，为适应我国现代酒店业的快速发展，满足高职院校教学的需要，努力培养高等技术应用型人才，结合企业用工要求和学生就业需要，编写了本书。

本书是高职高专旅游管理和酒店管理专业学生的一门专业核心课程，其教学质量对改善酒店人才供给与需求间的结构性矛盾有着重要作用。本书以学生为本，以知识为基础，以技能为核心，以管理为提升。特色之处在于以酒店前厅管理人员岗位工作胜任力培养为目标，结合高等职业院校教育教学特点与学生在企业实训的经验成果总结，对传统教学方法进行职业化改良，从情景导入、服务细节的操作流程，到实训项目的模拟训练，力求实现教学的过程就是服务程序系统化训练的过程。既充分考虑了就业导向的需要，也着眼于酒店服务业人才未来可持续发展的需要，旨在提高学生前厅服务与管理知识和技能的同时，满足学生职业生涯发展的需要，培养学生的综合能力。

本书在内容设计上，与行业、企业合作，基于工作过程，以满足完成工作任务的需要为中心，选择和编排内容，力求内容深入浅出，难易适度，适用性强，理论性与应用性并重；在结构设计上，紧密结合酒店前厅部职业岗位的实际工作任务，以职业能力培养为核心，以酒店前厅部业务运作过程为主线，以项目实训强化对传统的理论教学内容的掌握，“教”“学”“做”合一，强化对学生综合职业能力的培养；在教学方式设计上，体例新颖，知识脉络简明、清晰、流畅，通过各种形式将各个知识要点形象、生动地表现出来，大大增强本书的可读性与形象性。

本书由大连职业技术学院（大连广播电视大学）联合校企合作单位共同开发设计。本书由大连职业技术学院（大连广播电视大学）马琼、内蒙古商贸职业学院朱艳艳、乌海职业技术学院王兰玲担任主编，全书由马琼、朱艳艳、王兰玲统编定稿。具体编写分工如下：模块1～模块5由马琼编写；模块6～模块10由朱艳艳编写；模块11～模块14由王兰玲编写。本书由大连香格里拉酒店人力资源总监赵霁虹、杭州洲际酒店前厅部经理王银燕、北京临空皇冠假日酒店前厅部经理邹衍妍、大连凯宾斯基酒店前厅部经理冯帆、大连职业技术学院（大连广播电视大学）旅游与酒店管理学院院长宋华清、副院长刘丹担任审稿。大连职业技术学院（大连广播电视大学）酒店管理专业主任李岩、专业教师曾丹、王晔参与了教材的编写工作。

在本书的编写过程中，参考了有关作者的文献资料，以及得到了校企合作企业有关人员的大力支持与帮助，在此一并表示衷心的感谢！

由于作者水平所限，书中不妥之处，恳请广大读者批评指正。

编　者

2020年3月

目 录

基础知识篇

专业技能篇

能力培养篇

基础知识篇

模块 1　前厅部概述

【情景导入】

记住客人的姓名

一位客人第一次前往酒店，前台接待员从登记卡上看到客人的名字，迅速称呼他以表欢迎。客人先是一惊，而后作客他乡的陌生感顿时消失，表现出非常高兴的样子。

还有一位客人在服务台高峰时进店，前台接待服务员突然准确地叫出："××先生，服务台有您一个电话。"这位客人又惊又喜，感到得到了特殊的待遇，不禁添了一份对酒店的好感。

另外一位常住的外国客人从酒店外回来，当他走到服务台时，还没有等他开口，问讯员就主动微笑地把钥匙递上，并轻声称呼他的名字，这位外国客人产生一种强烈的亲切感，如回家一样。

此外，一位 VIP 客人随带陪同人员来到前台登记，服务人员通过接机人员的暗示，得悉其身份，马上称呼客人的名字，并递上打印好的登记卡请他签字，使客人感到自己的地位不同，由于受到超凡的尊重而感到格外的开心。

评析

学者马斯洛的需要层次理论认为，人们最高的需求是得到社会的尊重。

在酒店行业的工作中，主动热情地称呼客人的名字是一种服务的艺术。酒店前台服务人员应尽力记住客人的房号、姓名和特征，借助敏锐的观察力和良好的记忆力，提供细心周到的服务，使客人留下深刻的印象，打造良好的口碑，做好酒店的义务宣传员。

前厅部是酒店经营管理中的一个重要部门，是整个酒店服务工作的核心。前厅部要为酒店管理决策层及相关职能部门提供各种参考信息，同时为宾客提供各种综合服务，如客房预订、入住登记、行李服务、问讯服务、邮件服务、外币兑换、委托代办、结账离店等。它是酒店对外的"窗口"，是酒店的"大脑"，是联系宾客关系的"桥梁和纽带"，也是酒店管理的关键部门，其运行状况将直接影响到酒店的整体服务质量、管理水平、经济效益和市场形象。

专题 1.1　前厅在酒店的地位和作用、主要职能与业务特点

前厅部又称客务部、前台部、大堂部，是酒店组织客源、销售客房商品、组织接待和协调对客服务，并为客人提供各种综合服务的部门。它是每一位客人抵达、离开酒店的必经之地，是酒店对客服务的开始和结束之处，也是客人对酒店形成第一印象和最后印象之处。

1.1.1 前厅部的地位和作用

从对客服务的基础上看，前厅部排在各部门之首；从地理位置上看，前厅部位于酒店的大堂，是客人抵达酒店最先接触到的部门。前厅部的运转和管理水平，直接影响到酒店的经营效果和对外形象。目前，酒店的市场状况也从卖方市场转入买方市场，酒店必须更加重视顾客需求，把顾客需求当作工作的出发点。因此，前厅部的地位也日益提高。

1.1.1.1 酒店形象的代表

酒店形象是公众对酒店的总体评价，是酒店在公众心目中的反映。客人一进入酒店，就会对大堂的环境艺术、装饰布置、设备设施和前厅员工的仪容仪表、服务质量、工作效率等产生深刻的第一印象；客人离店时会留下最后印象；住店期间，前厅要提供各种相关服务。而且，在大堂汇集的大量人流中，还有许多前来就餐、开会、检查指导等客人，他们往往停留在大堂，对酒店的环境、设施和服务进行评论。因此，前厅部是酒店的“窗口”，代表着酒店的对外形象。

1.1.1.2 创造经济效益的关键部门

通常，酒店的营业收入主要来自三个方面，分别为客房收入、餐饮收入和酒店综合服务设施收入。为客人提供食宿是酒店最基本的功能，客房是酒店出售的最主要的商品。客房销售额一般占酒店全部收入的40%～60%。而旅游业发达的国家客房收入在酒店营业收入中大多超过60%，有的甚至达到70%～80%，如图1-1所示。在我国酒店中，客房营业收入占全酒店营业收入的48.17%，餐饮收入占32.52%，其他收入占19.31%。前厅部的有效运转是增加客房销售收入，提高酒店经济效益的关键之一。

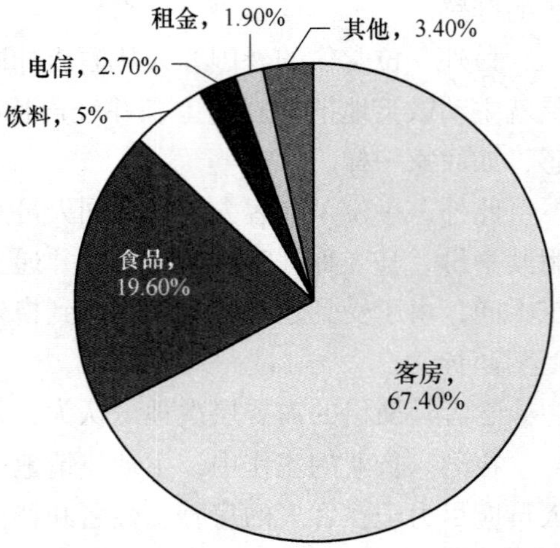

图1-1 美国酒店营业收入构成

1.1.1.3 酒店信息集散的主要枢纽

前厅部是对客服务的信息协调中心，通过自身的销售与服务工作，不仅要正确地向客人提供各类信息，而且要将客人的有关信息传递到相关部门，共同协调整个酒店的对客服务工作。另外，前厅部通过客户档案工作，把一些客人的特殊要求及时归整，以便今后为客人提供有针对性的服务。前厅部还通过自身完善的报表管理体系，为酒店储存完整的业务资料，如客情预测、营业日报等，以便销售部、财务部做好分析工作。总之，前厅部在整个酒店中起着承上启下、联系内外、协调全局的重要作用，是酒店的信息中心和协调中心。

1.1.1.4 建立良好宾客关系的重要环节

酒店服务质量好坏最终是由客人评价的，评价的标准就是客人的满意程度。建立良好的宾客关系有利于提高客人的满足度，争取更多的回头客，从而提高酒店的经济效益。前厅部是客人接触最多的部门，服务的好坏直接影响客人对酒店的评价，前厅经理要督导员工除了各项工作达到准确、高效的基本要求外，还要致力于建立良好的宾客关系，如建立客户档案、妥善处理客人投诉等。

1.1.1.5　帮助提高酒店决策的科学性

作为酒店业务活动的中心，前厅部直接面对市场、面对客人，是酒店最敏感的部门。前厅部能收集到有关市场变化、客人需求和整个酒店对客服务、经营管理的各种信息，在对这些信息进行认真的整理和分析后，每日或定期提供真实反映酒店经营管理情况的数据报表和工作报告，并向酒店管理机构提供咨询意见，作为制订和调整酒店经营策略的参考依据。

1.1.2　前厅部的主要职能

1.1.2.1　销售客房

客房是酒店最主要的产品，因此，前厅部的首要任务是销售客房。客房商品具有不可储存的特点，预订销售是酒店客房销售的重要组成部分。而在客人办理入住手续的过程中，主动向客人介绍店内其他服务项目，都会对客人的消费产生刺激和导向作用，这就会产生二次推销。实践证明，这种促销行为对提高酒店的综合效益有着直接的影响。

1.1.2.2　为客人提供系列综合服务

作为直接向客人提供各类相关服务的前台部门，前厅部的服务范围涉及机场和车站接送服务、门童行李服务、入住登记服务、离店结账服务，还涉及换房服务、退房服务、问询服务、票务代办服务、电话通信服务、商务文秘服务等。

1.1.2.3　提供信息服务

前厅是客人汇集活动的场所，前厅部服务人员与客人保持着最多的接触，因此前厅部服务人员应随时准备向客人提供其所需要和感兴趣的信息，如酒店近期推出的活动信息，这可以使住店客人的体验更丰富多彩。前厅部服务人员还应充分掌握并及时更新有关商务、交通、购物、游览、医疗等详细和准确的信息，使客人“身在酒店内便知天下事”，处处让客人感到方便。

1.1.2.4　协调对客服务

前厅部的工作涉及酒店的许多部门，与其他部门的协调是否有效、工作关系是否顺畅，直接关系到前厅部的工作质量和酒店在客人心目中的印象。这就要求前厅部和其他部门密切配合，及时获取并传递有关客人信息，协调好与涉及的各个部门的关系，以保证对客服务的准确性、及时性和高效性，共同为酒店树立良好形象。例如，客人向前厅部服务人员反映房间温度问题，前厅部服务人员就应立即通过管理渠道向工程部反映客人意见，并检查监督落实，尽快给予客人圆满的答复。

1.1.2.5　控制客房状况

前厅部一方面要协调客房销售与客房管理工作，另一方面还要准确地反映客房状况，如住客房、走客房、待打扫房、待售房等，为客房的销售和分配提供可靠依据。正确反映并掌握客房状况是做好客房销售工作的先决条件，也是前厅部管理的重要目标之一。要做好这项工作，除了实现控制系统计算机化和配置先进的通信联络设备外，还必须建立和健全完善的、行之有效的管理规章制度，以保障前厅部与相关部门之间的有效沟通及合作。

1.1.2.6　负责客房账务

处理客房账务主要是指建立客人账户、累计客账、结账收银等工作。酒店向客人承诺并提供统一结账服务，客人经过必要的信用证明即可在酒店内各营业点签单赊账。建立客账是为了实时记录并监督客人与酒店之间的财务关系，达到方便客人、保障酒店声誉并获取经济效益的目的。

1.1.2.7　建立客史档案

前厅部为更好地发挥信息集散和协调服务的作用，一般都要为住店一次以上的客人提供客史档案。无论采用计算机自动记载、统计还是采用手工整理统计等方法，建立客史档案时，一般要将客人的姓氏、身份、公司、抵/离店日期、消费记录及特殊要求作为主要内容统计记载，都将作为酒店提供周到、细致、有针对性服务的依据。这也是寻求和分析客源市场，研究市场走势，调整营销策略、产品策略的重要信息来源。

1.1.2.8　辅助决策

前厅部每天都要接触大量有关客源市场、产品销售、营业收入、客人意见等信息，通过统计分析，及时将整理后的信息向酒店决策管理机构汇报，并与有关部门协调沟通，采取对策。前厅部管理人员还要经常参与客房营销分析和预测统计分析，提出改进工作和提高服务水平的相关建议。

1.1.3　前厅部的业务特点

前厅服务是酒店服务的重要组成部分。服务作为一种产品进行销售，具有与其他产品所不同的特殊性，主要特点表现如下。

1.1.3.1　服务过程短暂，内容庞杂

前厅对客服务的各项内容过程通常较短，但是服务内容庞杂。因为前厅是酒店服务的窗口和信息中心，宾客的各种服务需求常常希望通过前厅解决，例如前厅的问讯处、委托代办处及大堂副理等岗位，他们所解决的服务内容往往超出了前厅的岗位职责，但若能妥善解决宾客的各种需求，就能够为酒店赢得良好口碑和回头客。

1.1.3.2　服务对象复杂，方式灵活

前厅面对的宾客不仅仅是住店客人，还包括所有出入酒店的宾客。这些服务对象来自不同国家、不同地区、不同民族、不同宗教信仰、不同政党团体、不同年龄和性别、不同教育背景和文化背景，因此决定了前厅服务对象的复杂性。而前厅部关于客房销售、客房的折扣、特殊接待的处理和处理客人投诉事宜又具有较强的政策性，稍有疏忽就可能造成失误。这就要求前厅员工在不违反政策、维护酒店利益的前提下，有较强的应变能力，灵活处理对客服务工作，准确预测宾客的服务需求，有针对性地提供个性化服务。

1.1.3.3　业务复杂，员工素质要求高

前厅部的业务包括预订、接待、问询、结账、礼宾、总机、商务中心服务等。这些业务专业性强，涉及范围广，信息量大且变化快，而且这些工作直接面对客人。因而要求前厅部管理上要着重于员工的服务态度、文化素养和业务技能的培训，前厅部员工必须有较全面的业务知识和服务技巧，以及较强的沟通协调能力，给客人提供优质服务，建立良好的对客关系，给客人留下美好的印象。

1.1.3.4　接触面广，管理难度大

前厅部是综合性服务部门，其工作始终要和酒店每个部门保持接触和联系，以便保证酒店各个环节高效运转，保证酒店对客服务的整体质量。此外，前厅部还与旅行社、航空公司、其他酒店、银行等有着各种业务联系，与各种住店客人和来访客人有着密切接触。由于参与全过程的对客服务，而且要求24小时运转，前厅部的管理存在一定难度，这要求前厅部具有完善的管理体系。

专题1.2　前厅部组织机构

科学合理的组织机构是有效开展经营管理和服务工作的组织保证。而前厅部的组织机构要根据酒店企业的类型、体制、规模、星级、管理方式、客源特点等因素进行设置。

1.2.1　前厅部组织机构设置原则

1.2.1.1　满足酒店经营需要的原则

前厅部组织机构的设置、岗位职责划分、人员配备应结合酒店企业的性质、规模、地理位置、管理方式和经营特色等实际情况而定，不宜生搬硬套。例如，经济型酒店属于有限服务酒店，很多服务内容需要宾客自助完成，因此，在岗位设置时就可以取消行李员的岗位，不应照搬综合服务酒店大而全的岗位设置。

1.2.1.2　机构精简原则

前厅机构设置要防止机构重叠、臃肿，必须遵守精简原则。机构精简，不仅有利于劳动力的节省，而且有利于工作效率与团队凝聚力的提高。但机构精简不是机构过分简单化，不能出现职能空缺的现象。

1.2.1.3　分工明确原则

明确各岗位职责及工作内容，明确上下级隶属关系，规范相关信息传达、反馈的渠

道、途径和方法，防止出现职能空缺、业务衔接环节脱节等现象，做到充分发挥各级人员的积极性，提高工作效率。

1.2.1.4　协作便利原则

前厅部组织机构的设置不仅要便于本部门各岗位、各环节之间的协作，还要有利于前厅部与其他相关部门的协调合作。

1.2.2　前厅部组织机构设置模式

酒店管理的发展趋势是组织机构的扁平化，包括前厅部在内的各部门将尽可能地减少管理层级，以提高沟通和管理效率，降低管理费用。但因酒店类型、规模、管理方式和客源等因素的影响，酒店前厅部组织机构的具体设置有较大的差异，主要表现在：大型酒店管理层次多，而小型酒店层次少。例如，大型酒店前厅设有经理、主管、领班和服务员 4 个层次，而小型酒店只有经理、领班、服务员 3 个层次。大型酒店组织机构内容多，而小型酒店内容少。例如，很多大型酒店前厅部设有商务中心、车队等，而小型酒店则没有。大型酒店前厅部很多职能分开，由不同的岗位负责，而小型酒店则可能将其合二为一。不同类型酒店前厅部的组织模式大体有以下 3 种。

1.2.2.1　大型酒店前厅部组织结构模式

大型酒店设客务部或房务部，下设前厅、客房、洗衣部和公共卫生部 4 个部门，统一管理预订、接待、住店过程中的一切住宿业务，实行系统管理。在前厅部内部通常设有部门经理、主管、领班和服务员 4 个层次，这种模式如图 1-2 所示。将前厅部、客房部合二为一，在降低管理费用的同时，也加强了这两个部门之间的联系与合作。有些大型酒店在前厅部还设立了专职收银员，而前厅收银员在大多数大中型酒店隶属于财务部，但有与前厅接待员合并成一个工种并隶属于前厅部的趋势。

1.2.2.2　中型酒店前厅部组织结构模式

中型酒店前厅部作为一个与客房部并列的独立部门，直接受酒店总经理领导。前厅部设有部门经理、领班、服务员 3 个层次。这种模式如图 1-3 所示。

1.2.2.3　小型酒店前厅部组织结构模式

小型酒店前厅部组织机构较简单。部分小型酒店不设前厅部，其功能由总服务台来承担，总服务台作为一个班组隶属于客房部，只设领班（主管）和总台服务员两个层次。这种模式如图 1-4 所示。

1.2.3　前厅部的主要机构及职能

前厅部组织机构一般由以下部分组成：预订、接待、礼宾、问询、收银、大堂副理、行政楼层、电话总机、商务中心。此外，通常在前厅部还设有其他非酒店所属的服务部门，如银行驻店机构、邮政部门驻店机构、旅行社驻店机构、民航以及其他交通部门驻店机构等，以作为完善酒店不同服务功能需求的必要补充。但因酒店规模、等级不同，前厅

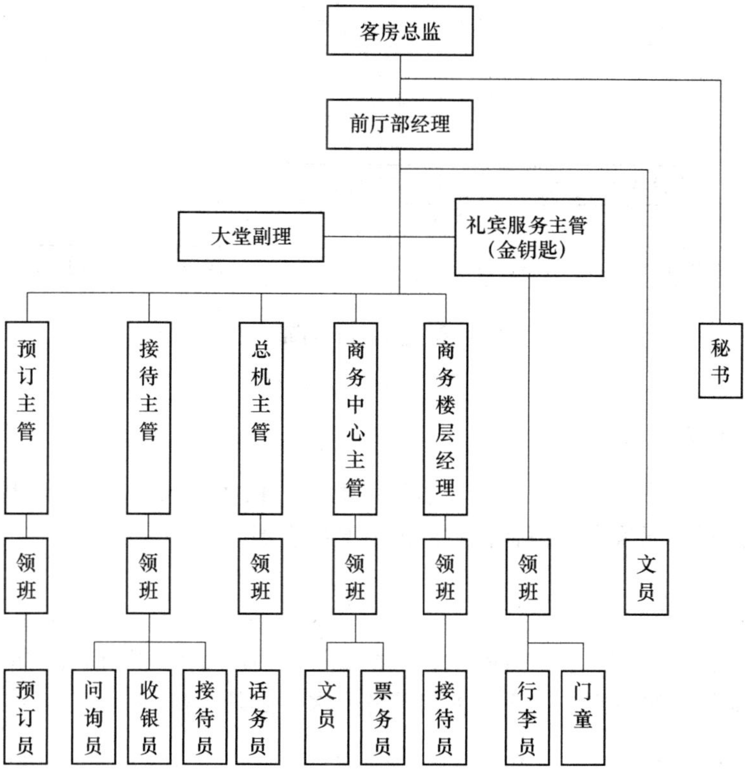

图1-2　大型酒店前厅部组织结构

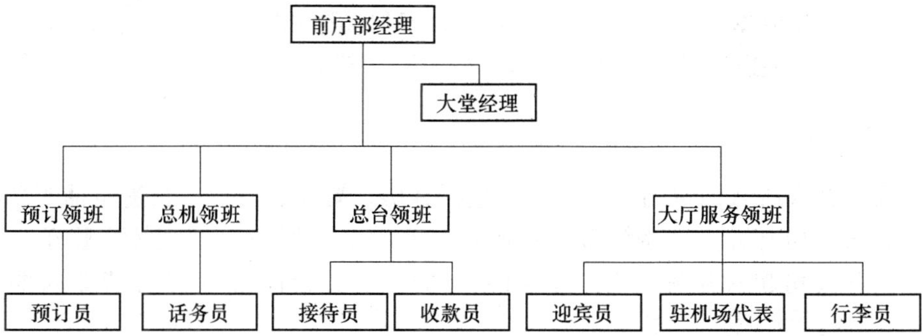

图1-3　中型酒店前厅部组织结构

部业务分工也不同，一般设有以下主要机构。

1.2.3.1　预订处

负责酒店的订房业务，接受客人以电话、传真、信函或口头形式的预订；负责与有关公司、旅行社等提供客源的单位建立业务关系，尽力推销客房并了解委托单位接待要求；密切与总台接待联系，及时向前厅部经理及总台有关部门提供有关客房预订信息和数据，向上级提供VIP客人预订的相关信息；编制预订报表；参与制订全年客房预订计划。

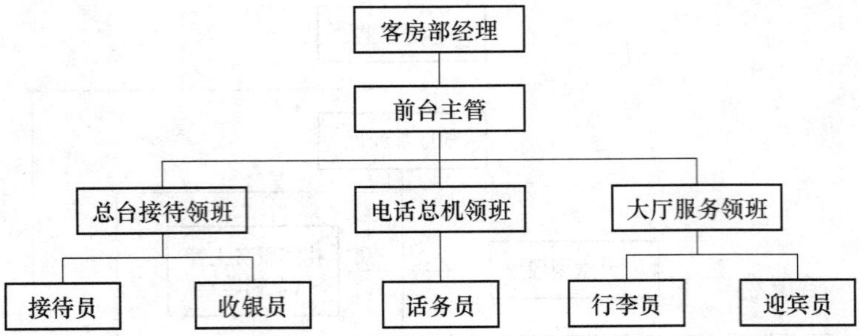

图 1-4　小型酒店总台（前厅部）组织结构

1.2.3.2　接待处

销售客房，接待住店客人，为客人办理入住登记手续，分配房间；掌握住店客人动态及信息资料，控制房间状态；编制客房销售情况报表等。

1.2.3.3　问讯处

协调对客服务工作；回答客人问讯，包括介绍店内服务及有关信息、市内观光、交通情况、社团活动等；接待来访客人；处理及分发客人邮件、留言。

1.2.3.4　礼宾部

在门厅或机场、车站迎送宾客；负责客人的行李运送、寄存及安全；雨伞的寄存和出租；公共部位找人；陪同散客进房和介绍服务，分送客用报纸、信件和留言；代客召唤出租车；协助管理和指挥门厅入口处的车辆停放，确保畅通和安全；回答客人问讯，为客人指引方向；传达有关通知单；负责客人其他委托代办事项。

1.2.3.5　收银处

负责酒店客人所有消费的收款业务，包括客房、餐厅、酒吧、长途电话等各项服务费用，与酒店一切有客人消费的部门的收银员和服务员联系，催收核实账单，及时催收长住客人和公司超过结账日期、长期拖欠的账款；夜间统计当日营业收益，制作报表。

1.2.3.6　电话总机

接转电话；为客人提供请勿打扰电话服务、叫醒服务；回答电话问讯；接受电话投诉；电话找人；电话留言；办理长途电话事项；出现紧急情况时充当酒店的指挥中心。

1.2.3.7　商务中心

为客人提供打字、翻译、复印、传真以及国际互联网等商务服务，还可以根据需要为客人提供秘书服务；提供文件加工、整理和装订服务；提供计算机、会议室等租赁服务；提供代办邮件和特快专递服务。

1.2.3.8　对客关系与大堂副理

现在，不少高档酒店在前厅部设有客务关系部，其主要职责是代表总经理负责前厅服务协调、贵宾接待、投诉处理等服务工作。在不设客务关系部的酒店，这些职责由大堂副理负责，其职责是协调酒店各部门的工作，检查大堂卫生和员工的工作状况，代表酒店处理日常发生的事件，帮助客人排忧解难，并监督问题的处理流程等。

1.2.3.9　行政楼层

行政楼层是酒店为接待高档商务客人，为他们提供更加温馨的环境和各种便利的优质服务而专门设立的楼层。其为客人提供的具体服务包括特殊预订、个性化住宿登记、快速结账服务、行政酒廊和洗衣等，以及专门的商务活动场所、专职管家等。商务楼层集酒店的前厅登记、结账、餐饮、会议室和商务中心于一身，为客人提供更加周到的服务，客人可以享受快速入住登记、推迟离店时间、洗衣、熨衣、商务早餐、下午茶，一定时限内使用会议室等服务，所以，商务楼层的房价比一般楼层房价高出20%～50%。

专题1.3　前厅部工作人员的素质与能力要求

前厅部员工代表整个酒店接待客人，以客为尊，以良好的外部形象让客人得到愉悦的感觉，给客人留下良好的印象。因此，只有高素质的前厅部服务人员，才能向客人提供满意的服务，维护酒店的总体形象。

1.3.1　基本素质要求

1.3.1.1　良好的职业道德

良好的品行与职业道德是前厅服务人员应具备的首要素质。在前厅服务中需要认真、踏实、负责，真诚对待每一位客人，责任心强，更需要具有敬业精神及创新意识。

1.3.1.2　端庄的外部形象

按酒店规定着装，仪表端庄，性格开朗，都会增加员工的亲和力，使客人在感官上获得愉悦的感觉，为酒店产品的销售增添砝码。

1.3.1.3　广博的知识体系

前厅服务人员应具备较广的知识面及丰富的专业知识，包括对中外历史知识、本地的地理环境和气候、本地风景名胜、交通状况、国外风俗、宗教文化和礼仪礼貌等方面的知识有较全面的掌握，从而保证对客的优质服务。

1.3.1.4　得体的礼貌礼节

在对客服务中能够灵活运用迎送礼、微笑礼、称呼礼、问候礼等服务礼仪，为客人提供恰到好处的服务。

1.3.1.5 健康的身体素质

前厅的工作需要连续站立 8 小时，持续不断地进行对客服务，因此需要员工有良好的身体素质。同时也要具备良好的心理素质，调整自己的心理，积极乐观地对待工作。

1.3.2 职业能力要求

1.3.2.1 语言表达能力

前厅员工需要有良好的语言表达能力。首先，普通话发音应准确、语音圆润动听；其次，能够熟练掌握一门以上的外语，并解决服务中的一些基本问题。最后，善于用简单明了的语言表达服务用意，并讲究沟通的语言技巧能使客人心满意足地购买酒店服务产品。

【案例赏析】

正值旅游旺季，两位外籍专家出现在杭州某酒店的总台前，前台服务员小刘是个新手，他查阅了一下订房登记单，马上简单地对客人说："你们预订了一个标准间 B 档的客房，明天一早退房。"

客人听后脸色陡然一变，很不高兴地说："接待单位在为我们预订客房时，曾经问过我们要住几天，我们明明说好住 3 天，怎么现在变成了仅住一天呢？"

小刘仍用呆板的、毫无变通的语气说："我们这两天房间特别紧张，明天已经没有标准间 B 档的房间了，当时你们接待单位来订房时已同意了的。"

客人听罢更加恼火，大声喊道："你们要解决住宿问题！我们根本没有兴趣也没有必要去追究预订客房差错的问题。"

正当小刘与客人形成僵局之际，前厅值班经理闻声前来，首先向客人表明他是代表总经理来听取意见的。他先让客人慢慢地把意见说完，然后以抱歉的口吻说："你们提的意见是正确的，眼下追究接待单位的责任并不是最主要的。这几天正当旅游旺季，双人标准间 B 档很紧张，我设法安排一间套房，请你们明后天继续在我们酒店做客，虽然套房房费要高一些，但设备条件还是不错的，我可以给你们打六折。"

酒店订房记录与客人要求有差距，是不可避免的情况，特别是有中间人帮助客人订房时，这种情况出现的可能性就会更大。一旦出现这类问题，在帮助客人处理时，既要有积极的态度，也要讲究语言技巧，才能赢得客人的满意。

1.3.2.2 人际交往能力

前厅员工几乎时时刻刻都在与形形色色的客人打交道，拥有较强的人际交往能力，不但能与领导、同事及客人建立好各种关系，还可以顺利地完成各项工作。因此，前厅服务人员要具备与其他同级业务部门相互协调的能力，还有及时和领导、同事沟通信息的能力。

1.3.2.3 推销能力

酒店的收入主要来源于客房销售，推销能力是酒店对前厅服务员的一个必备要求，主要体现在三个方面：第一，要有委婉推销客房的能力；第二，要有灵活多变的推销技巧；第三，要有敏锐多变的推销语言。

1.3.2.4　记忆能力

“记住别人的名字并且能准确地称呼出来，等于给别人一个巧妙而有效的赞美”，这是一个人人皆知的道理，为客人提供个性化的服务，首先应从给予客人个性化的认知做起，包括：记住回头客人的个性化需求，住店客人的姓名和兴趣爱好等内容。

1.3.2.5　自我控制能力

“顾客就是上帝，顾客永远是正确的”，这已经成为酒店业的经典服务理念。但是客人也是普通人，也有犯错误的时候，当客人错了的时候，要求我们把“对”留给客人，把“错”留给自己，不与客人争辩。这就要求前厅服务人员在对客服务时善于控制自己的情绪，有较强的自我控制能力，能在短时间内调整自己的不良情绪；对客人的过激言行，能以平和的心态和语言，平息或化解矛盾，以最佳的状态为客人服务。

1.3.2.6　预测与判断能力

前厅服务人员要有对客人服务的预测能力，根据客人眼神、表情和言谈，在短时间内正确判断出客人的身份、文化层次和地位，预测出可提供的服务项目，从而为客人提供最佳的服务。

1.3.2.7　使用电脑和辅助工具的能力

前厅服务人员要有利用电脑记录信息的能力，能在短时间内迅速地订房或结账，减少客人的等候时间，提高客人对酒店服务的满意度。

【服务技能】

前厅部员工的规范见表1-1~表1-3。

表1-1　前厅部员工仪容仪表规范

项目名称	操作程序	说明/标准
男士头发	（1）清洁无头屑； （2）修剪梳理整齐； （3）低头时，头发不遮住脸； （4）染发不得过于夸张； （5）头发侧面不遮住耳朵，后面不触及领子	染发不能染成红、绿、金等夸张颜色
女士头发	（1）清洁无头屑； （2）修剪梳理整齐； （3）头发不应散落； （4）过颈长发应购买统一发夹系于脑后； （5）低头时，头发不遮住脸； （6）不应佩带不适当的发饰； （7）染发不得过于夸张； （8）头发不得梳剪夸张的发式	

续表 1-1

项目名称	操 作 程 序	说明/标准
面部	（1）眼睛保持干净，及时去除眼角分泌物； （2）不能佩戴时尚镜框的眼镜，也不可以佩戴有色眼镜； （3）及时剔出耳内分泌物，如有耳毛注意及时修剪； （4）耳朵不得打连排耳钉； （5）鼻孔保持干净，如有鼻毛及时清理； （6）口腔保持干净无异味，上班期间忌吃大蒜、大葱、韭菜等刺激性食物； （7）男士必须每天剃须； （8）要求淡妆	
肢部修饰	（1）除结婚戒指外不得佩戴其他饰物； （2）不留指甲； （3）不能涂艳丽指甲油	指甲长短判断标准：直立手掌，视线穿过指头看不到指甲

表 1-2　前厅部员工服饰规范

项目名称	操 作 程 序	说明/标准
制服外套	（1）制服应干净，熨烫平整； （2）无破损、污迹或灰尘； （3）无松口或掉扣； （4）大小合身； （5）内衣不能露在制服领口外； （6）制服应完整，穿戴得体； （7）制服袋内只能放与工作有关的物品	制服袋内不允许放烟、火机、钥匙等与工作无关的物品
衬衣	（1）衣领及袖口清洁； （2）衣领及袖口无磨损； （3）纽扣齐全； （4）熨烫挺括； （5）领带干净无污迹，领带打结得体	
鞋	（1）女士穿黑色有跟皮鞋； （2）男士穿黑色正装皮鞋	皮鞋光亮
袜子	（1）穿裙子的员工需穿长筒袜，袜口不得露于裙装外； （2）应穿肉色或黑色丝袜； （3）丝袜应完好无脱丝和破损	丝袜颜色需统一

表 1-3　前厅部员工服务礼仪规范

项目名称	操 作 程 序	说明/标准
表情	（1）眼神专注、角度正确，没有不恰当的眼神； （2）微笑自然大方，注意场合	目光要与客人目光平视
站姿	（1）精神饱满，有激情； （2）男性刚健、潇洒；女性轻盈、娴静、典雅； （3）头正目平，面带微笑，避免有失庄重的小动作	

续表 1-3

项目名称	操 作 程 序	说明/标准
走姿	（1）精神饱满，有激情；抬头、挺胸、收腹； （2）肩膀后垂，手放两边，轻轻摆动，步伐轻盈； （3）有意识避免一些错误的行进姿态； （4）五种常用站姿的练习：肃立站姿、体前交叉式、体后交叉式、体后单背式、体前单屈臂式	
手姿	（1）引导手姿。五指伸直并拢，掌心斜向上方，面带微笑，以眼神关注目标方向，并兼顾客人； （2）递接物品。用双手或右手递送；带文字的物品应正面朝向对方；带尖、刃或易于伤人的物品，应将尖、刃朝向自己或别处； （3）展示物品。将校展示物品放在身体一侧，正面朝向观众，并举到一定高度，但不能挡住本人头部； （4）举手致意。跟客人打招呼、道别或引起他人注意时目视对方、全身直立、面带微笑、手臂上伸、掌心向外	双手接送物品；不要有多余的手势动作
接听电话	（1）检查设备，确认号码，调整情绪； （2）铃响三声内接听，自我介绍，问好； （3）语音甜美，注意通话内容、记录； （4）对方先挂，提醒对方挂电话的技巧，轻挂电话	及时接听电话，且不要在客人之前挂断电话

专题 1.4　前厅的设计与布局

前厅处于酒店服务与管理的前沿，是客人进出酒店的必经之处，是客人办理手续、咨询等活动的汇集场所，是酒店主要公共空间的交通中心，其科学的设计、合理的布局及所营造出的独特氛围，将对客人产生直接的影响，也将直接影响酒店的形象与功能的发挥。

1.4.1　前厅布局的基本原则

尽管酒店前厅的设置随着酒店业的发展在不断更新，各类酒店在设计上也都突出了自己的特点。但在前厅的布局上要遵循一些基本原则，以有利于前厅的运转。

1.4.1.1　效用成本原则

前厅的布局应首先考虑效用成本原则，不要盲目追求空间的气派、宏伟，还要考虑投资效益。应当满足酒店接待休息、人流集散、商务服务等功能的需求。通常前厅面积应与酒店的客房间数成一定比例，每间为 0.4 ~ 0.8m^2。过分高大宽敞的空间不仅浪费了面积，而且增加了制冷和制热过程中的空调负荷，造成能源浪费，增加酒店的经营负担。

1.4.1.2　功能分区原则

功能是前厅设计中最基本的层次，布局时应将各功能区域划分明确。前厅常见的功能区域有正门入口处、服务区域、管理区域、休息区域、公共卫生间及营业区域等。宾客通往酒店各功能区域的通道和空间应减少障碍，保持通畅，强化导向功能。

1.4.1.3 美观独特原则

前厅布局设计要美观、典雅、庄重，既要彰显酒店的星级、民族、区域、规模特色及经营风格，又要让宾客喜欢。例如，前厅的浮雕、挂画、中心艺术品及装饰品等应与酒店文化一致，格调、色调协调统一，起到营造氛围、提升艺术感染力的作用。

1.4.1.4 绿色环保原则

节能减排、绿色环保是星级酒店的社会责任。星级酒店应根据自身硬件、环境现状、服务产品和客源市场的结构，在不降低对客服务质量、舒适度，以及保证员工良好工作环境的前提下，使前厅布局设计符合绿色环保原则。

1.4.2 前厅布局与功能

通常一家酒店的前厅应分成四大功能区：一是接待服务区，包括前台、前厅办公室、大堂副理台、礼宾服务台、行李房、贵重物品保管室等；二是公共设施区，包括客人休息区、公共卫生间、公共电话、电梯间等，三是经营设施区，包括商务中心、大堂吧、小商场等；四是服务设施区，包括 Public Area（简称 PA）工作间、大堂吧操作间、员工通道等。

1.4.2.1 酒店入口处和酒店大门

酒店的大门由正门和边门构成，大门的外观要新颖、有特色，能对客人有较强的吸引力。一般的酒店都采用玻璃门作为正门。酒店的玻璃门要选用厚度、强度、颜色适当的玻璃制作，安装要牢固，防止玻璃落下碰伤客人。玻璃门要有醒目的中英文及图形标志，酒店的店名牌、店徽及星级标志要醒目、美观，不易被来往的车辆挡住。

正门前台阶旁还应设立专供残疾客人轮椅出入酒店的坡道。通常在大门口还铺设地毯，供客人擦干净鞋底后进入大堂，以维持大堂的整洁，并能够防止湿鞋带入大堂的水珠使客人滑倒。边门旁应设置伞架，供客人存放雨伞。

酒店大门外的空地，通常应设置旗杆一般设置三根，分别用来挂国旗、店旗和在酒店下榻的各国国家元首所在国的国旗。

1.4.2.2 接待服务区

前厅对客服务以总服务台为主，主要包括前台、礼宾台、行李处、大堂副理办公区等。

（1）前台。理想的前台应使站立的员工既能够清楚地观察到整个大堂及电梯、各出入口的基本情况，又能使客人容易看到。通常设置在大门正对的位置或侧面，既便于服务也便于管理。前台的尺寸应根据酒店的工作需要及前厅面积大小、客房数量的多少等因素来确定。

（2）礼宾台。礼宾台的位置设在客房区或客用电梯厅与酒店大门连接的路程中。

（3）行李服务台。行李员服务台设在靠近大门，同时又能看到总服务台和电梯厅的地方；大堂要有行李间，行李间以每间客房 0.05 ~ 0.06m^2 设定，且需要配备电话和专用照明。观光型酒店的旅行团行李较集中，行李间应适当加大些。

（4）大堂副理办公区。大堂副理代表酒店总经理接受及处理客人对酒店内所有部门的一切投诉，因此岗位非常重要。由于工作的特殊性，其办公区通常设置在大厅较为显眼但又安静的部位，以便于环视整个大厅，对大厅入口的行李处、前台、客人休息区的状况均能一览无遗。该区域通常包括配置电话、计算机的桌台，两把客人沙发椅，一把经理值班沙发椅，块形地毯，台灯，绿化盆栽，背景艺术陈设品等，面积为6～12m^2。

1.4.2.3　公共设施区

（1）休息区。休息区能方便客人等候并起到疏导、调节大堂人流的作用，位置最好设在前台附近并能向大堂吧或其他经营点延伸。休息区的座位数量不宜过多，通常按每15个房间1个座位的比例进行配备。

（2）公共卫生间。前厅的公用卫生间也是设计的一个重点。公共卫生间要有中、英文及图形标志，宽敞干净、无异味，设施完好，用品齐全，如手纸、面巾纸、香皂、干手器、小毛巾、擦鞋机等。

（3）公共设施。大厅内应有齐备的公用电话等公用设施，较高档的酒店还应配备供客人查询酒店服务设施位置及时间等信息的自助服务设备。

1.4.2.4　经营设施区

为了能够为宾客提供全面的服务项目，提高酒店的经济效益，很多酒店在前厅区域设有各种营业项目，如商务中心、商场、票务中心等。

商务中心的主要设备有宽带上网的电脑、复印机、传真机、打字机、电话等，还提供办公桌椅和休息用沙发。

商场随酒店等级不同，规模也不同，在设计上应与前厅整体风格协调统一。

酒店人流线路要分布合理、通行方便、符合客人流动规律，使客人去电梯、餐厅的路线非常明确，不至于在前厅迷失方向，找不到通道。酒店人流线路有两种流线：一种是服务流线，指酒店员工的后场通道；另一种是客人流线，指进入酒店的客人到达各前厅区域所经过的线路。设计中应严格区分两种流线，避免客人流线与服务流线的交叉。流线混乱不仅会影响客人活动，增加管理难度，同时还会影响前台服务区域的氛围。

1.4.3　前厅的环境营造

前厅区域作为酒店的核心与窗口，要利用一切建筑或装饰手段，营造一个亲切、宜人、静逸并具有文化气韵的幽雅环境。

1.4.3.1　光线

前厅大堂内要有适宜的光线，能使客人在良好的光照下活动，员工在适当的光照下工作。大堂内最好吸入一定数量的自然光线，同时配备层次、类型各不相同的灯光，以保证良好的光照效果。过于明亮的光线，会使人产生头晕目眩等不舒适的感觉，影响员工的工作效率；过于昏暗的光线，不易使员工和客人看清对方的面部，也不利于准确办理手续。所以，在设计光照时，灯光的强弱变化应逐步变化，可采用不同种类、不同亮度、不同照明方式的灯光，配合自然光线达到上述要求。

1.4.3.2　色彩

前厅环境的好坏还受到大堂内色彩的影响。前厅一般采用浅暖色调，同时以近似色的艺术品或家具点缀，形成高雅、明亮、温馨及舒畅的气氛。前厅色彩不宜过于零碎和多样，也不宜采用过多的金属色。

而大堂的服务环境及客人休息的沙发附近，色彩就应略冷些，使客人有一种宁静、平和的心境，适应服务员工作和客人休息对环境的要求，创造出大堂特有的安静、轻松的气氛。

1.4.3.3　温度、湿度与通风

前厅内要有适当的温度，通过单个空调机或中央空调通常都可以把大厅温度维持在人体所需要的最佳温度，一般是22～24℃，相对湿度应保持在40%～60%。

前厅内人员集中，密度大，人员来往活动频繁，耗氧量高，如通风不畅，就会使人觉得气闷，有一种压抑感，应使用性能良好的通风设备及空气清新剂等，改善大厅内的空气质量，使之适合人体的要求。

1.4.3.4　声音

前厅通常离大门外的闹市区或停车场较近，人员活动频繁，车辆噪声不断。大厅内的声源杂、音量大。如噪声过于集中，就会超过人体感觉舒适的限度，使人烦躁不安，容易出错，易于激动和争吵，降低工作效率。因而在建造大堂时，应考虑使用隔音板等材料，降低噪声。酒店员工工作交谈时，声音应尽量轻些，有时甚至可以使用体态语言进行沟通。要尽量提高工作效率，使客人在高峰时间不致长久滞留于大厅。背景音乐的音量要保持令人轻松愉快的程度，以5～7分贝为宜。

1.4.3.5　绿化

前厅绿化可以给人以亲切、舒适的自然美感，既可以调节大厅温度、减少噪声、净化空气，又可以消除人们由于长时间室内活动而产生的疲劳。酒店周围不一定有优雅的花园风景，所以，应尽可能在大厅内设计花卉、树木、山石、流水等景观，使厅内绿荫丛丛，流水潺潺，一派生机。

内容小结

本模块介绍了前厅部的基础知识。通过对前厅部工作职能的分析，阐述了前厅部的业务特点，明确了前厅部的组织机构设置及各岗位所需的素质和能力要求，针对前厅服务人员应具备的仪容仪表、服务规范等内容进行实训练习，同时也对前厅大堂的功能布局和环境营造进行了说明，为进一步学习和研究酒店前厅部门的具体业务奠定了基础。

【职业能力测试】

实训项目1　模拟建立酒店前厅

实训目的：通过模拟建立酒店前厅的实训，让学生更深入地了解前厅的各个部门，体会并掌握各部门、各岗位的岗位职责。

实训要求：（1）仪容仪表符合职业要求。

（2）熟悉前厅各部门及其岗位职责。

（3）服务用语规范。

（4）自制相关道具。

实训准备：模拟前厅，各小组自制酒店 Logo、部门招牌、酒店宣传单、房价单。

实训安排：（1）自愿组成10人/组的实训小组，以小组为单位成立某酒店前厅部。

（2）小组学生分别扮演前厅各岗位的服务人员。

（3）以情景剧形式介绍酒店及酒店前厅各岗位的职责。

（4）教师点评并考核。

考核标准：

模拟建立酒店前厅考核标准

考核项目	考核内容	分值
1. 仪容、仪表、仪态	小组成员着装整齐，仪容、仪表、仪态符合职业要求	5
2. 语言	服务用语礼貌，语音、语调适度，发音清楚，说话流利	5
3. PPT 制作	制作精致，能够体现该酒店的特点，宣传有针对性、有吸引力，体现团队协作意识	10
4. 前厅经理	（1）介绍酒店名称及 Logo、本酒店的定位； （2）介绍前厅的各部门及部门代表； （3）介绍或演示前厅经理的岗位职责	10
5. 预订部	（1）展示部门招牌； （2）展示预订部礼貌用语； （3）介绍或演示预订员的岗位职责	10
6. 礼宾部（迎宾服务）	（1）展示部门招牌； （2）展示礼宾部礼貌用语； （3）介绍或演示迎宾员的岗位职责	10
7. 前台（入住接待）	（1）展示部门招牌； （2）展示前台接待礼貌用语； （3）介绍或演示前台接待员的岗位职责； （4）介绍酒店的房价单	10
8. 总机	（1）展示部门招牌； （2）展示总机礼貌用语； （3）介绍或演示总机服务员的岗位职责	10
9. 商务中心	（1）展示部门招牌； （2）展示商务中心礼貌用语； （3）介绍或演示商务中心服务员的岗位职责	10
10. 大堂经理	（1）展示部门招牌； （2）展示大堂经理礼貌用语； （3）介绍或演示大堂经理的岗位职责	10
11. 总结	本酒店前厅部的对客服务口号	10
总分		100

实训项目 2 前厅工作人员服务礼仪

实训目的：通过前厅工作人员服务礼仪的实训，掌握前厅工作人员应具备的基本礼仪知识，使自己的仪容、仪表、仪态达到各岗位的职业要求，向客人传达一种训练有素的职业精神。

实训要求：（1）仪容仪表符合职业要求。

（2）服务用语规范。

（3）服务姿势标准。

实训准备：模拟前台，工作牌，电脑、电话、笔、记录本。

实训安排：（1）将学生分成实训小组。

（2）各组学生分别扮演前厅服务员来练习对客服务礼仪。

（3）模拟真实情境。

（4）教师点评并考核。

考核标准：

前厅工作人员服务礼仪考核标准

考核项目	考核内容	分值
1. 仪容仪表	（1）衣着工整，领结、工牌佩戴规范； （2）面部干净，女生淡妆上岗，发型标准，无佩戴不符合规定的饰物； （3）手部干净，指甲修剪整洁，不涂抹鲜艳的指甲油； （4）保持身体清洁卫生	30
2. 服务用语	（1）礼貌用语使用规范，来有迎声，走有送声； （2）语言热情，语调上扬，声音清脆	35
3. 服务姿态	（1）举止文明大方，坐姿、站姿符合岗位标准； （2）微笑服务； （3）引领客人、走姿、鞠躬等动作标准	35
总分		100

实训模拟情境：

晚上 20：00，某五星级酒店，有一位常客刘亮先生（L）到前厅办理入住，前厅接待员小陈（R）在接待赵先生（主要进行制服、站姿、表情、手势、礼貌用语等服务技能的实训）。

R：先生，晚上好，欢迎光临成都新时代国际大酒店，请问有预订吗？

L：有，刘亮预订的。

R：好的，您请稍等，马上为您办理，请您出示您的身份证。

L：好的，给你，

R：刘先生，请问押金是用现金还是刷卡？

L：刷卡。

R：刘先生，收您 1000 元押金，请签字确认下，谢谢！

L：好的，谢谢了！

R：刘先生，这是您的住宿登记单，请您核对后在右下角签字确认下，谢谢！

L：好的。

R：刘先生，这是您的房卡，我的同事将带您去房间，祝您入住愉快。

L：谢谢！

R：不客气，很高兴为您服务。

专业技能篇

模块 2　前台预订服务

【情景导入】

已预订的客房被售出

一位客人找到酒店的大堂副理，说：“我是从美国来的史密斯。”客人显得很生气。原来，这位客人在 3 天前给酒店预订部打过电话，要求预订一间高层、朝阳的标准间，当时预订部人员按客人要求为其办理了预订手续。但当客人到店办理入住手续时，接待人员却告诉他朝阳的标准间已经全部售出了，问客人是否可以更换一间别的房间。客人当即表示：既然在 3 天前做了预订，就不应该出现此类情况。大堂副理很快查明原因：原来，当天上午一位未办理预订手续的客人也提出要高层、朝阳的房间。接待人员见史密斯先生未到店，以为他不会来了，便将此房间安排给了另一位客人。大堂副理马上向客人道歉，并为客人安排了一间高层、朝阳的豪华间，房价仍按标准间收取。第二天，前厅部为史密斯先生更换了一间高层、朝阳的标准间，并安排行李员协助客人换房。

评析

客房预订是指客人在抵店前对酒店客房的预先订约，这种预订一经酒店确认，酒店与客人之间便达成了一种具有法律效力的预期使用客房的协议，酒店有义务根据预订的价格、房型为客人提供所需的客房。所以，预订完成是酒店对客人的重要承诺，应按规定将客房保留至最后期限，否则，就会失信于客。

专题 2.1　预订的意义

酒店预订部是前厅部对客服务的超前部分，虽然在多数情况下预订员不是面对面地为宾客服务，却往往是宾客与酒店正式接触的第一个部门，其每一个服务细节和操作规程都代表着酒店的服务质量。对客人而言，客房预订可以保证客人的住宿需求，特别是在旅游旺季，可以免遭客满的风险。而对酒店而言，预订工作的开展，对于其经营管理具有重要意义。

2.1.1　帮助酒店更好地提供对客服务

通过客房预订，酒店协调各部门业务，可以提前做好接待准备，如人员安排、设施设备的准备工作、低值易耗品及食品饮料的采购等，提高服务质量和管理水平，从而提高客人的满意程度。

2.1.2　促进酒店的销售工作

预订客房实际上是酒店对客房产品的预先销售，如果预订的客人较少，酒店只能靠随机的散客来实现客房的销售，其经营就会处于不稳定状态。通过高效的、有质量的预订工作，可以为酒店争取更多客源，增加酒店的经济效益。

2.1.3 有助于预测未来的客源情况，及时调整经营策略

酒店通过预订部的订房、售房信息对酒店宾客的资料进行深入分析，为销售部提供信息指南和反馈，了解客源市场情况，把握市场动态，预测酒店未来业务，并制订出一系列的市场营销策略。

2.1.4 提高酒店的知名度

开展预订，也是酒店扩大自己知名度的重要手段。随着科技的进步和社会的发展，试想一家酒店，无论宾客采取什么样的预订渠道，都能查看到这家酒店的资料，就可以起到强化酒店品牌的效果。因此，合理开展预订业务，有利于树立良好的企业形象。

专题2.2 预订的渠道、种类与方式

2.2.1 预订的渠道

将要入住酒店的客人通常都通过一定的预订渠道与酒店达成预订协议。了解客人预订渠道对于促进酒店销售、提高开房率具有重要意义。客人的订房渠道通常有以下几种。

2.2.1.1 直接渠道

直接渠道是客人不经过任何中间环节直接向酒店订房。客人通过直接渠道订房，酒店所耗成本相对较低，且能对订房过程进行直接有效的控制与管理。直接渠道订房大致有以下几类：

（1）客人本人或委托人/接待单位直接向酒店预订客房。

（2）旅游团体或会议的组织者直接向酒店预订客房。

（3）旅游中间商，如旅游批发商，作为酒店的直接客户向酒店批量订房。

2.2.1.2 间接渠道

酒店在销售客房时，往往受到人力、资金、时间等方面的限制，无法进行规模化的、有效的销售。因此，酒店会利用中间商，通过间接的销售渠道，将客房更快地销售给客人。间接渠道订房主要有以下几种。

A 通过旅行社订房

旅行社订房是旅行社根据与酒店签署的订房合同或协议，不断向酒店输送客源的一种方式。通常情况下，酒店依据旅行社提供客源的数量和消费水平的高低来决定给予旅行社多大的优惠。旅行社订房可以保证酒店有一定数量的稳定客源。

B 通过与酒店签订商务合同的单位订房

许多公司、企业、团体、会议组织机构等以团体的方式与酒店签订合同，为本公司的员工和客户在外出时预订客房，为他们的酒店消费提供便利和优惠。这种订房可以

为酒店提供稳定的客源，同时也节省了公司或单位的开支，其员工与客户将按协议价入住酒店。

【案例赏析】

无法确认的预订

9 月 2 日 18:00 左右，有两位日本客人满面疲惫地拖着行李箱来到前台准备登记入住。前台服务员小龚一边接过客人的护照，一边在电脑上查询该客人的订单。但几分钟后，小龚并未找到这两位客人的预订信息。客人得知情况后，非常惊讶地说："我们是 ××公司的，公司已经为我们预订好了 2 个豪华单人间，肯定不会有错，你们再看一下，是不是你们酒店自己搞错了。"

此时，酒店的生意异常火爆，房间已经非常紧张，早已没有客人所需要的这种类型的房间。小龚当即电话联系了该公司的负责人及酒店的营销部经理，但还是不清楚哪个环节出现问题，这两位客人坚持说公司已经预订了房间，但是酒店又确实没有该公司这两位客人的任何预订信息。

在公司与营销部仍在为预订信息沟通的时候，小龚想到该公司是酒店的重要协议单位，无论怎样，都不能让客人一直这么徒然等着。否则，等待时间过长、无法尽快休息会引起客人不满甚至不必要的投诉。小龚就主动地将酒店暂时没有预订的其他几种房型推荐给客人，征得客人的同意后，先安排客人入住，等到第二天酒店与公司沟通后再变更房型和价格。客人对此做法很满意，表示明天会与公司联系。

C　通过连锁酒店或合作酒店订房

已经形成酒店管理集团的连锁酒店之间建立了免费订房系统。某个子酒店通过集团的中心预订系统，便可预订异地或异国其他成员酒店的客房。合作酒店订房，是为了与连锁的酒店管理集团竞争，某些独立的酒店为弥补单兵作战的不足，利用互联网开展预订业务合作，通过相互推荐来接受客人的订房要求。

D　通过网络公司或国际订房组织预订

随着旅游业和网络技术的发展，逐渐出现了专门的旅游预订网站，这些网络平台拥有大量的酒店资源，酒店可以通过这些网站来接受客人的订房要求。另外，通过订房组织来预订客房也是一种预订渠道。

E　通过航空公司或其他交通运输部门预订

随着航空事业和其他交通运输的发展，越来越多的航空公司和铁路等加入酒店的预订系统中，他们为乘机或乘车客人、乘务人员和本公司职员在外出时订房，起到了一个中间商的作用。

2.2.2　预订的种类

根据预订性质可以将预订分为以下几种类型。

2.2.2.1　临时类预订

临时类预订是指客人的订房日期与抵店日期很近，甚至是在抵店当天向酒店联系预订。由于时间紧迫，酒店无法要求客人预付订金，也没有时间进行书面确认，但可以口头形式进行确认。这种预订通常由前台接待处理。接受此类预订时，要问清客人抵店时间和订房要求，尤其注意提醒客人房间将保留到抵店日下午6点，如届时客人未到，该预订即被取消。

2.2.2.2　确认类预订

确认类预订是指酒店以口头或书面形式确认客人的预订，并保留所订客房到双方事先约定的某一时间。这是一种比较重信誉的预订方式。如果客人在商定的留房时间没有抵店，也未与酒店联系，酒店有权将客房出租给其他客人，作为自动放弃预订处理。

确认预订有口头确认和书面确认。两者相比，书面确认预订具有以下优点：可以使酒店了解更多、更准确的客人资料，如姓名、地址等，并能得到进一步证实，向客人收取欠款的风险较小；在信用程度上更为可靠。而酒店也常对持有这类确认函的客人予以较高的信用限额或一次性结账服务等优惠服务。

2.2.2.3　保证类预订

保证类预订是指宾客预订房间后，无论是否抵店，都将保证支付房费，而酒店则保证为客人保留房间至第二日退房时间。这是一种信誉最高的预订方式，保护了酒店和宾客双方的利益，酒店可以保证获得收入，客人可以保证有房可住，酒店和宾客之间建立了比较严格的契约关系。客人通常以三种方式进行保证类预订。

（1）预付现金担保。客人或代理人在客人抵店前须先行支付至少一晚或全部费用预订客房。酒店在收到客人的预付现金后，将保证为其预留相应客房至某一时间，通常是客人抵店次日中午12：00，同时必须预先向客人说明取消预订、退还预付金的政策和规定。例如，对如期抵达的宾客，在他离店结账时扣除预付现金；对于逾期未到又未取消预订的客人，酒店将不退还预付现金。

（2）信用卡担保。目前，信用卡公司或银行已经建立了一套完善的信用卡支付体系，因此，信用卡担保在很多酒店被广泛接受，只要客人将所持有的信用卡种类、卡号、有效期及持卡人姓名告诉酒店即可达到保证类预订。客人使用信用卡担保预订，如果届时既没取消预订，又不来登记入住，酒店可以向客人使用的信用卡公司收取客人一定的费用，以弥补酒店的损失，事后信用卡公司将转账单交给持卡人。

（3）合同担保。这种情况多见于酒店与企业、公司、团队之间。酒店与公司签订预订合同，表明由公司付费的预订客人如出现未能入住又未办理取消预订的情况下，将由公司承担支付责任。违约责任及取消预订的最后期限在合同中都有明确的规定，双方必须履行其责任。

保证类预订既可保证客人一到就有房间，又可避免酒店因给客人留房而造成损失。如果酒店因超预留导致客人无房，则有责任为其代找一间条件相仿的酒店房间，并代付第一夜的房费及其他附带费用，即“第一夜免费制度”。

2.2.2.4　等候类预订

等候类预订是指酒店在客房已满的情况下，仍接受一定数量的客人预订请求，征得客人的同意将其列入等候类名单，一旦有客人取消预订或提前离店，酒店会优先安排等候客人。

这种情况一定要事先知会客人，以免日后发生纠纷。对于未通知而来的客人，酒店也要尽力解决客人的住宿要求，如充分挖掘内部潜力或帮其联系其他酒店，但不为其支付交通、住宿等费用。

2.2.3　预订的方式

由于客人所处环境和预订的紧急程度不同，预订的方式也有多种，各有特点。客人常采取的预订方式主要有以下几种。

2.2.3.1　电话预订

由于电话是现代人最常用、最方便的通信工具，因此客人使用电话订房也十分普遍。电话预订的特点是迅速、简便、易于直接沟通，酒店可根据宾客的实际情况，及时调整订房要求，使其订到满意的客房。电话预订有利于预订员详细了解宾客对房间种类、用房数量、房价、付款方式、抵离店时间及特殊服务的要求，并适时进行电话促销。

2.2.3.2　面谈预订

也称口头订房。客人或其委托代理人直接来到酒店，与预订员面对面地洽谈预订事宜，其特点是酒店预订员可以通过宾客的神态、表情、肢体等细致特征观察到客人的心理变化，更直接地了解宾客的需求，可以当面回答宾客的问题，有针对性地采取相应的推销技巧。还可以带客人参观酒店的客房及其相关设施。采用这种方式，应注意避免做出具体房间号的承诺，否则会因情况发生变化而失信于客人，影响酒店的声誉。

2.2.3.3　互联网预订

使用互联网开展预订业务，已经是酒店业界较为普遍的方式，互联网也成为酒店之间竞争的重要领域。互联网预订不受时间地点限制，宾客的自主选择性强，处理及时，特别受广大中青年客人的青睐。越来越多的酒店通过建立自己的网站，设计自己的网页，或者通过专业网站来开展网络预订。

2.2.3.4　移动端预订

手机 APP 预订是一种最新的预订方式，它同时结合了电话预订和互联网预订的特点，既有电话的便利，又有互联网的查询和搜索功能。它突破了传统的预订方式，人们不需要坐在电脑面前浏览纷繁的页面或在电话中耐着性子回答呼叫中心服务人员的一大堆问题，只需拿出手机登录 APP，选择出行目的地，再选择适合自己需求的饭店星级和客房价格，输入日期及入住天数，系统就会列出符合要求的酒店。然后，人们可根据提示选定酒店和客房，输入个人资料，即可完成预订，整个过程只需几分钟。这种订房方式为长期出差的商务人士、自助旅游爱好者开辟了快捷、便利的无线订房的方式，可提供全方位个性化的酒店信息，随时随地在线预订各类酒店。

【服务技能】

服务工作见表2-1～表2-4。

表2-1　电话预订服务

项目名称	操 作 程 序	说明/标准
接听电话	（1）振铃三声以内接听电话； （2）问候客人："早上/下午/晚上好"； （3）报部门："您好，预订部，请问您有什么需要"	语音甜美、语调适中
聆听客人要求	（1）问清客人姓名、预订日期、数量、房型； （2）查看电脑房态	重复客人所报信息
推销客房	（1）介绍房间种类、房价； （2）询问客人公司名称； （3）查询电脑，确认是否属于合同单位，便于确定优惠价	
填写订房预订单	询问并填写订房预订单：客人姓名、入住时间、房型、数量、订房人联系电话	预订单的内容与要求，要能够详细记录客人的订房要求
询问客人付款方式	（1）询问客人付款方式，在预订单上注明； （2）公司或其他单位承担费用者，要求在客人抵达前电传书面信函，做付款担保	
询问客人抵达情况	（1）询问抵达航班及时间； （2）向客人说明房间保留时间或建议客人做担保预订	在旺季，对于不能确定抵达时间的客人，可以明确告诉客人，预订保留到当日18点
询问客人特殊要求	（1）询问客人是否有特殊要求； （2）详细记录并复述	
询问预订人或预订代理人	（1）询问预订人或预订代理人的姓名、单位、联系方式、电话号码； （2）做好记录	
复述核对预订内容	（1）日期、抵达时间； （2）房间种类、房价、数量； （3）客人姓名； （4）特殊要求； （5）付款方式； （6）代理人情况	完整复述客人订房要求，确保预订准确性
询问	是否需要发订房确认书，并记录	
向客人致谢	感谢客人选择我们酒店	热情、真诚地向客人致谢
挂电话	（1）等客人先挂电话； （2）如客人未挂，可询问："请问还有什么可以帮助您的吗"	
整理预订资料	（1）如果是当日预订，进行预分房，并输入电脑，备注栏信息尽可能详尽、全面； （2）预订单按要求放入预订资料架； （3）如需发确认书的要打印确认书，并在8小时内传给客人	

表 2-2　面谈预订服务

项目名称	操 作 程 序	说明/标准
了解需求	（1）主动礼貌地问好、打招呼，注意表情、姿态和语言； （2）询问了解客人的订房需求，查看电脑（预订控制簿、预订架）的订房状况	态度热情，语调适中。 运用销售技巧，灵活推销酒店客房及其他产品
填写预订单	（1）确认客人抵店日期和时间； （2）礼貌地告诉客人，若无明确抵达时间，酒店只将其预订房保留到客人入住当天 18：00； （3）若酒店一时无法接受客人的预订，可请客人留下电话号码，以便有空房时及时通知客人	及时准确填写预订单上各项内容；如是旺季，告知客人留房截止时间
确认预订	（1）接受客人预订要求后，再次确认客人个人情况； （2）在酒店与客人之间就房价、付款方式、取消预订等问题达成协议	如客人预付订金，做好相关工作
核实预订信息	输入完毕应向订房人复述主要内容，向客人礼貌友好地告别	
将预订单存档	（1）在旺季，对于不能确定时间的抵达客人，应该明确告诉客人预订保留房时限为客人入住当天 18：00； （2）如果客人不能确定逗留确切天数，也要设法让客人说出最多和最少天数	

表 2-3　互联网预订服务

项目名称	操 作 程 序	说明/标准
查看房型	（1）接到网络预订要求后，查询预订日期房型出租状况； （2）如有符合客人要求的房间要做好相应记录	
确定预订	（1）如果可以接受该预订，则需要网络订房中心以书面形式作为预订依据； （2）特别注意保留客房的时间以及是否提供付费担保	
回复确认	所有网络中心订房，需要回复传真予以确认	
填写预订单	立即按规定填写预订单	
记录存档	将传真与预订单附在一起，按日期存档	

表 2-4　保证性客人预订服务

项目名称	操 作 程 序	说明/标准
收取预付订金	（1）熟记酒店预付订金的政策； （2）提前向客人发出支付预付订金的确认书，陈述酒店收取预付订金及取消预订、核收取消费的相关政策，并得到客人的认可和承诺； （3）收到预付订金后出具收据	清楚收取预付订金的期限、支付订金的最后截止日期、规定预付订金数额的最低标准、退还预付订金的具体要求等相关政策
签订预付订金确认书	预订员与客人签订“预付订金确认书”	
签订协议合同	酒店与有关公司、旅行社等就客房预订事宜签订协议或合同，预订员可根据酒店有关规定据此查验双方利益和责任	

专题 2.3　客房预订服务程序

为了确保客房预订工作的高效运行，前厅部必须建立科学详尽的工作流程。虽然不同酒店可采取不同的系统和文件来接受预约订房，但客房预订服务的程序通常可概括为下列几个步骤。

2.3.1　预订前准备工作

预订前做好准备工作，才能给订房客人一个迅速而准确的答复，提高预订工作水准和效率，预订前准备工作包括以下内容：

（1）预订员按酒店规定的要求规范上岗，做好交接班。接班时查看上一班次预订资料，问清情况，掌握需要优先处理的等待预订名单及其他事宜。

（2）检查计算机等设备是否完好，准备好《预订单》，见表 2-5 和表 2-6，各种资料和用品摆放整齐规范，避免客人发生订房时临时现查、现找等现象。

表 2-5　客房预订单

客房预订单 RESERVATION FORM					
□ New Booking　新预订 □ On Waiting　等候预订			□ Amendments　更改预订 □ Cancellation　取消预订		
客人姓名 Guest Name			联系电话 Telephone		
公司名称 Company Name					
入住日期 Arrival Date	（年/月/日）			到店航班 Arrival Flight	
离店日期 Departure Date	（年/月/日）			离店航班 Departure Flight	
房间种类 Room Type	标准间 Standard Room	单人间 Single Room	豪华大床房 Deluxe Room	豪华套房 Deluxe Suite	行政套房 Executive Suite
房间数量 Number of Rooms					
房价 Rate					
付款方式 Payment	□ 现金　CASH □ 信用卡　CRD CARD			□ 转账　CO. ACC □ 支票　CHEQUE	
备注 Remark					
订房人 Made by		电话/传真 TEL/FAX			
预订员 Taken by		预订日期 Taken Date			

表 2-6　团队预订单

团队预订单
TEAM RESERVATION FORM

☐ New Booking　新预订　　　　☐ Amendments　更改预订
☐ On Waiting　等候预订　　　　☐ Cancellation　取消预订

<table>
<tr><td colspan="3">团队名称
Name of Group</td><td colspan="7"></td></tr>
<tr><td rowspan="2">抵店日期
Arrival Date</td><td rowspan="2">离店日期
Departure Date</td><td colspan="2">单人间
Single</td><td colspan="2">双人间
Twin</td><td colspan="2">陪同房
Guide Room</td><td colspan="2">套房
Suite</td></tr>
<tr><td>房数
Number of Rooms</td><td>房价
Rate</td><td>房数
Number of Rooms</td><td>房价 Rate</td><td>房数
Number of Rooms</td><td>房价
Rate</td><td>房数
Number of Rooms</td><td>房价
Rate</td></tr>
<tr><td colspan="3">免费房
Complimentary Rooms</td><td colspan="3"></td><td colspan="2">押金
Deposit</td><td colspan="2"></td></tr>
</table>

☐ 房价不含 15% 的服务费　　Room rate subject to 15% surcharge
☐ 房价含 15% 的服务费　　Room rate inclusive of to 15% surcharge
☐ 回扣 10%　　Commissionable 10%
☐ 无回扣 10%　　non-commissionable 10%

<table>
<tr><td rowspan="2">用餐要求
Meal request</td><td>日期
Date</td><td></td></tr>
<tr><td>时间
Time</td><td></td></tr>
<tr><td rowspan="3">中式早餐
Oriental
欧式早餐
Continental
美式早餐
American</td><td>地点
Outlet</td><td></td></tr>
<tr><td>价格
Rate</td><td></td></tr>
<tr><td>人数
PAX</td><td></td></tr>
</table>

☐ 用餐不含 15% 的服务费　Meal rate subject to 15% surcharge

☐ 用餐含 15% 的服务费　Meal rate inclusive of to 15% surcharge

付款人 Charge to: ______________________________

备注 Remark: ______________________________

销售人员 Sales Person: ______________________________

日期 Date: ______________________________

（3）预订人员上班后，必须迅速准确地掌握当日房况、近期房况、近期预订情况、VIP 情况、店内重大活动等，对可预订的各类客房心中有数，保证向客人介绍可订房间的准确性。

2.3.2　明确客源与订房要求

2.3.2.1　明确客源

做好预订工作要求预订员对客源情况有充分了解，一方面要了解酒店客人的来源，另一方面要了解客源细分。酒店的客源主要有：直接向酒店预订客房的客人；旅行社介绍来的客人；与酒店签订商务合同的单位介绍来的客人；航空公司、企事业单位、政府部门介绍来的客人；通过网络预订系统预订的客人等。酒店一般把客人分成散客和团队客人两类，在每一类基础上还会具体细分客源，如团队客人可细分为商务团和观光团，商务团又可分为国际会议团、公司会议团和政府代表团。

2.3.2.2　明确订房要求

预订员接到客人的订房申请时，应主动向客人询问，以获悉客人的订房要求，然后查询计算机或预订总表，确认是否有空房。为了能快速准确地回应，预订员需要明确客人的订房要求，具体包括客人抵店日期、离店日期、客人所需客房类型和数量、人数。

2.3.3　接受或婉拒预订

2.3.3.1　接受预订

预订员通过查看预订总表或计算机系统，对照酒店可接受订房日期的客房出租状况，如果客人的订房要求与酒店的实际提供能力相吻合，就可以接受客人预订。受理预订意味着对预订客人的预订业务已经开始，预订员要填写《预订单》。

预订员应向预订房间的客人复述其预订的具体要求，以免发生差错，同时要向客人说明酒店有关最迟到店时间的规定、不同付款方式对保证获得住房的约束以及取消预订的手续要求等。

2.3.3.2　婉拒预订

当酒店客房紧张，酒店无法满足客人的入住需求时，预订处不得不婉拒一些客人的预订要求，重要的是对婉拒预订应有正确的认识，他们将是酒店的潜在客人。因此婉拒预订时应注意方式、方法，切忌简单、生硬地回绝客人。

如果在客人要求的日期内，酒店不能全部满足客人的需求，预订员最好主动用可供客人选择的建议来代替简单地婉拒客人，建议的内容通常包括：重新选择来店日期；改变对房价的要求；改变住房类型、数量；是否愿意接受为他代订其他酒店的客房；是否愿意接受作为候补类订房。遇到难以婉拒的客人，应及时告知前厅部经理。

婉拒客人预订要求时，预订员需要估计客人心理，照顾客人的情绪，要用友好、遗憾和理解的态度对待客人，并希望客人下次光临本店。

有时为了婉拒客人，可采用候补预订的方式。接受候补预订时，必须向客户说明，酒店已经订满，如果有临时取消预订的，酒店会立即通知并确认接受预订。如确实无房，酒店不再通知，候补预订是不予保证的。

2.3.4　确认预订

无论订房人用何种形式预订，预订员接受了客人的订房要求并经核对后，只要客人订房与来店之间有充足的时间，预订处都应向客人寄送预订确认书，见表2-7。预订确认书的内容主要包括：复述客人的订房要求；双方对房价、付款方式是否达成一致；声明酒店对客人订房变更、取消预订的规定；对确认类预订的客人要说明抵店时限，对保证类预订的客人要说明酒店收取预订金；最后对客人选择本酒店表示感谢。

表2-7　预订确认书

<table>
<tr><td colspan="6">预订确认书
RESERVATION CONFIRMATION</td></tr>
<tr><td>客人姓名
GUEST NAME</td><td colspan="5"></td></tr>
<tr><td>达到日期
ARRIVAL DATE</td><td></td><td>航班号
FLIGHT NO.</td><td></td><td>离店日期
DEPARTURE DATE</td><td></td></tr>
<tr><td colspan="2">房间种类
TYPE OF ACCOIVIMODATION</td><td colspan="2"></td><td colspan="2">房间数量
NO. OF ROOMS</td></tr>
<tr><td colspan="2">人数
NO. OF PERSONS</td><td colspan="2"></td><td colspan="2">房价
RATE</td></tr>
<tr><td>备注
REMARK</td><td colspan="5"></td></tr>
<tr><td colspan="6">请将订房确认书交与接待部
Please present this confirmation to the reception desk</td></tr>
<tr><td>公司
COMPANY</td><td colspan="2"></td><td colspan="2">致
ATIN</td><td></td></tr>
<tr><td>地址
ADDRESS</td><td colspan="2"></td><td colspan="2">电话号码
TEL . NO.</td><td></td></tr>
<tr><td colspan="6">注意：预订客房将保留至当天18：00，迟于18：00到达的宾客，请预先告知。若有任何变动，请直接与本饭店联系。
NOTE：Your room will be held until 18：00. Unless later arrival time is specified. Should there be any changes，please contact the hotel for adjustment.</td></tr>
<tr><td colspan="3">确认者
CONFIRMED BY</td><td colspan="3">日期
DATE</td></tr>
</table>

此外，还要完成在预订房间时，客人对订房特殊要求的处理。

2.3.4.1　接机要求

接到客人在预订中注明要求抵店派车接机或接车时，必须与客人确认抵达的航班或车次、抵达人数、姓名，明确用车的类型及数量，并报车价。如客人需要豪华车接送，可直接与酒店联系满足客人的要求。

2.3.4.2　订票要求

客人预订同时要求代订机票时，预订员应详细记下客人姓名、起飞日期、目的地等情况，并与问询处联系，征求可否满足客人订票要求。如可接受订票，预订处负责将订票的详细资料以书面形式送交问询处。接待部门在客人抵店办理登记手续时，告知客人可与问询处联系取票事宜。

2.3.4.3　订会场要求

客人预订同时要求代订酒店会场时，应请客人提出详细的要求，如日期、出席人数、会场布置等，并立即与商务中心联系，确认可否接受。

2.3.5　预订变更或预订取消

从客人的预订要求被酒店确认到客人抵店前，客人可能会因某种原因通知酒店要求更改或取消原有预订。预订变更是指客人在抵店前临时通知酒店改变预订的日期、人数、要求、期限、姓名等。预订取消是指客人在预订抵店之前通知酒店取消订房。

酒店要特别重视预订的变更或取消工作，在处理预订的变更或取消时，预订员应注意以下服务要点：

(1) 迅速查找出该宾客的预订单，并做出相应标记（更改或取消），不能在原始的订房单上涂改，必须重新填写，询问取消预订的客人是否要进行下一阶段的预订。

(2) 记录来电者的姓名、电话号码、单位地址等，便于双方进行联系。

(3) 如果客人变更预订，则按接受一个新的预订工作程序办理。如果时间允许，应重新发一份预订确认书，以表示前一份确认书已失效。

(4) 修改相应的预订资料，如更改计算机信息预订总表、预订卡等，确保最新预订信息的准确性。

(5) 若预订的变更或取消内容涉及一些特殊安排，如派车接送、放置鲜花水果等，则需尽快给相关部门发出变更或取消的通知。

(6) 尽量简化取消预订的手续。客人能花时间及时通知酒店取消订房酒店就有可能将客房转租给其他客人，所以要向客人表示感谢，并简化取消预订的手续。

总之，在处理预订更改和取消时，预订员应礼貌、耐心、高效地对客服务。无论是变更、取消还是婉拒预订，都有宾客或酒店方面的客观原因，预订员既要灵活地面对现实又应表现出极大的热情并提供有效的帮助。

2.3.6　预订资料的存档

预订资料必须及时、正确地予以存储，以防疏漏。预订资料一般包括客房预订单、确认书、预付订金收据、预订变更单、预订取消单、客户档案卡及客人原始预订凭证等。同一位宾客的预订资料装订在一起，将最新的资料存放在最上面，依次顺推，以利于查阅。

预订资料的储存可采用三种方式：一是按客人预订抵店时间顺序；二是按客人姓氏字母顺序；三是分类存储，如 VIP 订房、旅游团体订房、常客订房等。

2.3.7　客人抵店前的准备工作

由于客人抵店时经常出现取消预订或更改预订的情况，预订员也难免会出现工作疏忽，因此，做好客人抵店前的准备工作，既有助于订房客人办理入住登记，又能提前做好接待服务工作中的细节安排，向客人提供针对性的服务。

客人抵店前的准备工作大体划分为以下几个阶段：

（1）订房核对工作。一般分三次进行，分别是抵店前一个月、抵店前一周和抵店前一天。若重要客人或大型团体提前预订时间长，还应增加核对次数。订房核对包括抵店日期、住宿人数及时间、房间的数量和类型等内容。核对的重点是抵达时间、更改变动的订房、重要客人订房。预订员对预订内容要仔细检查核对，发现问题立即与有关部门联系，商量解决办法或提出补救办法。

（2）将具体接待安排以书面形式通知有关部门，做好对客服务的准备工作。常用表格有：次日抵店宾客一览表，见表 2-8、VIP 客人接待规格呈报表，见表 2-9、特殊要求通知单等。

表 2-8　次日抵店宾客一览表

____年____月____日

预订号	序号	客人姓名	房间数	房间类别	抵达时间	预计离店	备注

表 2-9　VIP 客人接待规格呈报表

<table>
<tr><td>贵宾姓名/团队名称</td><td colspan="4"></td></tr>
<tr><td>情况简介</td><td colspan="4"></td></tr>
<tr><td>审批内容</td><td colspan="4">1. 房费：A. 全免　B. 赠送会客室一间　C. 房费按____折收取
D. 按____元收费
2. 用餐：在____餐厅用餐，标准____元/人（不含酒水）
3. 房内要求：A. 鲜花　B. 小盆景　C. 水果
D. 果盆　E. 葡萄酒及酒杯　F. 欢迎信
G. 礼卡　H. ____名片　I. 酒店宣传册
4. 迎送规格：A. 由____总经理迎送　B. 由____部经理迎送
C. 锣鼓迎送　D. 欢迎队伍____</td></tr>
<tr><td>呈送部门</td><td></td><td>经办人</td><td></td><td>部门经理</td></tr>
<tr><td>总经理批署</td><td colspan="4"></td></tr>
</table>

（3）客人抵店当天早上，根据抵店客人名单，提前预分好房间，并把钥匙信封、住房登记单准备好。

【服务技能】

服务工作见表 2-10 ~ 表 2-15。

表 2-10 散客预订服务

项目名称	操作程序	说明/标准
迎接客人	（1）微笑并向客人致意："早上好/下午好/晚上好/先生/女士/小姐，有什么我可以为您服务的吗？" （2）如果此时正在接听电话，需目光注视客人，点头微笑，用手示意客人在休息处休息；如果正在接待其他客人，应点头微笑，向来客说："先生/女士/小姐，对不起，请稍等！" （3）尽快结束手头工作，接待客人，并再次向客人致歉；如果手头工作一时完成不了，应先接待客人或示意其他员工尽快接待。 （4）如果客人是第一次入住酒店，应送上房间图文资料，请其选择	
介绍客房	（1）根据客人需求，主动向客人推荐档次较高的客房： a. 客人指明房间种类时，应推荐该房类中最好的房间； b. 客人未指明房间种类时，应推荐符合其身份最好的房间。 （2）在电脑上查找客人需要的房间类型	介绍客房可以采用三种方式进行报价： 夹心式（适用中档消费客人）、冲击式（适用普通消费客人）、鱼尾式（适用高档消费客人）
询问并填写订房预订单	（1）逐项填写订房预订单：抵离店时间、房型、房间数量、房价、特殊要求等； （2）检查已填写的订房预订单，并逐项向客人复述，确认后签字	字迹清楚，内容完整
送别客人	（1）告诉客人预订号，向客人讲解抵店后的登记手续； （2）礼貌送别； （3）感谢客人选择我们酒店，告诉客人保留预订房间的最后期限	
整理资料，录入电脑	（1）及时将预订信息输入电脑； （2）将订房预订单按要求放入预订资料架： a. 存放之前应将预订单，交预订组领班审查； b. 当月内预订按日期放入相应资料柜； c. 次月以上的预订单按散客和团队分类保存	详细记录客人的联系方式

表 2-11 VIP 客人预订

项目名称	操作程序	说明/标准
VIP 的分类	（1）A 类接待对象包括： a. 政府类、社会知名人士及能提高酒店知名度的重要客人； b. 上级领导机关的主要领导人 （2）B 类接待对象包括： a. 总经理邀请的重要客人； b. 其他知名人士、学者、其他酒店总经理等人员 （3）C 类接待对象包括： a. 总经理邀请的普通客人； b. 酒店需要感谢或表示慰问的客人	
核对 VIP 信息	接到 VIP 预订信息后，需要严格审定 VIP 级别、特殊要求等所有信息： （1）A 类以上 VIP 应请示总经理同意后才能办理； （2）预订中涉及的特殊要求要向相关岗位询问能否完成，如有困难应向部门经理请示然后与客人协调	
填写订房预订单	（1）帮助客人填写订房预订单； （2）检查已填写的订房预订单，并逐项向客人复述，确认后预订员与客人在预订单上签字	不得随意涂改
送别客人	（1）告诉客人预订号，向客人讲解抵店后的登记手续； （2）感谢客人选择我们酒店	
处理预订资料，录入电脑	（1）及时将预订信息输入电脑； （2）将预订单和相关资料存入 VIP 资料柜中； （3）A 类、B 类以上的预订单和资料在整理完后要送总经理审核，批准后便分发至各部门，C 类由部门经理签批	外籍客人的姓和名不得颠倒

表 2-12　婉拒客人预订服务

项目名称	操 作 程 序	说明/标准
查看报表	（1）查看可行性报表，确认预订日期的订房情况； （2）确定酒店确实无法接受客人的预订	
提出建议	建议客人更改预订要求，或向客人提出建议，或提供其他酒店的相关信息	遇到难以婉拒的客人，要及时请示前厅经理
寄致歉信	按规范拟写一封致歉信并寄出。如果客人是书面订房而酒店无法满足客人的订房需求时，应立即礼貌复函	
整理资料	（1）将客人列入“等待名单”； （2）将资料存档备案	

表 2-13　散客更改预订服务

项目名称	操 作 程 序	说明/标准
查询原始预订	询问要求更改预订客人的姓名和原始到达，准确核对日期及离店时间等基本信息	
确认更改项目	确认客人更改预订的项目	
确认是否接受	（1）查询所更改日期的客房出租情况，如果有空房，可以接受客人更改要求； （2）填写预订单，记录更改预订人的姓名和电话	
拒绝或等候预订	（1）如果客人需要更改的日期或房型，客房已满，应及时向客人解释建议等候电话； （2）若酒店有空房及时告知客人	
书面更改	（1）填写更改预订单，不能在原始单据上修改； （2）如果预订涉及付款等重要信息，需请对方重新发送传真确认； （3）告知客人预订房间的最后期限	
致谢	感谢客人来电	
处理更改预订	（1）将原始预订单与更改预订单放在一起； （2）按日期归档； （3）通知相关部门	

表 2-14　团队更改预订服务

项目名称	操 作 程 序	说明/标准
查询原始预订	接到营销部的团队更改通知单后，根据团队的原抵店日期，找出其原始团队订房通知单	
确认更改	确认团队更改预订的项目	
接受更改	（1）按更改通知单上的内容重新填制预订单； （2）将更改通知单附在原始团队订房通知单后； （3）如团队分房表已发出，要及时通知相关部门调整	
资料存档	（1）在电脑上做相应的更改，并加盖“已更改”章； （2）通知单放回原处	

表 2-15　旅行社取消预订服务

项目名称	操作程序	说明/标准
查询原始预订	接到营销部的旅行社取消通知单后，根据原抵店日期，找出其原始旅行社订房通知单	
确认取消	确认无误后，记录取消预订的旅行社名称和联系电话	礼貌询问取消原因
取消预订	(1) 在电脑上做相应的更改，并加盖“已取消”章； (2) 将取消通知单附在原始旅行社订房通知单后； (3) 如旅行社分房已发出，要及时通知相关部门	
资料存档	(1) 通知单放回原处； (2) 将预订单按月份存档； (3) 记录并分析旅行社取消预订的原因，供营销部和前厅部经理参考	

专题 2.4　客房超额预订管理

在客房预订过程中，几乎每天都会有预订未到的情况发生。因此，为了弥补因种种原因取消预订造成的损失，酒店会采用超额预订的策略。

2.4.1　超额预订

所谓超额预订是指酒店在订房已满的情况下，再适当增加订房的数量，以弥补因少数客人临时取消预订而出现的房间闲置。目的在于充分利用酒店客房，提高出租率。由于种种原因，客人可能会临时取消预订，或出现预订未到现象，或提前离店，或临时变更预订要求等，从而可能会造成酒店部分客房的闲置，因此需要进行超额预订，以减少损失。

超额预订是酒店经营管理者的胆识与能力的表现，是一种风险行为。其关键在于如何有效地实施超额预订，避免或最大限度地降低由于决策失误而造成的经济损失。

2.4.2　确定超额预订数量

超额预订的关键是把握好“度”，如果超出“度”，就会使订房数量过多，导致预订客人到店而没有房间住；如果达不到“度”，就会使酒店出现客房闲置，导致出租率低，影响营业收入。

一般情况下，5% ~15% 的超额预订是可行的，更大的比例需要通过长期的工作经验积累及订房资料的分析得出。

假设，X 表示超额预订房数，A 表示酒店可供出租客房总数；C 表示续住房数；R 表示预订不到及临时取消和变更的比率，D 表示预期离店房数；F 表示提前退房率，G 表示延期住店率，则

$$X = [(A - C) \cdot R + C \cdot F - D \cdot G]/(1 - R) \tag{2-1}$$

例如，酒店有客房 500 间，未来 4 月 15 日续住房数为 300 间，预计离店房间数为 100 间，该酒店的通常预订不到及临时取消和变更的比率为 10%，提前退房率为 3%，延期住店率为 6%，试问就 4 月 15 日而言，该饭店应该接受多少超额预订？

由式（2-1）可得：

$$X=[(A-C)\cdot R+C\cdot F-D\cdot G]/(1-R)$$
$$=[(500-300)\times 10\%+300\times 3\%-100\times 6\%]/(1-10\%)=25(\text{间})$$

2.4.3　超额预订的处理

（1）如果因超额预订而不能使客人入住，按照国际惯例，酒店方面应该做到：

1）诚恳地向客人道歉，请求客人的谅解；

2）立即与另一家相同等级的酒店联系，请求援助。同时，派车将客人免费送往这家酒店；

3）如属连住，在客人愿意的情况下，则店内一有空房，就将客人接回来，并对其表示欢迎；

4）对提供了援助的酒店表示感谢；

5）记录客史档案，避免下次同一客人再遇到同样的情况。

（2）如果客人属于保证类预订，则除了采取以上措施以外，还应视具体情况为客人提供以下帮助：

1）支付其在其他酒店住宿期间的第一夜房费，或客人搬回酒店后可享受一天免费房的待遇；

2）次日排房时，首先考虑此类客人的用房安排。大堂副理应在大堂迎候客人，并陪同客人办理入住手续。

专题 2.5　预订常见问题处理

2.5.1　预订时无房及处理方法

（1）预订员首先应向客人道歉，并说明原因。

（2）用商量口气询问是否有变动的可能，如果客人表示否定，则预订员应询问客人是否愿意酒店将其列入候补订房客人名单内。如果愿意，则应将客人姓名、电话号码或地址、订房要求等资料依次列入候补名单，并向客人说明酒店会按照客人留下的电话号码及候补名单顺序通知客人前来办理预订手续。

（3）如果客人不愿意，则预订员可以向客人提供其他信息并建议客人到其他酒店预订。

2.5.2　客人更改预订时期时无房及处理方法

（1）首先向客人道歉，并简单说明原因，以尽量得到客人的谅解。

（2）向客人询问是否可以改变日期或建议预订其他类型的房间。若客人不同意，则建议将客人暂时列入预订候补名单内。

（3）问清客人联系电话，以便于及时跟客人取得联系。

（4）取消或更改原来的预订单，及时发送到各相关部门或班组。

2.5.3　客人预订时，要求指定房型、楼层、房号及处理方法

酒店通常不接受指定房号的预订，但会答应客人尽量按客人要求的房号安排。如果遇到 VIP 或常客，客人要求又强烈，预订员则应视情况而定。

（1）预订员应根据客人的预订日期，查看预订情况，从而判断是否接受客人的指定性预订。

（2）若有空房，则应立即办理预订手续，把需要的房号预留起来并输入电脑。若没有空房，则应向客人说明情况后向其推销其他房间，或建议客人入住其他类型房间（如先请客人入住其他类型的房间后再更换等）。

（3）最后向客人说明如果出现不能满足要求的情况，则请客人谅解并进行换房处理。

2.5.4　预订客人要求增加房间数量及处理方法

（1）预订员首先应问清客人的有关信息，如客人姓名、单位和抵达日期等，根据客人所提供的资料查找客人的预订单，核对无误后再处理。

（2）查看酒店预订信息情况，判断是否能满足客人的要求，若不能满足，则应向客人推销其他类型的房间或婉言谢绝客人的要求。

（3）再次向客人复述当前客人预订房间数及其他信息，并根据实际情况收取一定的保证金。

（4）更改预订单，并将已修改预订单发送到有关部门与班组。

2.5.5　预订房间时嫌房价高及处理方法

预订员应妥善运用推销语言技巧。

（1）先肯定房价高，后向客人详细介绍酒店的客房结构及配套设施设备等。

（2）若客人还未下结论，则不妨采用对比法，将客人所预订的房间与其他酒店的进行比较，建议客人先入住尝试，为客人办理预订手续。

2.5.6　酒店内部订房

（1）仔细审查订房单是否完整、正确，是否有负责人的亲笔签名，核实所给予的优惠幅度是否在该负责人的权限范围内。

（2）如预订房价优惠幅度超越权限或协议范围，或者订单不完整，预订员应拒绝接受并报告主管。

内 容 小 结

本模块介绍了预订员在受理预订时会接到的不同方式和不同类型的预订，要做到明确答复、准确报价、热情接待、处理快捷和认真规范。遵守预订的服务流程，为客人提供优质服务。同时，预订处还要做好超额预订工作及超额预订纠纷的处理，保证酒店收益最大化。在完成预订服务时，要采用正确的方法，规范的程序，才能将服务的细节做到完美。

【职业能力测试】

实训项目1　散客电话预订服务

实训目的：通过电话预订的实训，学习如何利用电话接受客人订房的基本流程，掌握电话推销酒店客房、电话咨询等工作方法和技巧。

实训要求：（1）熟悉本月、本季的客房情况。
（2）掌握一定的语言技巧。
（3）熟悉电话预订程序及具体内容。
（4）熟悉预订单的填写。

实训准备：电话、模拟服务台、预订单、房价表、计算机软件、笔等。

实训安排：（1）将学生分成实训小组。
（2）各组学生分别扮演预订员和客人。
（3）受理一般散客预订，按程序完成工作任务。
（4）教师点评并考核。

考核标准：

散客电话预订服务考核标准

考核项目	考核内容	分值
1. 接听电话	电话铃响三声接听	3
2. 问候客人	（1）问候语：早上好，中午好，晚上好； （2）自报家门：××酒店预订部； （3）语调应诚恳热情，普通话（外语）标准清晰	5
3. 询问并聆听客人预订要求	询问客人预计抵达日期、预住天数、人数、房间类型等	10
4. 查看房态	认真查看预订系统和预订相关资料中的可预订客房情况	5
5. 询问客人姓名	（1）询问客人姓名及英文拼写（中文要确认是哪一个字，避免出现同音字；英文要确认准确的拼法）； （2）服务中至少有三次对客人的姓氏称呼	10
6. 介绍房间	（1）从高向低报房型、房价，注意报价范围的合理性； （2）如果客人属于合同单位，应报优惠价格	10
7. 询问客人联系方式及付款方式	（1）询问客人付款方式，在预订单上注明； （2）留下客人联系方式，以便日后联系	10
8. 询问客人抵达方式及时间	询问客人抵达的方式及时间，是否需要接站或接机	10
9. 担保预订	提示客人如果没有明确的抵达时间，房间只能保留到入住当天下午18:00，要求客人做担保预订	10
10. 询问客人特殊要求	（1）询问客人有无特殊要求，如有详细记录； （2）如客人要求酒店确实不能代办，应用礼貌的语言婉拒或指引客人用另外的方式解决	10
11. 复述预订内容予以确认	预抵离日期、房类、房数、房价，客人特殊要求，付款方式及联系方式	7
12. 结束电话预订	（1）向客人致谢，恭候客人光临； （2）在客人挂断电话后再挂断电话	5
13. 标记并更改房态，整理归档	及时迅速地把当前预订信息输入电脑，把预订单编号并存档	5
总　分		100

实训模拟情境：

客人王先生（G）从北京打电话到某酒店，要求订一间商务标准间，用信用卡担保。

R（预订员）：早上好，某酒店预订处。请问有什么可以帮您？

G：我是从北京打来的电话，想订一间房间。

R：请问先生您要一间什么样的房间？我们酒店有标准双人间、豪华双人间、豪华套房、商务标准间、商务套房等。

G：我要一个商务标准间。

R：请问您什么时候来，住几天？

G：10月20日到10月23日。

R：请您稍等，让我查询一下……对不起，让您久等了。您要的房间我们可以满足您。一间商务标准间的优惠价是每晚680元，您看可以吗？

G：可以。

R：方便告诉我您的全名吗？您是为自己订房吗？

G：我叫王×，为自己订房。

R：王先生，方便告诉我您的联系方式吗？

G：1398456＊＊＊＊。

R：王先生，请问您何时抵达？

G：20日下午吧。

R：王先生，我们将为您把房间保留到20日下午18：00，请问您需要担保您的预订吗？

G：需要，那我怎么担保呢？

R：您只要告诉我您信用卡的种类和号码就行。

G：长城卡，944431445833672＊＊＊＊。

R：长城卡，944431445833672＊＊＊＊。好的，我们将为您把房保留至10月21日中午12：00，如果您20日未到，我们将从您的信用卡中扣除当晚的房费。如果您有什么变化，请及时通知我们。好吗？

G：好的。

R：王先生，现在我为您复述一下预订内容，您预订了一间10月20日～23日三个晚上的商务标准间，价格是680元/晚。联系电话是1398456＊＊＊＊，您用信用卡担保，卡号944431445833672＊＊＊＊，房间将保留到10月21日中午12：00。请问还有什么需要补充的吗？

G：没有了。

R：好的，非常感谢您的预订，我们将期待您的光临，再见！

实训项目2　团队预订服务

实训目的：团队预订是会议或旅行团的组织者与酒店联系来进行客房预订。此形式往往数量众多，涉及的事情复杂，作为预订员要了解团队的预订要求，掌握并完成团队预订的流程。

实训要求：（1）掌握团队预订的基本知识。

（2）掌握团队预订的具体操作规程。

（3）培养耐心细致地对客服务意识。

实训准备：模拟服务台、团队预订单、电话、房价表、计算机软件、笔等。

实训安排：（1）将学生分成实训小组。

（2）各组学生分别扮演预订员和团队组织者。

（3）受理团队预订，按程序完成工作任务。

（4）教师点评并考核。

考核标准：

团队预订服务考核标准

考核项目	考核内容	分值
1. 接受预订	（1）接受团队组织者发来的订房传真，了解团队接待要求及细节； （2）检查预订是否符合双方用房协议	20
2. 明确团队预订要求及细节	（1）团队名称、住客情况一览表、抵离店时间、使用的交通工具、房间的种类及数量、用餐要求及标准等； （2）确认付款方式及自理项目； （3）团队中的其他注意事项	20
3. 核查洽谈	（1）核查订房人身份、单位、联系方式； （2）根据饭店规定明确优惠价或团队价	20
4. 复述确认预订内容	（1）填写“预订确认书”，含房间类型、数量、价格、早餐价格、团队与陪同人数、抵离日期及特殊要求等，并复述确认； （2）明确预订房间保留的最后时限； （3）销售部经理审批签字	20
5. 预订资料处理存档	（1）填写“团队预订单”，并在“团队订房统计表”上注明； （2）订房传真、饭店的确认单、团队预订单装订在一起，送前厅，前厅收单后，统计房数，按抵达日期存档； （3）将团队预订单的有关信息输入电脑； （4）团队抵达前24小时与组织者进行最后确认	20
总　分		100

实训模拟情境：

客人陈××（C）到酒店前台，表示他们公司即将召开一个大型会议，需要在饭店预订30间标准间。

R（预订员）：早上好，预订部。请问有什么可以帮您？

C：你好，我叫陈××，是华宇教育文化公司的代表，我们公司在6月6日~9日要召开一个大型会议，需要为参会人员预订房间。

R：请问您需要预订什么样的房间，订多少间？

C：我们有60人，需要订30间标准间。

R：好的，陈先生，请您稍等，我正为您查询……谢谢您的等候，您所需要的6月6日~9日标准间我们可以提供。

C：好的，请问多少钱一晚？

R：陈先生，你们公司是我们的老客户，按团队价，每晚人民币480元，含西式早餐，您看可以吗？

C：好的。另外，在会议期间我们能租用你们酒店的会议室吗？时间是9日下午15：00~17：00。

R：可以的。我们将为您准备，会议室每小时的费用是400元。

C：嗯，没问题。

R：陈先生，我们将在五天内通过传真向您发送预订确认书，方便告诉我您的传真号吗？

C：传真号是75752626。

R：谢谢您，陈先生。再见！

C：再见！

实训项目3　变更预订服务

实训目的：预订客人在实际抵店前，因各种原因可能对原有的预订进行更改。预订员掌握订房变更的基础知识，掌握订房变更的受理程序，并独立操作完成。

实训要求：（1）掌握变更预订的基本知识。

（2）掌握变更预订的具体操作要求。

（3）提高对客服务意识，培养饭店的全局观念、保护酒店利益的意识。

实训准备：模拟服务台、预订单、电话、房价表、计算机软件、笔等。

实训安排：（1）将学生分成实训小组。

（2）各组学生分别扮演预订员和客人。

（3）受理变更预订，按程序完成工作任务。

（4）教师点评并考核。

考核标准：

变更预订服务考核标准

考核项目	考核内容	分值
1. 接听电话	电话铃响三声接听	10
2. 问候客人	（1）问候语：早上好/中午好/晚上好； （2）自报家门：××酒店预订部。语调应诚恳热情，普通话（外语）标准清晰	12
3. 受理客人更改预订信息	（1）接到客人要更改预订的信息，询问要求更改预订客人的姓名，原来到达日期和离店日期； （2）根据信息，查出该客人的原始预订资料并核对； （3）询问客人需要更改的内容	20
4. 确认更改的预订要求	（1）根据客人的变更预订的具体要求，核对预订房态表； （2）在有空房的情况下，可以为客人更改预订，并填写预订单； （3）记录更改预订的客人或代理人姓名及联系方式	20
5. 不能确认的处理	如果不能满足客人更改预订的要求，可以向客人建议将其列入等候名单	15
6. 更改预订完成	（1）感谢客人及时通知； （2）未确认时，感谢客人的理解与支持	8
7. 存档	（1）找出原始预订单； （2）将更改的预订单放在原始预订单上，并装订在一起； （3）按新的预订单的抵店日期、客人姓名存档； （4）把变更的预订资料输入电脑并修改预订房态表，通知相关部门	15
总　分		100

实训模拟情境：

客人李××（M）打来电话需要更改预订，想把 5 月 12 日 ~14 日两个晚上的标准间改成 5 月 11 日 ~13 日的。但 5 月 11 日 ~13 日因有大型会议，标间已满，有豪华间可供选择。

R（预订员）：早上好，预订部，请问有什么帮您？

M：你好，我想更改我的预订。

R：女士请问您贵姓，您之前预订了什么类型的房间，用什么名字预订的？

M：我姓李，叫李铭。是用我自己的名字登记的，预订了 5 月 12 日 ~14 日的标准间，我想改成 5 月 11 日 ~13 日，同样是两天。

R：好的，李女士，请您稍等，我正为您查询……谢谢您的等候，您预订了 5 月 12 日 ~14 日的一间标准间，价格是人民币 680 元/晚，含西式早餐，要求无烟房，不需要接车服务，请问对吗？

M：是的。

R：李女士，刚刚查询过预订列表，5 月 11 日的标准间已经没有啦，不过很幸运，我们还有两间豪华间，配有 1.8 米大床，价格只需 988 元/晚，含西式早餐，您觉得可以吗？

M：哦，还有没有更实惠的房间？我觉得豪华间有点超预算了。

R：李女士，您预订的期间刚好我们接待了一个大型会议团队，标准间已经订满了。不过因为今天才是 6 日，离您入住的时间还有 5 天，我给您一个建议，因为订房紧张我先帮您把豪华间留到明天，如果期间有客人临时取消，我帮您重新订回标准间；如果没有的话，我就为您预留一晚的豪华间。您看怎样？

M：没有别的办法，只有这样了。

R：非常感谢您对我们酒店的理解和支持，请问还有什么需要补充的吗？

M：没有了，谢谢。

R：谢谢您的来电，期待您 5 月 11 日光临本酒店，并预祝您入住愉快，再见！

M：再见！

模块3　礼　宾　服　务

【情景导入】

把“对”让给客人

3月20日，住在0722房间的客人李先生正准备离店，行李员看到客人从7号楼走出来，立刻推上行李车快速走上去为李先生拿行李，并推送至行李房，随后绑上行李牌，等待客人前来点收。

没过一会儿，行李员看到客人办理好了结账手续，向他走来，便请客人清点行李，客人朝行李打量时好像忽然发现了什么，颇为不满地指着一只箱子说：“这只箱子本来是好好的，怎么掉了一块漆，我要你们酒店负责！”行李员听罢感到很委屈，辩解道：“我帮您拿行李时您为什么不讲清楚？这只箱子原来就是坏的，我在运送时根本没有碰撞过呀。”客人一听火冒三丈：“明明是你弄坏的，自己不承认还反咬我一口，我要向你的上司投诉！”

这时，大堂副理听到有客人在发脾气，马上走来向客人打招呼，耐心听取客人的意见，同时仔细检查了箱子受损的痕迹，向行李员询问了操作的全过程，然后对客人说：“我代表酒店向您表示歉意，这件事自然应该由本店负责，请您提出赔偿的具体要求。”客人听了这话，正在思索该讲些什么的时候，大堂副理接着说：“由于您及时让我们发觉了服务工作中的差错，我们非常感谢您！”客人此时感到为了这点小事没有必要小题大做，于是不再吭声，大堂副理抓住时机顺水推舟，和行李员一起送客人上车，彼此握别。

一桩行李受损的事件便这样轻而易举地解决了。

评析

在案例中，酒店把“对”让给客人，最终化解矛盾。大堂副理的做法是十分明智的，他在没有搞清楚箱子究竟是如何受损之前，就果断地主动向客人表示愿意承担责任的态度，使客人不好意思，不再追究行李的事情。行李员送行李进房和收取行李时都要按规范操作，应当着客人面检查行李是否完好、清点行李件数、绑上行李标牌、请客人核对，这4个环节缺一不可。因此，酒店礼宾部在服务时，要把握好这一点，客人越是“对”了，酒店的服务也就越能使客人满意。从这个意义上来理解，客人和酒店就都“对”了。

通常，酒店前厅礼宾部下设门童、行李员、酒店机场代表等岗位，为客人提供迎送服务、行李服务和委托代办服务。他们是最先迎接和最后送别客人的服务群体，是酒店形象的代表，因此，做好前厅礼宾服务，提高礼宾服务质量至关重要。

专题3.1 礼宾部的作用与工作人员素质要求

3.1.1 礼宾部的作用

礼宾部是酒店不可或缺的一个部门，隶属于前厅部。他们通常是客人最先面对面接触的酒店人员，在礼宾部工作的都属于前线人员，他们经常都是与外界互动沟通的桥梁。

在大规模的酒店，礼宾部应该24小时都有值班人员、全年无休，而在一般酒店，晚上前台的工作人员则可能要代替行李员的工作。礼宾部会向客人提供一系列服务。虽然不直接带来收入，但经过行李员的介绍，客人可以使用酒店中的其他设施，从而间接带来收入。

3.1.2 工作人员的岗位职责与素质要求

3.1.2.1 岗位职责

（1）负责大门前交通秩序，并以一种职业的礼仪为客人开车门。

（2）对每位进入酒店的客人都要主动热情地表示欢迎，并亲切地问候“欢迎光临”或“欢迎您归来”。

（3）以一种职业的方式去接待客人，包括用姓来称呼客人、为客人控制电梯、介绍本酒店等。

（4）在客人抵店或离店时为客人提拿行李，同时还提供行李寄存、物品转交等相关服务。

（5）对酒店的产品有充分的了解，扮演一个销售员的角色，向客人推销本酒店的产品，以增加酒店的效益。

（6）为客人安排交通工具。

（7）为酒店的长住客及各部门分发报纸。

（8）负责引导客人进入房间，并为客人介绍房间设施的使用方法。

（9）流利回答客人各种询问，灵活机智地为客人服务。

（10）负责检点行李及行李寄存的登记与保管工作。

3.1.2.2 素质要求

（1）基本素质：服务热忱，性格外向，活泼开朗，熟悉酒店设施及服务项目。

（2）自然条件：五官端正，口齿清楚。

（3）文化程度：高中以上学历。

（4）外语水平：英语初级水平。

专题3.2 客人迎送服务

迎送服务是指酒店为住店客人提供的迎接与送别服务，主要包括店外迎送服务、店内迎送服务和贵宾迎送服务。

3.2.1 店内迎送服务

店内迎送服务是指当宾客抵离酒店大门时，酒店门卫为其提供的迎接与送别服务。门卫又称门童，站立于酒店大门外侧，主要职责是指挥门前交通和车辆停泊，迎接问候抵店宾客，欢送祝福离店宾客，解答宾客问询，以及协助做好酒店门前安全与卫生工作。具体来说，酒店门卫迎送宾客工作流程如下。

3.2.1.1 散客步行抵店迎接服务

门卫在岗时应以标准姿势站立于岗位指定地点，细心观察视野内即将通过酒店入口的客人。

（1）当客人提拿较多或较重行李朝酒店大门走来时，主动上前迎接并帮助客人提拿行李，其中易碎物品和贵重小件物品可由客人自己提拿。

（2）如客人无行李或行李较少时，则当其走近大门约5m时，面带微笑并用眼神关注客人。

（3）当客人走近约2m时，迅速拉开酒店大门，向客人点头微笑，致意问好，欢迎客人的到来。

（4）当客人进入大堂后，将行李转交给行李员，由行李员负责送至客人房间。

（5）如遇雨雪天气，门卫还应为客人提供雨具寄存保管服务，以保持酒店大堂的清洁卫生。

3.2.1.2 散客乘车抵店迎接服务

当散客乘车抵店时，门卫需在车辆驶入酒店入口通道的第一时间做出反应：

（1）指挥调度车辆，并把车辆引导到酒店正门前的台阶下方。

（2）待汽车停稳后，视车内乘客情况为客人开车门、护顶，请客人下车。

（3）主动向客人问好，若是常客或贵宾，还应以客人姓氏和职务称呼客人。

（4）礼貌询问客人有无行李，如有则帮助客人卸下行李，并提醒客人清点确认。

（5）注意招呼行李员前来为客人搬运行李，引领客人进店。

（6）若酒店门前没有华盖，又遇雨雪天气时，门卫还应提前为客人撑好雨伞，并摆放醒目的标志牌或以口头形式提醒客人小心地滑。

（7）如果客人是乘坐出租车到达酒店，门卫还应及时记下出租车的车牌号码和客人抵店时间，以备核查。

3.2.1.3 团队客人抵店迎接服务

当团队客人乘车抵店时，门卫应迅速上前引导，使客车停靠在酒店门前开阔处；然后站立于车门一侧，对下车的客人致意问好，以示欢迎，并维持好酒店门前交通秩序。遇客人行动不便或手中行李较多时，还应积极上前搀扶或帮助提拿。当客人全部下车后，迅速引导司机将车开走或停入停车场合适位置。另外，门卫还应注意与酒店行李员配合，协助行李员做好行李交接工作。

3.2.1.4 散客离店送行服务

当客人步行离店时，门卫应礼貌向客人道别，表示祝福和期待客人下次光临，然后目送客人离开。如果客人需要出租车，门卫应立即为客人安排车辆，并将客人的用车召唤至酒店大门前。待车辆停稳后，协助行李员将客人的行李按客人要求装车放好，并注意提醒客人核对行李件数，然后为客人拉开车门，请客人上车，待客人坐好后，轻轻关好车门，注意关车门时不要夹伤客人的手脚或夹住客人的衣、裙。接着及时向客人祝福道别，当汽车驶离酒店大门时，向客人挥手告别。在客人离开后，及时记下出租车牌号和客人离店时间，以备需要时核查。

3.2.1.5 团队离店送行服务

当团队客人准备离店时，门卫应迅速上前引导，使团队客车停放在酒店门前开阔处，然后站立于车门一侧，对上车的客人祝福道别，并注意维持好门前交通秩序。如客人行动不便或提拿行李较多，还应积极上前帮助。此外，门卫还应注意与酒店行李员配合，做好行李交接工作，帮助行李员装车。待团队客人出发时，向客人挥手告别，并目送客人离开酒店。

总之，门童通常是客人抵店接触的第一位酒店员工，代表着酒店的形象，因此，酒店门卫既要精神饱满、目光敏锐、仪表端庄、身材挺拔，也要知识广阔、阅历深厚、经验丰富、亲和力和记忆力较强。

3.2.2 店外迎送服务

店外迎送服务是店内迎送服务的延伸，即酒店代表在机场、车站、码头等处代表酒店迎送客人，并为其提供市内交通和行李服务，以及登机、上车等协助服务。为了方便店外迎送，有的酒店直接在机场、车站、码头设点，安排酒店代表接送抵离店客人。一般都有固定的办公地点，设置明显的接待标志，如店名、店徽及星级等。通常酒店代表除了迎接预订客人外，还需积极向未订房的客人推销酒店客房及其他产品，主动为客人介绍酒店设施与服务，以争取更多的客源。因此，店外迎送服务既是酒店设立的一种配套服务，也是酒店根据自己的市场定位所做的一项促销工作。

酒店代表是酒店形象的代表，其仪容仪表、言谈举止、服务礼仪、工作效率直接影响着客人对酒店的评价。因此，酒店代表每天必须提前了解预期抵离店客人名单，落实接送车辆，并做好各项准备工作，提前恭候并热情迎送抵离店客人。尤其是在接站时，务必提前半小时到站恭候，在机场（车站）出站口显眼处举牌迎接客人，向客人表示欢迎，并帮助客人提拿行李，引领客人上车。客人上车后，马上电话通知总台接待处做好接待准备工作，如属贵宾还应及时通知大堂副理，请其准备相关迎接工作。如果出现漏接现象，则应立即与酒店总台联系，核查客人是否已经到店，并向上级汇报情况，以便采取补救措施。

3.2.3 贵宾迎送服务

贵宾迎送服务是给下榻酒店的贵宾的一种礼遇，一般大堂副理会根据预订处发出的接待通知和贵宾的级别，组织相关酒店行政人员或迎送团队在酒店门前或机场、车站、码头迎送客人。酒店门卫更应做好充分的准备，讲究服务礼仪，在向贵宾致意时要礼貌地称呼其姓氏和职务头衔。

3.2.3.1 迎送准备

酒店接到接待贵宾的预订后，依据来店贵宾的身份和目的，适当考虑相互间的关系，同时要注意国际惯例，详细制订迎送方案。对应邀前来的贵宾，除主要负责接待的单位要安排相应身份的人员前往机场、车站、码头迎送外，酒店亦应派出相关人员参加迎送。

3.2.3.2 迎送服务

根据接待贵宾的级别和规格进行迎送，酒店迎接贵宾的常见形式有在酒店大门口设置迎宾员或礼仪小姐迎送贵宾，组织礼仪小姐或儿童给贵宾献花，组织酒店领导、部门经理列队迎接等。对于重要贵宾，酒店需详细准确掌握贵宾乘坐的飞机、火车、轮船的抵离时间，以便迎送人员提前30分钟迎送客人，并指派专人协助办理相关手续及机票、车票、船票和行李提取或托运等事宜。有时还应事先在机场、车站、码头安排贵宾休息室。此外，在迎送途中还应适时介绍城市旅游信息和酒店概况，热情回答客人问询，积极与之交流，以缓解客人的陌生感或疲劳感。

【服务技能】

服务工作见表3-1和表3-2。

表3-1 散客迎送服务

项目名称	操作程序	说明/标准
客人步行到店	（1）礼宾员应向客人点头致意，并致欢迎词“欢迎光临本酒店”，同时用手示意客人进入大厅； （2）礼宾员为客人拉开酒店正门； （3）如果客人携带行李，礼宾员应主动帮助客人提取行李	一手扶门，一手背在身后
客人车辆抵店	（1）礼宾员把车辆引导到客人容易下车的地方，一般是正门前的台阶下方； （2）汽车停稳后，礼宾员应打开车门，如果客人乘的是出租车，应等客人付费完毕后，再把车门打开，然后热情地向客人致意问候； （3）开门时，为客人护顶，防止客人碰伤头部； （4）开完车门后，如果客人有行李，礼宾员应帮助客人把行李卸下，然后引导车辆离开； （5）下雨天礼宾员替客人开门后进行打雨伞服务； （6）记录下客人乘坐的出租车车牌并交与客人	（1）对常客应努力记住客人姓名，以示尊重； （2）下车拿行李时，要提醒客人清点行李数量
客人离店	（1）当客人步行离店时，礼宾员应与客人道别，并欢迎他们再次光临； （2）对乘车离店的散客，礼宾员要把车引至便于客人上车又不妨碍装行李的位置，待礼宾员将行李全部装上车且客人确认行李件数后，拉开车门，请客人上车，护顶，等客人坐稳后再关车门； （3）送别客人时要怀着感激的心情，站在汽车斜前方0.8～1米位置，挥手向客人告别，目送客人，以示礼貌； （4）记录下客人离店时所乘坐的出租车车牌，并交与客人	（1）说些告别祝福的话语，如：一帆风顺，欢迎再次光临等； （2）关车门时，注意不要夹伤客人或夹住客人的衣、裙等

表 3-2 团队迎送服务

项目名称	操 作 程 序	说明/标准
迎接团体客人	（1）团体大客车到店前，礼宾员要做好接车的准备工作； （2）车子停稳后，礼宾员应在汽车门一侧站立维持交通秩序，迎接客人下车，对客人要点头致意并问好，扶助行动不便的客人下车	
帮助客人提行李	（1）对随身行李多的客人，应帮助客人将行李码放在行李车上以便送至客房； （2）客人下车完毕后，礼宾员要示意司机把车开至停车库或团队专用停车场	（1）尽快推出行李车； （2）统计行李件数，请领队签名，并确定团队名称和入住楼层
团体客人离店	（1）送别团体客人时，礼宾员站在车门侧面，一边点头致意，一边注意客人的上车过程； （2）如发现行动不便的客人，扶助其上车； （3）客人上车后，导游通知礼宾员，人已到齐，礼宾员示意司机开车； （4）若是大客车，礼宾员应站在车的斜前方 1～1.5 米处，向客人挥手道别，目送客人离店	

专题 3.3 行 李 服 务

行李服务是礼宾部的一项重要职能，主要负责来往客人的行李搬运及寄存服务。酒店的行李服务是由礼宾部的行李员提供的，行李员主要负责向客人提供店内、店外的迎接服务、行李服务、报刊/邮件服务以及任何委托代办服务等。其工作岗位位于酒店大堂一侧的行李服务处或前台旁。行李员的礼貌和工作效率，在一定程度上能代表酒店的服务水平。

3.3.1 散客行李服务

散客行李服务包括散客入店及离店行李服务。无论是客人入店还是离店，在行李服务中都要注意以下问题。

3.3.1.1 行李搬运时的注意事项

（1）认真检查行李。要清点行李件数，检查行李外观有无破损。

（2）搬运行李时，客人的贵重物品及易碎品，如相机、手提包等要注意让客人自己拿。

（3）装行李车时，要注意将大件、重件、硬件放在下面，小件、软件、轻件放在上面。

（4）搬运行李时要小心，不可用力过大，更不能用脚踢客人的行李。

3.3.1.2 入店时照看行李、引领客人、介绍客房时的注意事项

A 照看好客人的行李

客人办理住宿登记手续时，行李员手放背后站在总台一侧等候客人，注意照看好客人

的行李，眼睛注视总台接待员。

B　引领客人

（1）要走在客人的左（或右）前方，距离二、三步。

（2）主动为客人按电梯。请客人先上电梯（电梯内原有人的情况下），然后站立在电梯控制板旁边。电梯到达楼层停稳后，请客人先下电梯，并用正确的手势示意方向及转弯处。

（3）引领客人进房途中，要热情主动地问候客人，与客人交谈，向客人介绍酒店服务项目和设施，推荐酒店的产品。

C　介绍客房

（1）要介绍房内空调开关及棉被的位置、冰箱的位置、小酒吧的使用方法、房内保险箱的使用方法。

（2）电视机的开关位置及留言灯、请勿打扰灯等床头控制开关的使用方法，卫生间冷热水开关及热水供应的时间等。

（3）离房前要问客人是否还有其他吩咐，并祝客人住店愉快，随后将房门轻轻拉上。

3.3.1.3　离店注意事项

将离店客人的行李搬运至大厅后，要先到结账处确认客人是否已结账。如客人还未结账。应有礼貌地告知客人结账处的位置。同时，客人入店和离店都应做好行李搬运记录，见表3-3和表3-4。

表3-3　散客入住行李搬运记录

日期：
Date：

房号 Room No.	上楼时间 Up Time	行李件数 Pieces	行李员 Porter	预计离店时间 Departure Time	备注 Remarks

表3-4　散客离店行李搬运记录

日期：
Date：

房号 Room No.	离店时间 Departure Time	行李件数 Pieces	行李员 Porter	车号 No.	备注 Remarks

3.3.2 团队行李服务

团队行李服务包括团队入店及离店行李服务。一般而言，团队由于人员较多，行李也较多，和散客行李服务相比，相对要复杂一些。团队行李装车要按房号依次分送，对行李员的基本技能和综合素质要求更高，工作要规范、有效，才能保质、保量地完成团队入店及离店的行李服务。

行李装车时应注意以下几点：

（1）同一团体的行李应放于同一趟车上，放不下时分装两趟车。

（2）同一团体的行李分车摆放时，应按楼层分车，尽量将同一楼层或相近楼层的行李放在同一趟车上。如果同一层楼有两车行李，应根据房号装车。

（3）同一位客人有两件以上的行李时，应把这些行李放在同一车上，应避免分开装车，以免客人误认而丢失行李。

（4）遵循“同团同车、同层同车、同侧同车”的原则。

3.3.3 换房行李服务

酒店客人在住店期间由于某种主观或客观的原因可能会提出换房要求。客人在换房时，若客人需要，行李员应该提供换房行李服务。换房行李服务流程如下。

3.3.3.1 接收换房通知或信息

（1）接到前台换房通知。

（2）问清客人姓名、原房间和换房后的房号，领取新换客房的房卡。

3.3.3.2 电话联系客人

（1）打电话到客房询问客人的行李件数，决定是否需要行李车。

（2）若客人要出门，在得到客人事先同意的情况下，可以要求客人先整理好行李。

3.3.3.3 前往客人原房间

（1）到客人原房间，按进房程序，并说明是帮客人拿行李换房的，经客人允许后进入。

（2）与客人一起清点要搬的行李件数，并装上行李车。

（3）提醒客人再检查一下衣橱、抽屉、卫生间等，以免有遗留物品。

3.3.3.4 引领客人至新房间

（1）按进房要求操作，为客人开门，帮助客人将行李放到指定位置，请其再次核对物品。

（2）必要时向客人介绍房内设施。

（3）交给客人新房间的房卡和钥匙，同时收回原房卡。

（4）向客人道别，退出房间。

3.3.3.5 返回并记录

（1）将原房卡交回前台。

（2）在换房行李运送记录表上做好记录，见表3-5。

表3-5 换房行李登记表

日期	时间	由（房号）	到（房号）	行李件数	行李员签名	楼层服务员签名	备注

3.3.4 行李寄存与提取服务

酒店客人可能会因为各种原因将行李寄存在饭店大堂的行李寄存处，这就涉及行李寄存与提取服务的相关事宜。酒店要建立相应的安全制度，并规定完善的行李寄存服务程序。

3.3.4.1 保管行李的注意事项

（1）确认客人身份，同时告诉客人对贵重物品、易燃品、易爆品、危险品、违禁品、动物等一律不予保管。

（2）如客人执意要求寄存易碎物品、植物、易变质的食品，则应向客人说明酒店的免责条款，请其签字。易碎物品注意挂上“小心轻放”的牌子。

（3）对非本酒店客人的行李，原则上不予寄存；确要寄存的，按酒店标准收费，一般不能超过当天午夜。

（4）寄存行李的保管期限为一个月，超过一个月后仍未提取的，如有损坏或遗失，酒店不承担任何责任。礼宾员须明确告知客人。

（5）寄存两件以上物品的要用绳子系在一起。

（6）不可因为与客人“熟”而省略必要的行李寄存手续，以免引起不必要的纠纷。

（7）所有寄存物品原则上都应上锁或使用行李封条封好开口。

3.3.4.2 提取行李的注意事项

（1）客人持寄存卡取行李，行李员核对上下联一致后才可放行。

（2）行李交给客人时，请客人当面清点并签字。

（3）将寄存卡的上联和下联订在一起存档。

（4）如果由他人代领行李，客人则应事先将代领人的姓名等情况写明，使用提取联和有效证件领取行李。

（5）如果客人的寄存卡提取联丢失，必须凭借足以证明客人身份的证件领取，并要求客人写出已领取行李的说明，与寄存卡订在一起备查。

【服务技能】

服务工作见表3-6～表3-10。

表 3-6　VIP 客人到店行李服务

项目名称	操 作 程 序	说明/标准
了解贵宾情况	（1）了解到达本酒店的重要客人的姓名、职务、房间安排、预抵时间； （2）了解贵宾的接待规格及其他相关情况	
检查服务落实情况	（1）检查当天日报、晚报是否送入房间； （2）检查特殊要求是否安排妥当； （3）与大堂经理核对客人抵店时间	
贵宾到达前准备	（1）提前 20 分钟与接待处或大堂经理核对房号有无变化； （2）提前 10 分钟放置一部大行李车在酒店门口等候； （3）控制好人手以保障门厅迎宾及行李服务	
接待服务	（1）由服务优质的行李员提供行李服务； （2）对于特别重要的行李应由前厅部大堂经理或礼宾处领班亲自运送或亲自指挥运送； （3）如需接站，行李员应衣着整洁，提前到达，行李装车后，即可返回	
行李派送	（1）行李到店后立即报告当班主管及有关人员，行李如已挂上房号牌的，则按楼层分车装送，到达楼层后再按入住名单核实，确认无误后再送入房间； （2）行李派送的顺序为：首席贵宾→贵宾→随行人员；豪华套房→普通海景套房→标准间；高楼层→低楼层	

表 3-7　行李存取服务

项目名称	操 作 程 序	说明/标准
确认客人身份	（1）客人到来时，行李员应主动问候，热情接待； （2）请客人出示房卡，对于非本酒店住客，原则上是不能为其办理行李寄存服务，确实有特殊原因需要寄存的，行李员需请示主管，经主管同意后才能为其办理寄存手续	
行李寄存	（1）礼貌地询问客人所寄存的行李中有无贵重物品或违禁物品； （2）检查每件行李是否符合寄存要求，是否上锁，有无破损等情况，如发现有破损，应立即向客人说明，并在“行李牌”上注明； （3）询问客人所寄存行李件数以及行李提取的时间； （4）填写“行李寄存卡”，请客人确认行李物品件数后，在双联行李寄存卡上签名； （5）将“行李寄存卡”的上联（提取联）交给客人，提醒客人注意保存，下联（寄存联）系在客人的行李上，并向客人简要说明注意事项及酒店的有关规定； （6）将寄存的行李有秩序地码放在行李架上，同一客人的行李集中存放，并用绳子系在一起，以区别于其他客人的行李物品，避免客人领取时拿错	（1）贵重物品：价值标准由酒店自行决定； （2）违禁物品：按照公安部门和酒店规定的易燃易爆、易损易腐烂、剧毒品、枪支弹药等危险品不予寄存
行李保管	（1）与主管一起将行李放入行李寄存房； （2）将半天或一天的短期行李存放在外侧，以便搬运领取，将长期存放的行李放在靠里的行李架上； （3）将同一位客人的多件行李用绳子拴在一起，以免拿错； （4）在“行李寄领记录本”上认真登记客人姓名、客人房号、行李件数、行李类别、存入时间、存放区域、领取时间及经手人等信息	（1）一般存放 1 个月以上视为长期； （2）对寄存的易碎行李应在寄存单上写明“小心轻放，勿压”的字样
行李提取	（1）当客人前来提取行李时，行李员要主动向客人问好，同时问清客人的房号、行李件数及特征； （2）请客人出示“行李寄存卡”的提取联，并与寄存联核对； （3）核对无误后，将行李物品从行李架上取下，交给客人，请客人当面清点并签字； （4）协助客人搬运行李； （5）将寄存卡的上联和下联装订在一起存档备查； （6）如果是他人代领行李，则客人应事先将代领人的姓名等情况说明，使用提取联和有效证件领取行李； （7）如果客人的寄存卡提取联丢失，必须凭借足以证明客人身份的证件提取，并要求客人写出已领取行李的说明，与寄存卡装订一起备查	

表 3-8 带客进房服务

项目名称	操 作 程 序	说明/标准
问候客人	当客人抵店时，为客人开门，称呼客人	微笑、热情
协助客人拿行李	协助客人提拿行李，并引领至前台，办理入住手续	站在客人左或右后方，能让客人余光看见，与客人保持 1.5 米左右的距离
等待客人办理手续	在客人办理入住手续时，在旁边等候	有耐心
搬运行李	（1）搬运行李并引领客人去房间； （2）引领客人搭乘电梯，一只手按电梯键，开门后，用手挡着门，请客人先进电梯； （3）电梯到达后，一手按开门键，一手挡住门，请客人先下电梯	与客人距离 1 米左右
引领进房间并安置行李	（1）引领客人到房间门口，开房门，打开电源开关； （2）请客人先进房间； （3）将行李放在行李架上； （4）向客人介绍房间内设施、使用方法等	熟悉客房设施设备，并能及时发现问题
跟客人告别	离开时，询问客人是否有其他要求，并祝其居住期间愉快	面向客人，微笑点头告别

表 3-9 换房行李服务

项目名称	操 作 程 序	说明/标准
通知换房	（1）基于各种情况，住店客人需要换房，由行李部提供客人行李及其他物品运至新房间的服务； （2）礼宾员接到前台换房通知后，至前台领取“换房单”、新房间的房卡及钥匙	
到客人房间取行李	（1）礼宾员推行李车至客房； （2）到达客房门口时，轻按门铃两次，同时自报身份； （3）待客人开门后，主动向客人问候并告知来意； （4）询问客人是否已将行李或其他物品全部整理完毕，并将客人行李及物品装车； （5）准备离开前，提醒客人再次检查房间，以免有任何物品遗漏； （6）轻关房门，引领客人去新的房间	
到新换的房间	（1）轻按门铃两次，自报身份，然后为客人打开房门； （2）开门后，首先应接通房间的总电源，然后请客人先进房； （3）进房以后，将大件行李放在行李架上或按客人要求放置，外套挂入衣柜； （4）向客人确认对新的房间是否满意； （5）向客人取回原来的房卡和钥匙，并让客人在“换房单”签字； （6）若客人提出其他要求，应尽量满足，若自己无法办到，不要马上拒绝客人，联系领班予以解决； （7）向客人道别，祝客人“住店愉快”	
交还房卡	（1）回到前台，将“换房单”原房卡和钥匙交前台； （2）回礼宾台，将此服务记录，记录内容为：日期、房间号码、服务内容、行李件数、开始时间、结束时间、车牌号、礼宾员签字、备注	

表 3-10 团队客人离店行李服务

项目名称	操 作 程 序	说明/标准
做好准备工作	（1）行李员在收到前台或接待处送来的团队离店名单后，仔细审阅名单； （2）将第二天预离团队的团队号、团队名、房间号码、人数等相关资料与电脑内档案核实； （3）与团队入店时填写的行李表核对； （4）交领班检查后转交下一班领班	
收取行李	（1）按客人所定的出行李时间，携带新建立的团队分房单，按照已核对的团队分房单上的团号、团名及房间号码准时收取客人行李； （2）收取一间登记一间，不能全部登记后才收行李； （3）将所有收取来的行李放在大厅规定的行李暂放处； （4）将各个团队的行李分开放置并分别罩上行李网	
行李核对	（1）行李收齐后，行李员应清点行李件数是否与登记数相吻合，并做登记，同时把核对结果及时上报领班； （2）由领班与陪同及领队一起确认行李的件数，如准确无误，则请其在团队离店单上签字	
行李放行并登记	（1）与前台收银员联系，确认团队账务是否结清； （2）接到前台收银员的放行通知后，行李员则可放行团队行李； （3）与团队领队联系，了解客人对行李有何特殊安排及要求； （4）待团队行李员确认完行李件数后，请其在离店单上签上姓名及车牌号并帮助装车； （5）行李员完成每次团队行李收送后应认真填写“团队行李离店记录表”并做好存档工作	

专题 3.4 金钥匙服务

3.4.1 金钥匙服务简介

金钥匙服务译自 concierge，是一种委托代办的服务概念。随着酒店业的发展，金钥匙的服务范围不断扩大。在现代酒店业中，金钥匙已经成为为客人提供全方位的“一条龙服务”的岗位，只要不违反法律和社会伦理道德，金钥匙会竭尽所能为客人解决一切困难。他们见多识广、经验丰富、谦虚热情、彬彬有礼、善解人意，为客人代购婴儿奶嘴，也可以为客人代租飞机，甚至可以为客人把金鱼送到地球另一边的朋友手中，因此金钥匙又被客人称为“万事通”。

通常，酒店金钥匙大多设置在酒店大堂礼宾服务处，他们除了负责日常管理、协调门童和行李员的工作外，还肩负着许多委托代办事务，满足客人的各种个性化需求，让客人从接触酒店开始，一直到离开酒店，自始至终都感受到一种无微不至的关怀。

他们的服装上戴有国际饭店金钥匙组织授予的两把交叉金钥匙的徽章，如图 3-1 和图 3-2 所示。这两把金光闪闪的交叉金钥匙，如图 3-3 所示，代表着金钥匙的职能：一把钥匙代表打开城市综合服务的大门；另一把钥匙代表打开酒店综合服务的大门。

图 3-1　中国饭店金钥匙组织徽章

图 3-2　国际饭店金钥匙组织徽章

图 3-3　金钥匙组织标志

3.4.2　金钥匙的作用

3.4.2.1　“桥梁”——沟通宾客与酒店、酒店管理与服务的桥梁

宾客的需求是以最小的投入换取最好的享受，而酒店的需求毫无例外是谋求效益的最大化。因此，二者之间的需求需要沟通与磨合才能达到和谐。金钥匙为客人提供超值服务，无疑是加强宾客与酒店沟通的有效途径。在传统的酒店管理和服务中，一般都实施四级垂直管理模式，责任明确，分工细致，但管理链和服务链衔接不够紧密，对宾客服务的时效性大打折扣，也影响了员工创造力的发挥。金钥匙在酒店的出现很好地弥补了这一不足，能以最快捷、最直接的方式把有关服务信息反馈到管理层，使传统的管理、服务沟通更加直接，联系更加紧密。

3.4.2.2　“中心”——酒店征集社会信息的“信息中心”和了解宾客的“情报中心”

在当前的酒店经营中，明智的酒店经营者已把信息管理放到与人、财、物管理同等重要的位置，金钥匙利用网络组织无疑在信息管理中占有很大优势。在收集服务信息方面：一方面金钥匙可以通过组织内部的网络了解本市酒店有关订房信息，以及外地旅游酒店信息等；另一方面金钥匙可以与本地金钥匙会员联合，广泛收集社会服务信息，为给宾客提供准确周到的服务奠定强大的信息基础。在收集宾客信息方面，金钥匙是面对面接触客人的服务群体，金钥匙的客史档案往往是最精确的，翔实准确的客人情报往往是酒店改进管理办法、提供超常服务、铸造忠诚客源群体的有力武器。

3.4.2.3　“龙头”——引导酒店优质服务良性发展的龙头

金钥匙对客人而言犹如一把万能钥匙，为他们解决一个又一个难题。高涨的工作热情、丰富的知识、体贴入微的关怀以及工作性质所要求与酒店各部门长期合作所形成的和睦融洽的关系，都决定着金钥匙引导、培育酒店优质服务。

3.4.3　金钥匙的服务理念

（1）酒店金钥匙的服务宗旨：在不违反法律和道德的前提下，为客人解决一切困难。

（2）酒店金钥匙为客人排忧解难，“尽管不是无所不能，但是也是竭尽所能”，要有强烈的为客人服务的意识和奉献精神。

（3）为客人提供满意加惊喜的个性化服务。

（4）酒店金钥匙组织工作的口号是“友谊、协作、服务”。

（5）酒店金钥匙的人生哲学：在客人的惊喜中找到富有乐趣的人生。

3.4.4 金钥匙的服务项目

“金钥匙就应无所不能，在合法的基础上，客人的任何要求都能满足”。这意味着金钥匙服务是无疆界和无止境的。中国饭店金钥匙服务项目包括：

（1）行李及通信服务，如运送行李、电报、传真、电子邮件及人工传递；

（2）问讯服务，如指路等；

（3）快递服务，如国际托运、国际邮政托运、空运、紧急包裹、国内包裹；

（4）接送服务，如汽车服务、租车服务、接机服务；

（5）旅游，如个性化旅游服务线路介绍；

（6）订房服务，如房价、房类、折扣、取消预订；

（7）订餐服务，如推荐餐馆；

（8）订车服务，如汽车及轿车等租赁代理；

（9）订票服务，如飞机票、火车票、戏票；

（10）订花服务，如鲜花预订、异地送花；

（11）其他服务。

【案例赏析】

某日，南京金陵酒店的金钥匙打电话给广州白天鹅宾馆的金钥匙，称该店一名已赴广州的住客误拿了一位新加坡客人的行李，请求广州方面协助查寻。白天鹅宾馆的金钥匙获悉后，立即赶赴机场截回了被误拿的行李，当他们回复金陵酒店金钥匙时，金陵却说这名新加坡客人已飞赴香港。于是，他们又与香港金钥匙接洽，在香港机场找到新加坡客人，告之他的行李找到了，而这位客人因急于赶回国则要求他们将其行李从广州直接寄运至新加坡。根据这种情况，他们以特快专递将客人行李发送到新加坡，然后再次与新加坡的金钥匙落实此事。几天后，新加坡金钥匙回电，这件几经周折的行李已完璧归赵，安全送回客人手中。

3.4.5 酒店金钥匙成员的任职资格和素质要求

3.4.5.1 酒店金钥匙成员的任职条件

（1）在酒店大堂柜台前工作的前台部或礼宾部高级职员才能被考虑接纳为金钥匙组织的会员。

（2）21岁以上，人品优良，相貌端庄。

（3）从事酒店业5年以上，其中3年必须在酒店大堂工作，为酒店客人提供服务。

（4）有两位中国酒店金钥匙组织正式会员的推荐信。

（5）一封申请人所在酒店总经理的推荐信。

（6）过去和现在从事酒店前台服务工作的证明文件。

（7）掌握一门以上的外语。

（8）参加过中国酒店金钥匙组织的服务培训。

3.4.5.2 酒店金钥匙成员的素质要求

（1）思想素质要求。1）拥护中国共产党和社会主义制度，热爱祖国；2）遵守国家的法律、法规，遵守酒店的规章制度，有高度的组织纪律性；3）敬业乐业，热爱本职工作，有高度的工作责任心；4）有很强的顾客意识、服务意识，乐于助人；5）忠诚于企业，忠诚于顾客，真诚待人，不弄虚作假，有良好的职业操守；6）有协作精神和奉献精神，个人利益服从国家、集体利益；7）谦虚、宽容、积极、进取。

（2）能力要求。1）有较强的人际交往能力；2）有良好的语言表达及沟通能力；3）有一定的协调与组织能力；4）有较强的随机应变能力；5）有健康的体魄及心理。

（3）业务知识和技能要求。1）熟练掌握本职工作的操作流程；2）会说普通话和至少掌握一门外语；3）掌握中英文打字、计算机文字处理等技能；4）熟练掌握所在酒店的详细信息，包括酒店历史、服务时间、服务设施、价格等；5）熟悉本地区三星级以上酒店的基本情况，包括地点、主要服务设施、特色和价格水平；6）熟悉本市主要旅游景点，包括地点、特色、开放时间和价格；7）掌握本市高、中、低档的餐厅各5个（小城市3个），娱乐场所、酒吧5个（小城市3个），包括地点、特色、服务时间、价格水平、联系人；8）能帮助客人安排市内旅游，掌握线路、花费时间、价格、联系人；9）能帮助客人修补物品，包括手表、眼镜、小电器、行李箱、鞋等，掌握这些维修处的地点、服务时间；10）能帮助客人邮寄信件、包裹、快件，懂得邮寄事项的要求和手续；11）熟悉本市的交通情况，掌握从本酒店到车站、机场、码头、旅游点、主要商业街的路线、路程和出租车价格；12）能帮助外籍客人办理签证延期等事项，掌握有关单位的地点、工作时间、联系电话；13）能帮助客人查找航班托运行李的去向，掌握相关部门的联系电话和领取行李的手续。

专题3.5 委托代办服务

酒店礼宾部在做好日常服务工作的同时，在力所能及的前提下，应尽量帮助并完成客人提交的各项委托代办业务。

3.5.1 车辆服务

有些客人在住店期间需要订车服务，当客人要求订车时，礼宾部工作人员应告知客人有关手续和收费情况，并了解清楚其所需的车辆类型、用车时间等。

车可以是酒店自有的，也可以是出租汽车公司在酒店设点服务的，还可以是由行李员及前厅部其他员工用电话从店外预约的。

（1）说明情况。当客人要求订车时，应告知客人有关手续和收费情况。

（2）提供向导卡。为避免客人迷失方向，可填写一张向导卡给客人，在卡上注明客人要去的目的地。卡上印有本酒店的名称、标识和地址。

(3）提醒事项。如果客人赶飞机或火车，行李员还应提醒客人（特别是外宾）留出足够的时间提前出发，以免因交通阻塞而耽误行程。

(4）传递服务需求。出租车到达大门口时，行李员要向司机讲清客人的姓名、目的地等，必要时充当客人的翻译向司机解释客人的要求。

3.5.2 物品转交服务

物品转交是住店客人的亲戚朋友、接待单位或其他有关人员要给客人送物品，因客人外出而见不到客人，又不能久等，故委托酒店转交给客人。

(1）明确转交对象类别。转交物品分住客转交物品给来访者及来访者转交物品给住客两种。

(2）转交物品：

1）住客转交物品给来访者：住客要提供来访者的姓名，待来访者认领时，要请其出示有效证件并签名。

2）来访者转交物品给住客：首先要确认本店有无此住客，若有此住客，应为客人安全着想，一定要认真检查物品；最后填写留言单通知住客前来领取。

3.5.3 旅游服务

随着旅游人数的日渐增多，酒店礼宾部建立了旅游景点和旅行社档案，因地制宜地推荐和组织客人旅游，为住客提供旅游服务，为外出旅行的游客提供了极大的便利。旅游服务的基本服务流程为：

(1）准备工作。礼宾部应建立旅游景点和旅行社档案，因地制宜地推荐和组织客人旅游。

(2）礼貌迎客。

(3）登记信息。登记客人的姓名、房号、日期及人数，掌握客人的基本情况。

(4）推荐旅游产品。向旅游公司或旅行社预订，为客人联系声誉较好的旅游公司或旅行社。

(5）告知事项。告知客人乘车地点及准确时间并向客人说明旅途注意事项。

3.5.4 代订客房

住店客人有时会要求酒店代订其他城市的客房，对于这类要求，酒店应尽量满足，一般由订房部或礼宾部去完成。

(1）登记信息。登记住客姓名、房号、联系电话。

(2）问清要求。详细了解客人要求包括酒店的名称、位置、客房和床的类型、到达和退房日期及有无特殊需要（如接车服务）等。

(3）明确客人预订担保条件。通常要求将客人信用卡的有关信息传递给对方酒店，如信用卡的号码、有效期、持卡人姓名等，以作为客人入住第一晚费用的担保。

(4）订房确认。向客人指定的酒店订房，要求对方书面确认并将书面确认单交给客人。

3.5.5 订餐服务

(1）了解要求。了解客人的订餐要求，如菜式种类、餐厅要求、用餐人数、用餐时间等。

（2）订餐转告。向有关餐厅预订并告知订餐要求。

（3）传递信息。记录对方餐厅的名号、地址、订餐电话并转告住客。

3.5.6 外修服务

（1）登记客人的姓名、房号。

（2）了解所需修补物品的损坏程度和部位、服务时限和费用限额以及宾客期望的修复要求。

（3）向客人说明一切费用由客人支付，包括维修费、路费等。

（4）将物品包装好，及时送店外修理。

（5）将修好的物品及所有单据交给客人，并做好登记工作。

【服务技能】

服务工作见表 3-11 ~ 表 3-13。

表 3-11 预订出租车服务

项目名称	操 作 程 序	说明/标准
填写预约单	当客人要预订出租车时，应问清客人要车时间、目的地、车辆类型。若客人是提前较长时间预订出租车的话，行李员应为客人填写“出租车预约单”	在预约单上要注明客人是否需要叫醒服务，并交到总机
预订出租车	（1）安排出租车提前 2 分钟在指定地点等候，并及时告知客人车牌号码、车辆类型及司机姓名、电话； （2）如客人临时要车，行李员可以立即为客人安排出租车，出租车需提前 2 分钟到达地点等候； （3）在酒店名片背面写上客人的目的地，分发给司机、客人各一张； （4）等车辆停稳后打开车门，护顶并请客人上车	

表 3-12 物品递送转交服务

项目名称	操 作 程 序	说明/标准
递送服务	（1）行李员按当日客房的住客情况，派送客房报纸，并填写报纸递送记录； （2）注意服务规范，乘员工电梯，走员工通道； （3）递送住客邮件、传真时，应先按铃或敲门，主动问候，然后再请客人当面确认签收； （4）递送留言时，可从门缝下塞进去，以免打扰客人； （5）客人暂时不在房间时，应做留言提示； （6）对无收件人的邮件，经反复核准后及时退回快递公司	
转交服务	（1）接受转交物品时，首先要确认本店有无此客人，然后请来访者填写一式两份的委托代办单，注明来访者的姓名、地址、电话号码，以便联系，同时要注明转交物品的名称和件数； （2）接受物品时一定要认真检查，并向来访者说明不转交易燃易爆、易腐烂物品； （3）鲜花、水果等，可以先送到客人房间摆放好，并将赠送者的名片夹在上面； （4）如果是住店客人转交物品给来访者，则要请住店客人写明来访者的姓名，待来访者前来领取时，要请来访者出示证件并签名	

表 3-13 为残疾人提供服务

项目名称	操作程序	说明/标准
发现客人需求	（1）发现客人需求； （2）应主动礼貌询问客人是否需要服务	对残疾人用语注意委婉，否则会伤其自尊
准备残疾人轮椅	（1）根据客人的要求提供服务（提供残疾车）； （2）将客人的信息通知相关岗位； （3）告诉客人有需要可找礼宾金钥匙	没有金钥匙的酒店可指派人员服务
专人管家式服务	（1）根据客人要求在指定区域内服务； （2）服务中周到、细致； （3）发现问题及时向主管报告，并做好交班	

专题 3.6 礼宾服务常见问题处理

3.6.1 大堂无人认领行李及处理方法

行李在大堂无人领取时，行李员应首先向前台其他人员了解情况，然后将行李存放在行李房，检查行李，根据行李上的线索查找失主，同时及时向上级管理人员汇报并做好登记。

3.6.2 客人行李丢失及处理方法

客人行李丢失主要包括行李到店前丢失和到店后丢失两种情况。

3.6.2.1 行李到店前丢失

行李到店前丢失，由旅行社或行李押运人员负责；如果酒店运送的行李是在去酒店的途中丢失的，酒店应负责任。但因客人尚未办理入住手续，还不是酒店的正式客人，酒店的赔偿责任应轻于住店客人的行李丢失情况。已订房客人的行李，如果由酒店的行李员负责接送，在运往酒店的途中丢失，其处理方法同上。未订房客人的行李，酒店原则上不予运送，可暂时看管（指在酒店大门口以外的范围），如果客人再三要求，酒店人员可以答应为其运送或暂时看管行李，但必须再三声明：如果丢失，酒店不负责任。

3.6.2.2 客人到达酒店后丢失

客人到达酒店后，在办理入住登记手续之前，或办理退房手续之后丢失的行李，酒店原则上不必赔偿。因为未入住或已离店的客人不是酒店的正式客人，酒店没有义务负责其行李的安全。但为了酒店的长远利益，遇到此类情况，也可酌情适量予以补偿。

3.6.3 行李已到，但客人未到

（1）如果事先已排好房，可根据排房表姓名与房号填写行李标签，根据行李标签上已写明的房号先送进房间。

（2）如未排房，先将行李寄放在行李房，待客人到后，先陪同核对到店行李件数，待排好房后再送进房。

3.6.4 带客进房发现意外情况

当行李员带客人进房后，如果发现房间内有行李或房间的卫生没有打扫时可按以下程序办理。

（1）行李员应立即退出，并请客人在外面稍等。

（2）向客人解释情况，请求客人谅解。

（3）与前台接待处联系，说明情况，请前台核对并查明房态，重新为客人安排房间。

（4）重新确认房间后，应先请楼层服务员替客人开门，然后再给客人换送房卡，以减少客人等待的时间。

（5）行李员在离开客人房间时要再次向客人道歉，以取得客人的谅解。

3.6.5 团体的个别房间行李弄错

（1）向客人了解行李的大小、形状、颜色等特征，与陪同的最新排房名表核对，检查是否有增房。如有，查对增加房间的行李，检查客人不在的房间，必须尽快将行李调整。如果没有，请陪同人员协助查找客人所在的房间，予以调整，做好记录。

（2）本批团体行李中多一件或几件行李，应把多余的行李存放在行李房中，同一批多余的行李应放在同一格内。用行李标签写一份简短的说明，注明到店时间及与哪个团体行李一起送来，然后等候旅行社来查找。同批团体行李中少了一件或几件行李，亦应在签收单上加以说明，同时与旅行社取得联系，尽快追回。

（3）行李错送的处理应把非本团行李挂上行李标签，做一个简短的说明后，存放于行李房的一格中，等候别的旅行团来换回行李，或通过旅行社联系换回行李。

内 容 小 结

礼宾服务是酒店前厅服务的“窗口”，是给客人留下第一印象和最后印象的关键服务阶段。在本模块中介绍了礼宾部向客人提供店内外的迎送服务、行李服务、委托代办服务的工作内容和工作程序及“金钥匙”服务的相关理念，加深了对礼宾部工作内容的认识与理解，从而培养良好的服务与管理意识。

【职业能力测试】

实训项目1 门童迎送服务

实训目的：通过门童迎送服务的实训，使学生在实践中掌握门童服务的程序与标准。

实训要求：（1）仪容仪表符合职业要求。

（2）熟悉门童迎送服务的流程。

（3）服务用语规范。

（4）针对门童迎送服务能灵活运用。

实训准备：手套、模拟酒店大门、模拟出租车。

实训安排：（1）将学生分成实训小组。

（2）各组学生分别扮演门童、客人。

（3）按程序完成门童迎送服务工作。

（4）教师点评并考核。

考核标准：

门童迎送服务标准

考核项目	考核内容	分值
1. 准备工作	（1）了解当日将要抵店的重要客人和团队； （2）了解酒店当日举行的大型活动； （3）根据上岗要求着装整齐，提前到岗	20
2. 迎接客人	（1）见到客人，微笑问好，如：您好，欢迎光临！××先生/女士：上午好/下午好/晚上好； （2）如客人乘车，车到门口时，以标准的车辆指引手势引导车辆，待车停稳后，上前打开车门，左手拉开车门，右手挡在车门上沿，为客人护顶。关车门时要小心，注意勿夹、碰客人。如是出租车，应等客人付费完毕后再把车门打开，为客人递上温馨提示卡； （3）对带小孩、行动不便的客人要加倍留心，协助其安全下车，必要时要搀扶客人下车； （4）协助行李员卸行李，并请客人确认行李件数及有无破损，有无遗漏等； （5）准确及时为客人拉开酒店正门，若客人行李较多，应帮助客人提拿行李； （6）若是参加宴会、会议的客人：因人流较多，尤其要留意停车位置，确保门厅及车道无车辆停留； （7）若是团队客人：协助行李员将团队行李卸下来，并请客人确认行李件数及有无破损，然后指引团队所乘大型车辆的司机将车开走	40
3. 送别客人	（1）客人步出大门时，为客人打开大门，微笑告别：××先生/女士，谢谢光临，请走好； （2）若客人乘车，协助行李员将客人行李放入车后备厢，请客人确认，为客人拉开车门、护顶，并祝客人一路平安； （3）若客人需要出租车，则需请客人在大堂稍候，通知行李员外出为客人叫车，为客人递上温馨提示卡； （4）客人上车后，应向后撤离车体两步，行注目礼	40
总　分		100

实训模拟情境：

下午17：00，某五星级酒店门口驶来一辆红色的出租车，远远看去，车后门坐着一位男性客人（G），门童（D）快速走向出租车，打开出租车后门，并给客人护顶。

D：先生，下午好！欢迎光临，一路辛苦了，需要我帮您拿行李吗？

G：好的，我的行李在后备厢。

D：好的，我已帮您拿出来了，您看是这些吗？

G：是的，谢谢你！

D：这是温馨提示卡，您拿好，上面有出租车的车牌号码，行李员会帮您来拿行李，您请进！

G：好的，谢谢了！

实训项目 2　散客入店及离店行李服务

实训目的：通过散客入店及离店行李服务的实训，使学生在实践中掌握散客入店及离店行李服务的程序与标准。

实训要求：（1）仪容仪表符合职业要求。

（2）熟悉散客入店及离店行李服务的流程。

（3）服务用语规范。

（4）针对散客入店及离店行李服务能灵活运用。

实训准备：手套、行李车、模拟酒店大门、模拟出租车、模拟客房、模拟前台、模拟电梯。

实训安排：（1）将学生分成实训小组。

（2）各组学生分别扮演行李员、客人。

（3）按程序完成散客行李服务工作。

（4）教师点评并考核。

考核标准：

散客入店行李服务标准

考核项目	考 核 内 容	分值
1. 出门迎接	（1）当客人到达酒店正门，门童需立即上前为客人开车门，问候客人，行李员同时立即帮助客人从车后备厢卸下所有行李，并检查行李是否破损。认真清点数量及知会客人，然后在行李牌上记下客人乘坐车辆的车牌号（如出租车）、行李数量； （2）迅速引导客人走进店门，到前台进行入店登记； （3）客人行李件数少时，可用手提，行李多时，要用行李车	25
2. 引领客人入店办理入店手续	（1）引导客人至前台，站立在客人斜身后 1.5 米处，看管行李，恭候客人； （2）在商务楼层的客人，需引领客人至商务楼层办理入店手续	15
3. 引领客人至房间	（1）客人办理完毕入店手续后，行李员从前台服务员手中接过房卡和入住单，清晰地将房间号码登记在行李牌上； （2）如果几位客人同时入店，应在办理完毕手续后，请每位客人逐件确认行李，在行李牌上写清客人的房间号码，并礼貌地告诉客人在房间等候，然后迅速将行李送入房间； （3）称呼客人的姓氏并向客人报出所住房号和楼层，用手势示意客人上楼，乘坐电梯时，应主动为客人按电梯，请客人先入电梯，进电梯后靠电梯按钮站立为客人按下相应楼层示意键，电梯到达目的楼层后，请客人先走出电梯，出梯后在前方引领客人到房间； （4）在引领客人过程中，应注意步伐快慢，随时关照客人行走情况，保持在客人右（或左）前方 1.5 米处，视客情（生客、熟客）灵活介绍酒店情况，熟客则主要推介最新促销内容。尽量寻找客人感兴趣的话题与客人交流	30
4. 房间服务	（1）到达房间时要示意客人，“我们到了，这就是您的房间。”； （2）按规定的程序开门。将磁卡插入电源开关处，立即退至房门一侧，再请客人先进。随后跟着客人进房，把行李放在行李架上或客人指定的位置，并与客人最后确认行李数量； （3）视客情（生客、熟客）灵活介绍房间设施的使用方法，离开房间时要告诉客人如需服务请拨××××客房服务中心电话，介绍完毕应把行李牌交给客人，同时询问客人是否有其他要求，并祝客人住得愉快。面对客人后退，将房门轻拉上。将入住单交到客房服务中心	20
5. 返回	迅速走楼梯或员工电梯返回礼宾部	10
总　分		100

实训模拟情境：

晚上20:00，某五星级酒店门口驶来一台白色出租车，车后坐着一位男性客人（G），门童（B）快速走向出租车，打开出租车后门，并给客人护顶。

B：先生，欢迎光临！需要我帮您拿行李吗？

G：好的，我的行李在后备厢。

B：好的，我已帮您拿出来了，您看，行李齐吗？

G：是的，谢谢你！

行李员在行李卡上记下行李件数及客人所乘坐到酒店的出租车车牌号，然后带领客人进入酒店，来到前台。

B：您好，这里是前台办理入住登记的，您先登记，我在不远处等您。

站立在客人斜身后的1.5米处，看管行李，恭候客人。客人办妥手续后，立即主动上前向客人或总台职员拿来房卡及入住单。

B：方先生，您住的房间号是8088，在8楼，您这边请。

G：好的！

引领方先生到达电梯前，楼下电梯上行按钮，视客情（生客、熟客）灵活介绍情况，熟客则主要推介最新促销内容。尽量寻找客人感兴趣的话题与客人交流。

B：方先生，您先上，请慢点。

进电梯后靠电梯按钮站立为方先生按下8号楼层示意键。

B：方先生，您先下，请慢点，请向左走。电梯到达目的地楼层。

G：好的！

B：方先生，我们到了，这就是您的房间。

行李员进房间前，先按门铃三下，稍候房内无对应再用磁卡开门，开门成30度时讲“HOUSEKEEPING”看房间是否符合要求，然后将房间磁卡插入电源开关处，立即退至房门一侧，再请方先生先进。

B：方先生，您请进，您看行李放在行李架上还是放在哪儿？您查看一下行李是否无误。

G：哦，放行李架上就可以了，没事，是这些行李。

B：方先生，房间内设施比较齐全，有开水器、电脑、吹风机……如需要服务您可以拨打客房服务中心电话888888，这是行李牌请保管好，请问您还有什么需要吗？

G：哦……没有了，谢谢！

B：不用谢，祝您在本酒店住得愉快！

行李员面对客人后退，将房门轻轻拉上。将入住单交到客房服务中心，并简单介绍客情，让服务员心中有数。迅速走楼梯或员工电梯返回礼宾部。

散客离店行李服务标准

考核项目	考 核 内 容	分值
1. 接到收取客人行李的要求	（1）行李员接到礼宾部传达的客人要求搬运行李到大堂的通知； （2）询问客人房号、行李数量、实际离店时间或客人是否需要安排车辆服务等在礼宾部的行李员服务等	15

续表

考核项目	考 核 内 容	分值
2. 登记	在礼宾部的行李员服务表上详细记录行李员姓名、时间、客人房号、行李数量、离店时间等有关资料	20
3. 收取客人行李	（1）当行李员到达客人房间时，应直接将需代运的行李当面清点并知会客人行李数量，与客人确认在礼宾部等候时间或与客人一起离开； （2）离开房间前，提醒客人带齐所有物件	30
4. 帮助客人离店	（1）如客人已办好退房手续，按客人要求直接将客人的行李运送到酒店正门上车，上车前请客人复核行李数量是否准确，并祝客人旅途愉快。随后记下客人乘坐车辆的号码，向礼宾员汇报以便保留相应的记录； （2）如客人暂不离店，行李员可带客人到礼宾部办理存放行李手续，所有行李需用尼龙绳扎好寄存在大行李仓中	20
5. 备注	礼宾员在接听电话时，必须热情有礼，同时详细记录有关资料，如要安排车辆，即与运输部联系。行李员到达客人房间，应先向客人问好，确认需要搬运的行李数量，并告诉客人礼宾部的确切位置和确定等候时间。礼貌地核实客人是否即时退房，并把行李搬运到车辆上及记录有关资料	15
总　分		100

实训模拟情境：

晚上 20：00，某五星级酒店，行李员小成（B）接到礼宾部通知，7068 号房间赵先生（G）要退房，希望马上搬运行李，行李大概有四件，需要行李车，并帮忙叫辆出租车。小成忙打电话给值班的门童小孙，请他帮忙叫辆出租车在门口等着有客人马上要用。于是小成带上行李车乘员工电梯上了 7 楼，来到 7068 号房间门口，先按门铃。

B：您好，赵先生，行李服务。

G：好的，我的行李都在这儿。

B：您一共有四件，是吗？现在可以运送到大堂吗？

G：是的，我和你一起下去，马上退房，退后就要打车离开酒店。

B：好的，我来装行李，您收拾时不要遗忘了东西。

赵先生收拾完后和小成一起出门，乘客用电梯，来到大堂，小成站立在客人斜身后的 1.5 米处，看管行李，恭候客人。赵先生一会儿就办妥了退房手续。

B：赵先生，您这边请，出租车已在门口等着了。

G：好的！

小成推着行李车，引领赵先生通过大堂正门，来到门口的出租车旁。先把行李放进车后备厢，并请客人检查行李。

B：赵先生，您看是这四件行李吗，我已替您装上车了。

G：是的，谢谢了！

小成随即打开车后门，请赵先生上车，并给赵先生护顶。

B：赵先生，谢谢光临本店，祝您旅途愉快！

赵先生上车后，小成向后撤离车体两步，行注目礼，看着车缓缓离去。

实训项目3　行李寄存与提取服务

实训目的：通过行李寄存与提取服务的实训，使学生在实践中掌握行李寄存与提取服务的程序与标准。

实训要求：（1）仪容仪表符合职业要求。

（2）熟悉行李寄存与提取服务的流程。

（3）服务用语规范。

（4）针对行李寄存与提取服务能灵活运用。

实训准备：酒店大堂、行李房、行李台、行李若干、行李寄存卡、行李寄存记录本、欢迎卡、房间钥匙、笔。

实训安排：（1）将学生分成实训小组。

（2）各组学生分别扮演行李员、寄存行李的客人。

（3）按程序完成行李服务工作。

（4）教师点评并考核。

考核标准：

行李寄存服务标准

考核项目	考 核 内 容	分值
1. 告知客人注意事项	（1）客人前来寄存时，要主动问好，热情接待，礼貌服务； （2）请客人出示房卡或钥匙，外来客人行李原则上不予寄存； （3）礼貌询问客人行李中有无酒店不予寄存的物品； （4）告知客人寄存时间一般为30天，超过时间饭店有权对行李自行处理	35
2. 填写行李寄存卡	（1）询问客人姓名、房号、行李数量（英文大写）、联系电话、寄存日期、行李提取日期，行李员填写行李寄存卡，最后行李寄存卡上下联均要由行李员和客人各自签名确认； （2）核对行李件数，检查有无损坏、上锁； （3）将寄存卡的上联系在客人行李上（两件以上行李应用绳子系在一起），下联交给客人保管，并提醒客人在提取行李时需持下联方可领取； （4）行李寄存期以一天为限区分，“暂存”指客人在当天内会取回寄存的行李；“长存”则指客人寄存行李时间超过一天。两种寄存的工作程序相同，但区别在于“寄存行李联”上印有“长存”或“暂存”字样	40
3. 存放行李	（1）将暂存行李放在行李房外侧，长存行李放在行李房的行李架上，必须将同一客人行李放在一起； （2）在“行李寄存记录本”上登记所寄存行李情况，标明件数、日期及存放人姓名和寄存卡编号； （3）发现长期不取物品，立即通知礼宾部主管	25
总　分		100

实训模拟情境：

中午13：00，某五星级酒店行李寄存部，行李生小明（B）正在值班，看见刚在前台办理手续的一名客人（G）提着行李匆匆而来。

B：您好，我是行李员小明，您需要寄存行李吗？

G：是的，我刚退了房，已买了今天下午17：00返程的火车，但想买点该市特产带回家，拿着行李不方便，能在这儿寄存一下吗？

B：没问题，和您说一下，酒店规定有些物品是不能寄存的，如贵重物品、金钱、易燃易爆、易碎、易泄漏、危险品、违禁品、有腐蚀性和放射性的物品、生活家禽、水产、蔬果等。

G：哦，你放心，我的行李没问题，没有你说的这些违禁物品。

B：好的，谢谢您的配合。我这儿有个行李牌，上面要登记一些本次寄存的相关内容，方便您到时过来领取行李。您的姓名？刚退的房间号码？大概几点过来取？行李件数？

G：我叫程成，刚退的房间号码是9098，大概下午16：00过来取，有三件行李，电话是1345678××××。

小明检查了行李，确实是三件，并且完好无损。开始填写行李牌上相关内容。

B：好的，我已填写好了，您核实一下，无误的话，麻烦您在上下联上分别签字确认。

G：好。

B：您好，给您行李卡的下联，下午您来取行李时一定要出示该行李卡下联。

G：好的。谢谢你了。

B：不用谢，那您走好啊。

小明目送着程先生远去，马上在"行李寄存记录本"上登记程先生所存行李情况，标明件数、日期及存放人姓名和寄存卡编号。将程先生行李用绳子拴在一起，再将寄存卡上联系在上面，并把程先生行李放在行李房外侧，以方便程先生下午过来领取。

行李提取服务标准

考核项目	考 核 内 容	分值
1. 查找行李	（1）取行李时，应主动问候，收回客人的行李寄存卡下联，并当场请其签名，然后核对上下联确认无误； （2）根据客人寄存卡上的资料，为方便查找视情况可询问客人行李的颜色、大小、形状等，在行李房查找客人所属的行李	20
2. 提取行李	（1）找到行李后，清点实际行李数量，确保准确无误； （2）把行李取出，交予客人核对，经客人同意帮客人将行李送上车（要记下车牌号码）或送到客房，与客人道别	30
3. 记录	将寄存卡上下两联装订在一起存档，并在"行李寄存记录本"中做注销手续	20
4. 备注	如客人遗失了行李寄存卡，可按如下程序处理： （1）请客人出示房卡、有效证件，并复印留底备查； （2）询问客人寄存行李的件数、颜色、形状等特征以便核查； （3）核对无误后，请客人写一张领取行李的说明并签名； （4）在行李寄存记录本上注明情况，并将客人写的说明、证件复印件、行李寄存卡的上联一起装订存档 如他人代领行李： （1）请客人事先把代领人的姓名、电话、地址或单位等情况写清楚，告之其注意事项，在"行李寄存记录本"上清楚注明； （2）当代领人来领取行李时，查阅"行李寄存记录本"上的记录，请其出示有效证件并复印留底，询问原寄存人的姓名、行李件数，收回寄存卡下联，请其签名，注意核对寄存卡的上下两联； （3）核对无误后，将行李交给代领人，做好记录及存档工作	30
总　分		100

实训模拟情境：

下午16：00，某五星级酒店行李寄存部，行李生小明（B）正在值班，看见中午曾来寄存行李的一名客人程先生（G）提着两个礼品盒匆匆从饭店大门向行李寄存部走来。

B：程先生，您好，我是行李员小明，您需要提取行李吗？

G：是的，我刚出去买了点当地的特产，要赶今天下午17：00的火车，你快点帮我拿一下好吗？

B：好的，请把您寄存卡的下联签字给我，我来核对一下。

G：给你。

B：好的，没问题，您的行李我就放在行李房外侧，您看是这三件吗？

G：是的。

B：您这行李有点多，需要送您到门口上车吗？

G：好的，太好了！

B：程先生，行李我已放在车后备厢了，您请上车，一路平安，欢迎您再次光临本店。

G：谢谢！

小明后退两步，记下程先生出租车上的车牌号码，并目送车离开。回行李房后，小明将车牌号记载到行李寄存登记表上。

模块 4　前台接待服务

【情景导入】

“我已经是第 12 次住你们酒店了”

陈先生是某酒店的熟客，他每次入住后，客房部经理都要前去问候，大家都知道陈先生极好面子，总爱当着他朋友的面批评酒店，以显尊贵。果然这天，客房部经理前去拜望时，陈先生开口又说：“我早就说过，我不喜欢房间里放什么水果之类的东西，可这次又放上了。还有，我已经是第 12 次住你们酒店了，前厅居然还要向我要身份证登记，难道你们电脑里没有储存吗？是不是现在生意好了，有没有我这个客人无所谓了？”

客房经理如道他又在显示自己的尊贵，马上笑着说：“怎么会呢，您是我们最尊贵的客人，我们欢迎还来不及呢，怎么会无所谓呢？您提的问题我们一定解决，相信您下次来时一定不会这样了，非常感谢您的批评。”

评析

通过案例我们可以看出，酒店在接待熟客时，应当简化客人的入住登记手续，可以直接在客史档案中直接调用，这样就可以加快入住登记速度，也可以让客人感到方便和受重视。

前台接待是酒店对客服务的重要环节，它既是酒店对内对外联系的总渠道，又是枢纽，是酒店接待服务工作的指挥中心。在对外联络方面，前台应该组织客源、设法为宾客提供热情周到的服务，使宾客感到满意并留下深刻的第一印象，从而为酒店吸收更多的客人，增加社会效益和经济效益。

专题 4.1　登记入住的必要性与岗位职责

4.1.1　登记入住的必要性

任何酒店，无论其规模大小、档次高低，客人下榻到酒店，都必须办理入住登记手续，无一例外。办理入住登记是前厅接待服务的重要环节，主要因为以下几点。

4.1.1.1　客人与酒店建立正式合法关系的最根本一步

通过入住登记，客人住哪一房间、房价是多少、住多长时间等基本事项都能得到确认。它标志着酒店与客人之间正式的合法经济关系的确立。只有完成入住登记手续，酒店与客人之间的责任与义务、权力与利益才能明确。只有办理了入住登记，才使酒店的潜在客人变为现实的客人。由此可见，入住登记是前厅部对客服务全过程的一个关键环节，这一阶段的工作效果将直接影响到前厅部对客服务的客房销售、提供信息、协调对客服务、建立客账与客史档案等职能的发挥。

4.1.1.2 遵守国家法律有关户口管理的规定

我国法律明确规定，在我国的外国人及国内流动人口在宾馆、酒店、招待所临时住宿，应当出示有效护照或身份证，填写临时住宿登记表。旅店管理人员对住宿旅客不按规定登记是违反户口管理规定的行为。酒店办理入住登记，对于行使国家主权、捍卫国家安全、维护社会秩序都具有重要的意义。因此，办理入住登记是遵守国家法律中有关户口管理的规定，也是酒店对国家应尽的义务。

4.1.1.3 可获得住店客人重要的资料

通过办理入住登记，酒店可获得住店客人的姓名、职业、国籍、住宿天数、返程日期、付款方式、房类和房价等必要的个人基本信息。这些信息对于做好酒店经营与服务至关重要，它为前厅部向有关部门提供服务信息、协调对客服务提供了依据，也为酒店研究客情提供了依据。

4.1.1.4 满足了客人对客房与房价的要求

通过办理入住登记，接待员向客人介绍客房和房价，回答客人的种种提问，使客人了解酒店的客房类型和房价，从而选择自己满意的客房和房价。因此，办理入住登记不仅推销了客房，而且满足了客人对客房与房价了解的要求。

4.1.1.5 为酒店各种表格、文件的形成提供了可靠的依据

通过办理入住登记，酒店获得了住店客人的个人基本资料，在此基础上，酒店可制作出各种相关的表格文件。这些表格和文件是酒店经营运转不可缺少的条件，同时也是酒店安排订房、控制客房状况、收款及服务的基础。

4.1.1.6 向客人推销酒店其他服务设施和服务的大好时机

大多数客人并不十分了解酒店的设施与服务项目，这样，客人就无法购买，需要前厅工作人员，尤其是接待员向客人详细地介绍情况。在办理入住登记手续时，接待员可以在推销客房的基础上，抓住推销的时机，让客人了解酒店的各种设施和服务项目。只要抓住推销的时机，运用一定的推销技巧，迎合客人的心理需求，就能产生积极的效果，从而为酒店带来更好的经济效益和社会效益。

4.1.2 前台接待人员的岗位职责

4.1.2.1 接待处主管

A 管理层级关系

（1）直接上级：前厅部经理。

（2）直接下级：接待处领班。

B　岗位职责

按照本部门各项业务指标要求，全面负责房务安排、总台问询、入住接待和结账、留言等相关服务工作。协助前厅部经理检查和控制总台的工作程序，保证下属各班组之间与酒店其他部门之间的衔接和协调，督导员工为客人提供优质高效的服务。

C　工作任务

（1）向前厅部经理负责，对接待处进行有效的管理；（2）协助制定接待处的岗位责任制、操作规程和其他各项规章制度，并监督执行；（3）协调前厅服务及工作秩序，负责总台班次调整及安排；（4）审核当日、次日的房间状况和房务安排，准确掌握房态；（5）督导下属员工及时准确地把客人资料输入电脑，审核客史档案记录，完成补充、存档等工作；（6）掌握客人抵、离店动态，亲自参与重大活动的排房和接待工作；（7）调整和处理客人的投诉和特殊要求；（8）对前台电脑、传真机、复印机等专用设备安排维护保养，确保设备正常运转；（9）及时申领、添加总台各种办公用品、宣传品等；（10）检查下属员工仪容仪表及出勤、纪律等情况。检查并督导下属保持管辖区域内卫生清洁；（11）按计划实施对下属的岗位技能培训，强化员工的销售意识，不断提高员工的业务水平和素质；（12）按部门要求对下属出勤及工作表现进行考核评估；（13）做好下属的思想工作，帮助有困难的员工解决实际困难，充分调动员工的工作积极性；（14）做好接待处的安全防范工作。

4.1.2.2　接待处领班

A　管理层级关系

（1）直接上级：接待处主管。

（2）直接下级：接待员。

B　岗位职责

协助主管做好接待处的管理工作，确保接待服务质量，并承担责任。

C　工作任务

（1）检查、打印营业报表，并督促分送酒店领导和有关部门；（2）认真核对客房状况，及时准确地掌握房态；（3）检查下属出勤、仪容仪表及服务质量；（4）与预订、行李及客房服务中心保持业务联系，协调合作；（5）为团队和VIP客人办理入住手续，并将信息及时通知有关部门，共同做好接待工作；（6）对客人要求协助等特殊要求，立即安排或及时汇报；（7）发生意外事件时，应立即向大堂经理和前台主管汇报；（8）按规定录入和统计境外客人户籍资料；（9）检查并确保总台各种用品、宣传品齐全，电脑、复印机等设备运转正常；（10）督导接待员按照规定认真做好客人入住登记工作；（11）认真细致地做好领班的交接班，并检查督促各岗位做好交接班工作。

4.1.2.3　接待员

A　管理层级关系

（1）直接上级：接待处领班。

（2）直接下级：无。

B　岗位职责

为客人办理入住登记及离店结账手续，主动、热情地为客人提供优质的接待、问询等服务。

C　工作任务

（1）为客人办理入住登记手续，安排房间，尽可能满足客人的特殊要求；（2）做好VIP客人入住的各项准备工作；（3）为客人办理换房、加床、续住等手续；（4）负责发放客房钥匙；（5）负责将有关客人抵、离店情况的资料进行整理、归档；（6）适时补充接待工作所必需的表格和文具用品；（7）填写、录入并统计入住散客及团队客人登记单；（8）按查控要求，发现可疑情况立即采取措施；（9）保持总台清洁整齐，检查所需的表格、文具和宣传品是否齐全；（10）认真核对所掌握的客人的生日资料，并做好礼品单的派送工作；（11）掌握房态和客房出租情况，制作客房出租报表；（12）认真核对上一个班次输入电脑的客人资料，及时、准确地输入当班的客人资料。

专题 4.2　酒店不予接待的客人及排房技巧

4.2.1　酒店不予接待的客人

酒店在办理客人入住登记手续时，根据行业规定，以下客人可以不予接待：

（1）携带危害酒店安全的物品入店者；（2）从事违法活动者；（3）损害酒店声誉者；（4）无支付能力或曾有过逃账记录者；（5）酒店客满；（6）衣冠不整者；（7）患重病及传染病者；（8）法律、法规规定的其他情况。

4.2.2　排房技巧

排房也称分房。接待员应根据客人在登记表中所填的住宿要求立即为客人安排房间。对于办理了预订手续的客人可以提前做好排房工作，VIP、团体客人以及有特殊要求的客人抵店前，前台应根据他们的订房资料完成排房工作；对其他订房客人，前台也应根据其要求及抵店时间，对客房做好大致的安排。

4.2.2.1　不同类型客人的排房优先顺序

不同类型客人的排房优先顺序为：

（1）VIP和常客；（2）团体客人或会议客人；（3）已付订金的预订散客；（4）有特殊要求的预订客人；（5）要求续住的客人；（6）确认预订的客人（有航班号和抵达时间）；（7）无预订直接抵店的客人；（8）临时预订的客人。

4.2.2.2　不同房态的排房优先顺序

不同房态的排房优先顺序为：

（1）已清洁的空房；（2）走客房；（3）当日欲退房（按欲退房的时间先后依次分给

预订到店的客人，先到的优先）；（4）机动房；（5）酒店自用房；（6）轻微损坏房。

4.2.2.3 排房技巧

排房技巧包括以下内容：

（1）对于 VIP 应选留同类房间中安全保卫、设备保养和环境等都为最佳的房间。

（2）常客要予以照顾，尽量安排其以前住过并感到满意的房间。

（3）长住客要尽可能集中在较低的一个楼层。

（4）尽量将团体客人安排在同一楼层或相近楼层。这样既便于团体客人之间的联系和管理，又可以为下一个团队入住留下大量的空余房间，有利于提高住房率。

（5）对老年人、行动不便者、带小孩的客人应尽量安排在较低楼层靠近服务台或电梯口的房间。

（6）由于内外宾在语言和生活习惯上差异较大，为了避免造成误解和隔阂，要将他们安排在不同的楼层。

（7）注意房间号码的忌讳。例如，西方人忌“13”，我国有一些地区的客人忌带有“4”的楼层和房号，所以一些酒店的“13”或带有“4”的楼层和房号均用其他数字代替。

（8）在淡季，从经营和保持市场形象的角度出发，可集中安排朝向街道的房间。还可以封闭一些楼层，集中使用几个楼层的房间，以节约能耗，便于维护及保养客房。

需要注意的是，除 VIP 和常客外，不可过早地对客人预订的房号予以承诺，以免因一些原因不能满足客人，而失信于客人，只可答应尽量为其争取。接待员在排房的工作中，必须熟悉每间客房的位置、朝向、优缺点及设备的运转和房价等具体情况，从而进行有针对性的排房。

专题 4.3 接待入住程序

入住登记程序包括客人到店前的准备工作、填写入住登记表、排房和定房价、确认付款方式、发放钥匙及带客上房、制作有关表格。然而，需要注意的是，酒店不同、客人类别不同，以上入住登记步骤的次序亦可能有异。

入住的客人可分为两大类，即有预订的与没有预订的散客和团客。根据客人订房的类型，酒店入住的登记步骤也应有所区别。

4.3.1 散客入住登记程序

（1）识别客人有无预订。客人来到接待处时，接待员应面带微笑，主动迎上前去，询问客人有无订房。

（2）客人填写入住登记表。客人入住都必须登记，散客一人一表，国内和境外旅客登记表见表 4-1 和表 4-2。

表 4-1　国内旅客住宿登记表

编号：　　　　房号：　　　　房租：

姓名	性别	年龄	籍贯	工作单位	职业
			省　市　县		
地址					
身份证或其他有效证件				证件号码	
抵店日期				离店日期	

同宿人	姓名	性别	年龄	关系	备注	

请注意： 1. 退房时间为中午 12：00； 2. 贵重物品请存放在总台保险箱，阁下一切物品之遗失酒店概不负责； 3. 来访客人请在 23：00 前离开房间； 4. 退房请交回钥匙； 5. 房租不包括房间里的饮料。	结账方式： 现金： 信用卡： 支票： 客人签名： 接待员：

表 4-2　境外旅客临时住宿登记表

Registration Form of Temporary Residence For Visitors

IN BLOCK LETTERS：　　　　DAILY RATE：　　　　ROOM NO.：

SURNAME：	DATE OF BURTH：	SEX：	NATIONALITY OR AREA：	
OBJECT OF STAY：	DATE OF ARRIVAL：	DATE OF DEPARTURE：	COMPANY OR OCCUPATION：	
HOME ADDRESS：				
PLEASE NOTE： 1. Check out time is 12：00 2. Safe deposit boxes are available at cashier counter at no charge. Hotel will not be responsible for any loss of your property 3. Visitors are requested to leave guest rooms by 11：00P. M. 4. Room rate not including beverage in your room 5. Please return your room key to cashier counter after checking out			Checking out my account will be settled by： CASH： T/A VOUCHER： CREDIT CARD： GUEST SIGNATURE：	
For clerk use				
护照或证件名称：	号码：	签证种类：	签证号码：	签证有效期：
签证签发机关：	入境日期：	口岸：	接待单位：	
REMARKS：		CLERK SIGNATURE：		

（3）查验身份证件。请客人出示有效证件，接待员要检查证件，认真核对客人填写的内容，查看有无错漏，做到“三清”和“三核对”。“三清”，即字迹清、登记项目清、证件检查清；“三核对”，即证件相片和本人核对、证件印章和证件期限核对、年龄与证件年龄核对。

（4）安排房间，确定房价。接待员应根据客人的住宿要求，着手排房、定价。通常，客房分配应讲究一定的顺序及技巧。房价按照酒店所处的营业季节或房间的位置或服务的项目而定。

【案例赏析】

客人自称是总经理的朋友

晚上22:00左右，某酒店前厅接待处有一位客人正在大声地和接待员李小姐争论着，而李小姐好像在坚持什么。经了解，原来客人自称是总经理的朋友，要求李小姐给他一间特价房，而李小姐却说没有接到过总经理的任何通知，只能给予常客优惠价。对此，客人很不满意，大声地吵起来，说一定要到总经理处投诉她。

（5）确定付款方式。确定付款方式的目的，从酒店角度来看，是避免利益损害，防止住客逃账（走单）；从客人角度来看，是享受住宿期间消费一次性结账服务和退房结账的高效率服务。

（6）完成入住登记手续。排房、定价、确定付款方式后，接待员应请客人在准备好的房卡上签名，然后将客房钥匙交给客人，并做好提醒工作。

（7）制作相关表格资料。入住登记程序最后阶段的工作，是建立相关表格资料，便于酒店查询。

4.3.2 VIP客人入住登记程序

4.3.2.1 接待VIP的准备工作

接待VIP的准备工作包括：

（1）填写VIP申请单，上报总经理审批签字认可。要了解重要客人抵达情况，熟记其订房内容，包括姓名、国籍、职位、到达时间、收费方式、接待规格和离店时间等。

（2）为VIP客人的分配房间力求选择同类客房中方位、视野、景致、环境、房间保养等方面处于最佳状态的客房。

（3）VIP到达酒店前，要将房卡、班车时刻表、欢迎信封及登记卡等放至大堂副理处。

（4）大堂副理在客人到达前检查房间，确保房间状态正常，礼品发送准确无误，通知相关部门做好服务准备。

4.3.2.2 办理入住登记手续

入住登记手续包括：

（1）准确掌握当天预抵VIP的称谓。

（2）客人到达时应由大堂副理在门口迎接，陪同客人到接待处办理手续，并送客人到房间。由于重要客人的接待规格不同，有时还需要有包括总经理、前厅部经理等在内的酒店重要管理人员到门口迎接，并送客人到房间，在房间办理入住手续，通常客人只需签名确认即可。

（3）大堂副理向客人介绍酒店设施，询问客人是否需要其他帮助。

4.3.2.3 信息储存

办完入住登记手续后，还必须完成信息的储存工作：

（1）复核有关VIP资料的正确性，并准确输入计算机。

（2）在计算机中注明哪些客人是VIP，以提示其他部门或人员注意。

（3）为VIP建立档案，并注明身份，作为预订和日后查询的参考资料。

4.3.3　团队客人入住登记程序

4.3.3.1　准备工作

接待团队客人的准备工作包括：

（1）在团队到达前，与客房部联系确保房间为可售房。

（2）预先备好团队的钥匙，要按照团队要求提前分配好房间，将钥匙分别放入钥匙袋内，填好客人姓名和房号。

（3）将有关通知单提前分送前台问询处、客房部、餐饮部等处，做好客人抵达时的各项准备工作。

4.3.3.2　接待团队入店

团队到店后的接待工作包括：

（1）前台接待员与销售部团队联络员一起礼貌地把团队客人引领至团队入店登记处进行登记，见表4-3。

表4-3　团队客人住宿登记表

Registration Form of Temporary Residence For Group

团队名称：Name of group　日期：Date　年 Year　月 Mon　日 Day Till　至　月 Mon　日 Day

房号（ROOM NO.）	姓名（NAME IN FULL）	性别（SEX）	出生年月（DATE OF BIRTH）	职业（PROFESSION OR OCCUPATION）	国籍（NATIONALITY）	护照号码（PASSPORT NO.）

签证号码：　机关：　种类：

有效日期：　入境日期：　口岸：

（2）团队联络员告知领队、团队客人有关事宜，其中包括早、中、晚餐地点，酒店其他设施等。

（3）接待员与领队确认房间数、人数及早晨叫醒时间、团队离店时间。

（4）经确认后，请领队在团队明细单上签字，前台接待员亦需在上面签字认可。

（5）团队联络员和领队接洽完毕后，前台接待员需协助领队发放钥匙，并告知客人电梯的位置。

4.3.3.3　信息储存

接待团队入店后，还必须完成信息的储存工作：

（1）入住手续办理完毕后，前台接待员将准确的房间号名单转交行李部，以便发送行李。

（2）及时将所有相关信息输入计算机。

【服务技能】

服务工作见表4-4～表4-9。

表4-4 班前准备工作

项目名称	操作程序	说明/标准
着装签到	（1）按规定着装，检查自己仪容仪表是否符合要求； （2）准时到岗，并签到	（1）着装：按各酒店要求着装，名牌佩戴在左胸，女员工穿肉色丝袜，皮鞋光亮或布鞋干净，均无破损； （2）饰物：只能佩戴结婚戒指与手表，其余饰物均不能佩戴； （3）双手：不留长指甲，不涂有色指甲油； （4）妆容：女士化淡妆，男士不留胡须； （5）发型：女员工不能染夸张怪异颜色，男士头发前不遮眉、侧不过耳、后不过领
接班准备	（1）备齐资料、用具，摆放整齐，以取用方便； （2）熟悉当天的开房率和房间情况	房间状况包括：团队、会议或VIP用房等
交接班	（1）上班接待人员将接待工作情况交给接班人员，以便其了解遗留事项； （2）阅读交班记录本并签字； （3）熟悉当天到店的VIP身份、房间号码、抵离时间和喜好等； （4）处理遗留事项	遗留事项包括有等待空房换房的客人、核对预订客人到店时间、排房情况等

表4-5 散客入住接待服务

项目名称	操作程序	说明/标准
确定是否预订	（1）询问客人是否有预订“先生/小姐/女士，您好。有什么需要帮忙的吗？请问您有预订吗？” （2）如果客人有预订，应回答：“请您稍等，我帮您查一下！” （3）根据客人提供的单位或姓名，在电脑上查找预订 （4）与客人核对预订资料并查找核对：“您预订的是××房，房价是××元，预住××晚”	（1）面带笑容、语音甜美； （2）要有三次称呼客人姓氏
推荐客房	对于没有预订房间的客人，可按以下程序向客人推荐客房： （1）从电脑中搜寻符合客人所需要的房间 （2）若房型不符合客人的要求，可向客人推荐其他房型；若房价不符合客人要求，可向上或向下推荐客人可接受房价的最接近房型；如果实在不能满足客人要求，应设法为客人联系其他酒店 （3）若客人接受推荐的客房，与客人确认	
验证并登记	（1）请客人出示有效证件 （2）检验客人证件：照片、有效日期、真伪 （3）请客人填写“入住登记表”，给客人以必要的提示 （4）审核客人是否填写清楚、完整	有效证件：身份证、军官证、士兵证、旅行证、护照、台胞证、港澳通行证等

续表4-5

项目名称	操作程序	说明/标准
确认付款方式及预付款	（1）询问付款方式，并确认； （2）在登记表上填写房价、付款方式； （3）如需客人交付预付款，根据酒店规定交付，作为其他消费的押金	
交房卡	（1）将房卡、证件、押金条文给客人； （2）由礼宾员引领客人到房间； （3）祝客人入住愉快	双手递交物品
信息存储	（1）按照登记表上的内容，将信息准确、快速存储； （2）将登记表按规定放在指定位置	

表4-6　VIP客人接待服务

项目名称	操作程序	说明/标准
总台接到通知	（1）凡接到通知立即拟写VIP单并请礼宾员按VIP级别送往相关管理人员签字批准； （2）礼宾员派发VIP单到相关岗位； （3）非当日到店VIP在交接班本上做好记录； （4）当日到店VIP： a. 前台准备VIP登记单； b. 做好VIP房间钥匙的准备； c. 了解结账方式； d. 根据入住登记单录入客人相关资料	（1）VIP首要分送的岗位有客房部、餐饮部； （2）如其他岗得到通知，第一时间必须告诉前台
抵店接待	（1）酒店领导在大厅门口迎接并称呼客人姓名和职务，问候客人； （2）将客人送至预分房间，要求礼宾员一起将行李送到房间	VIP客人通常可分为A、B、C三个等级： A. 需酒店所有总经理带领数个部门经理与大堂副理在门厅迎接； B. 至少需要一名总经理带领数个部门经理与大堂副理在门厅迎接； C. 至少两个部门经理与大堂副理在门厅迎接
入住登记	（1）入住登记表放置在房间写字台上，并摆放欢迎信提醒客人须登记的项目； （2）将登记表可以填完整的信息填完整，如果是常客只需客人签名即可； （3）最后由跟房服务员收走交给前台	（1）一般情况下都由对客服务关系主任帮客人填写，如果是经常到店的VIP只需要签字即可； （2）跟房服务员：客人离开时为客人房间清洁的服务员
介绍酒店	（1）由专人向客人介绍客房及酒店内的设施设备； （2）告知客人可以提供帮助的内线电话号码，作不同介绍； （3）向客人道别，预祝客人入住愉快	介绍房间：根据不同类型客人作不同介绍
信息存档	（1）复核有关资料的正确性，输入电脑； （2）标明客人VIP身份，引起其他部门的重视； （3）为客人建立档案注明身份作为日后查询的参考资料	

表 4-7　会议客人入住接待服务

项目名称	操 作 程 序	说明/标准
准备工作	（1）在会议客人到达的前一天，接待员应根据会议团队订房表要求及会议团队名单或分房表，从空房表中找出房间并妥善做预分房； （2）将预分房号码写在“会议团队预分房报表”，然后分送礼宾行李处及客房部； （3）在“房态表”上注明预分房； （4）按每个团队的房间和每间房的人数为每个人准备房卡，同时注明姓名、房号、离店日期、会议团队编号等相关信息； （5）把每位客人的房卡和钥匙一起装入会议团队欢迎信封内，信封上注明会议团队的编号和房号； （6）会议报到的当天，会务组在大厅的一角设立报到处，接待参加会议的客人； （7）会议报到的当天，接待员应准备好房间，通知客房中心具体的房号和客房的状态	
接待团队入店	（1）前台接待员与营销部人员协助会务组人员分房并分发钥匙、会议资料等； （2）告诉客人有关事项，同时请会议客人填写“会议住宿登记表”并认真核对、收回； （3）接待员收回“会议住宿登记表”后，请会务组有效签单人签字再次确认，同时接待员也要签上自己的姓名； （4）若有效签单人不能到场签收房卡，应与营销部会议跟踪人员取得联系，由营销部会议跟踪人员和会务组其他人员共同在“会议住宿登记表”上签字； （5）登记好每位会议客人的最终房号后，打印一份“会议排房表”交总机室与礼宾处，便于酒店为客人提供服务	有关事项确认包括：用餐地点、开会地点、具体日程安排等内容
确认付款方式	（1）所有在酒店中消费的费用都由会议主办方负责，即费用由会议主办方统一支付；对于此种情况，接待员在会议报到的当天与前台收银员确认该团队的房费是否预付，若无预付，则马上与营销部人员或会议签单人联系，告知其先付预付款； （2）如果房费由参加会议的客人自行负责，接待员则按照散客的住宿登记程序办理	
信息存储	（1）若会务组未提供“团体分房表”，接待员应尽量了解客人房号与会务组人员的房号及其电话号码，以便应对迟报到的会议人员的问询； （2）修正完毕所有更改事项后，及时将信息输入电脑，并注明会务组房号和会务组有效签单人的联系电话，报客房中心； （3）分房结束后，应将“会议住宿登记表”其中的一联交予前台收银处，以备核查； （4）跟踪会议用房情况，在住所期间，接待员应及时与会务组人员和营销部会议负责人员保持密切沟通，关注客人用房情况，及时在电脑中修改相关信息	

表 4-8　散客退房服务

项目名称	操 作 程 序	说明/标准
了解离店时间	查看房态，了解客人离店时间	
检查客人消费	（1）收取客人房卡、钥匙，根据房号，通知楼层服务中心查房； （2）查看电脑账户信息，确认消费金额； （3）询问客人有无签单或客房内消费； （4）核查客人有无其他消费； （5）打印电脑账单，交与客人核对； （6）确认后，请客人结账	账单核对一定要请客人签字确认

续表4-8

项目名称	操 作 程 序	说明/标准
结账	（1）在电脑上退房； （2）收回房卡、钥匙； （3）a. 现付：收回押金条与电脑资料核对，多退少补并为客人提供发票； b. 信用卡：按实际消费支付并为客人提供发票； c. 挂账：按规定签字在账单上签字即可； （4）感谢客人入住酒店	
询问继续服务	（1）主动为客人提供行李服务，如果客人拒绝，询问其是否需要出租车； （2）是否需要做下次入住的预订等	
感谢客人	感谢客人入住酒店，并欢迎下次光临	
建立客史档案	（1）把客人档案放入“当日退房”之列； （2）把“入住登记表”归档； （3）在归档时不要让其他客人等候。根据要求做客史档案，以备长期使用	

表4-9　旅游团队客人退房服务

项目名称	操 作 程 序	说明/标准
查阅抵店资料	查阅相关抵店资料，如资料不齐，要及时联系营销部及时补齐	资料包括：团队编号、国籍、旅行社联系人及电话、团队人数、用房数、陪同房数、房价、用餐标准、抵/离店日期和时间
查看消费情况	（1）查阅团队资料信息，找出预订的团队付费方式及团队付费内容； （2）团队离店前一小时，接待员应与领队或陪同联系，协助督促团队成员付清个人支付款	如电话费、洗衣费、客房内消费（酒水等）
通知查房	根据“入住通知单”上的团队退房时间，准时报客房服务中心查房	
结账	（1）现付团队应根据陪同的订金凭单结清余额； （2）转账团队应核对业务单； （3）支票结付团队应按支票结账程序办理	
资料存档	整理离店团队的有关资料，送交夜审	

专题4.4　前台接待常见问题处理

4.4.1　客人需要换房及处理方法

调换房间往往有两种可能：一种是住客主动提出；另一种是酒店的要求。住客可能因客房所处位置、价格、大小、类型、噪声、舒适程度以及所处楼层、朝向、人数变化、客房设施设备出现故障等原因而要求换房；酒店可能因客房的维修保养、住客延期离店，为团队会议宾客集中排房等原因，而向宾客提出换房的要求。换房往往会给宾客或酒店带来麻烦，故必须慎重处理。需要注意的是，在搬运宾客私人物品时，应坚持两人以上在场（大堂经理等），除非经宾客授权。

换房的服务程序如下。

（1）弄清（解释）换房的原因。

（2）介绍准备调换的客房情况，并确定换房的具体时间。

（3）填写换房通知单，见表4-10，送往相关部门，部门负责人签字以确认换房信息已经收到。

（4）更改其原有资料（如计算机中相关信息等）。

（5）若不能马上满足宾客换房要求，则应向宾客说明，请其谅解，并做好记录，一旦有空房，则按宾客提出换房的先后顺序予以满足。

（6）若属酒店过错（超额预订、设施出现故障等），容易使宾客产生抱怨情绪，因此，应向宾客表示歉意，耐心做好解释工作，求得宾客的谅解与合作。必要时，可让宾客入住规格更高的客房。

表4-10　换房通知单

姓名（NAME）：

	由（Form）	到（To）
房间号（Room No.）		
房费（Room Rate）		
日期（Date）		
备注（Remarks）		

4.4.2　客人离店日期变更及处理方法

宾客在住店过程中，因情况变化，可能会要求提前离店或推迟离店。宾客提前离店应告知客房预订处修改预订记录，并通知客房部尽快清扫整理客房。

宾客推迟离店，要与客房预订处联系，检查能否满足其要求。若可以，接待员应开出"推迟离店通知单"，见表4-11，通知结账处、客房部等；若用房紧张，无法满足宾客逾期离店要求，则应主动耐心向宾客解释并设法为其联系其他住处，征得宾客的谅解。同时，从管理的角度看，旺季时，前厅部应采取相应有效措施，尽早掌握宾客推迟离店信息，以争取主动。

表4-11　推迟离店通知单

姓名（Name）：
房间（Room）：
可停留到（It allowed to stay until ____ AM ____ PM）：____ AM ____ PM
日期（Date）：
前厅部经理签名（Front Office Manager Signed）：

4.4.3　遇到不良记录的客人及处理方法

接待员在遇到有不良记录的客人光顾的酒店时，凭以往经验或客史档案，要认真、机智、灵活地予以处理。例如，对于信用程度低的客人，通过确立信用关系、仔细核验、压印信用卡、收取预付款等方式，确保酒店利益不受损害，并要及时汇报；对于曾有劣迹，可能对酒店造成危害的客人，则应以“房间已全部预订”等委婉说法，巧妙地拒绝其入住。

4.4.4　客人等候办理入住手续的时间太长及处理方法

在客人抵店的繁忙时刻，为避免客人等候过久的现象出现，在工作中要努力做到：

（1）在客人抵店前，接待员应熟悉订房资料，检查各项准备工作。

（2）根据客情，合理安排人手，客流高峰到来时，保证有足够的接待人员。

（3）繁忙时刻保持镇静，不要打算在同一时间内完成几件事。

（4）保持正确、整齐的记录，因为接待工作的有效性要依靠这些记录。

4.4.5　无房间出租及处理方法

在销售旺季，这种情况会经常发生。接待员除对贵宾、常客予以特殊关照、积极安置以外，对其他未办理预订，甚至初次到来的客人也同样应以“急客人之所急”的心态，妥善地予以解决。例如，可以建议客人暂时使用给予最大折扣价的套间或房间加床，然后再换房等；或积极联系附近相同档次的酒店。简而言之，解决好诸如此类的难题，对提高酒店声誉、培养忠诚顾客都是非常有益的。

4.4.6　房间重复出租及处理方法

有时由于工作的疏忽，接待处已将客房租出，但未能及时更改房态，导致该房间被重复出租；或由于未能与客房部及时沟通信息，而不能掌握客房的实际状态，导致重复出租客房。

行李员引领新入住的客人进房前，应先敲门，如果发现是重复出租房，要向双方客人致歉，然后请新入住客人在楼层稍候，用电话报告接待处。接待处经过核实，确属重复出租房后，应立即找出一间相同类型的客房，签发新的房卡，并更改房态，同时安排另一行李员送上楼层，收回原来的房卡。最后要注意提醒前厅收银处做好建账工作。

4.4.7　对于客人的特殊要求

接待员对于客人在入住时提出的“不接听电话”“不接待来访客人”“房号保密”等要求要特殊标记，并通知总机、客房部、保安部等部门，但不要草率行事，以免引起客人投诉。

4.4.8　宾客离店时带走客房内物品及处理方法

有些宾客或是为了留做纪念，或是贪小便宜，常会随身带走浴巾、茶杯、电视机遥控器、书籍等客房用品，此时，接待员应巧妙地请宾客提供线索帮助查找：“房间里的××东西不见了，麻烦您在房间找一找，是否忘记放在什么地方了，或是收拾行李太匆忙顺便夹在里面了。”为宾客解决问题留出余地，给宾客面子。若宾客仍不承认，切忌草率要求宾客打开箱子检查，以免使宾客感到尴尬，下不了台，或伤了宾客的自尊心。千万不可与宾客斗“气”争“理”，只有保全宾客的面子，问题才容易解决。

4.4.9　客人在前台办理入住手续时突发停电及处理方法

客人在前台办理入住手续时，出现突然停电的情况，可以采取以下方式：

（1）接待员首先安排客人到客人休息区休息。

（2）征询客人是否需要把行李放入房间。

（3）如果客人同意把行李放入房间，则由行李员将客人行李送至客房。来电后，及时通知该客人，向客人致歉后引领客人入房。

（4）如客人不同意把行李放入房间，则为其行李办理相关的寄存手续。来电后，及时通知该客人，向客人致歉，在协助客人领取行李后，引领客人入房。

（5）如有住店客人询问，可告知客人：“对不起，因外部线路故障导致酒店停电，现电力公司正在抢修，不久就会恢复供电，对您造成的不便敬请谅解。

（6）如是晚上，可向需要的客人提供照明设备。

4.4.10　客人不翔实登记及处理方法

有些客人出于保密或是为了显示自己的特殊身份和地位等，住店时不愿登记或是登记时有些项目不愿填写。面对这种情况，接待员要妥善处理。

（1）耐心地向客人解释填写入住登记的必要性和重要性。

（2）如果是客人嫌麻烦不愿填写或填写有困难不能填写，接待员可代其填写，只要客人签名确认即可。

（3）如果是客人为了显示自己的身份地位不想填写，酒店也应努力改进服务，满足客人的需要。例如，充分利用客史档案，提前为客人填写登记表中的有关内容，客人抵店时只需签名即可入住。对于常客和VIP，可先使其在大堂休息，为客人办理登记手续，甚至可以让其在客房里办理手续，以显示对客人的尊重和体贴。

4.4.11　客人对付押金不满及处理方法

酒店为保证自身的合法利益，一般会要求客人在办理入住登记手续时交一定的预付款。对此，可能会引起客人的不满。解决的方法可采用：

（1）耐心解释酒店的信用政策，对回头客及信用良好的客人，可适当放宽信用政策。

（2）对金额不足的客人可建议根据付款能力确定住店天数。

（3）对代他人付款的客人，请其填写承诺付款书，并检查其支付能力。

【服务技能】

服务工作见表4-12～表4-16。

表 4-12　客人换房服务

项目名称	操作程序	说明/标准
一般散客换房	（1）礼貌地问清楚换房原因，如是客人对房间设施不满意的，要向客人表示歉意；如果客人换房是因为客房设备出现故障，要立即将情况通知客房部维修； （2）先查看电脑是否有房可换，如有同类房间立即为客人更换； （3）如没有空房可换，向客人表示歉意，并记录客人要求，一旦有空房立即为客人安排； （4）如房间变动，及时修改电脑资料以及登记资料； （5）填写"房价变更通知单"，如果换房引起房价调高的，要请客人签名确认，"房价变更通知单"分送总机房、收银处和客房部，一联存档，一联放入相应的资料夹； （6）将客人资料从原房号的资料夹取出，放入新房号的资料夹	
VIP 客人换房	（1）如客人到达前需要换房，要通知各相关部门； （2）更新资料； （3）入住后换房按一般散客换房程序操作，但一般应通知大堂副理帮客人换房	（1）通知相关部门包括：总机、礼宾部、客房部、保卫部、餐饮部经理等； （2）更新资料包括：电脑、欢迎卡、钥匙、信封等
团队客人	（1）团队到达前换房，要电话通知行李部和客房部； （2）更新资料：包括电脑、欢迎卡、钥匙、信封、餐券等； （3）入住后换房，按一般散客换房程序操作； （4）及时通知领队房号已更改	如果换房引起房费调高，而费用由团队支付的，要请团队负责人签名确认，换房信息如涉及出行和用早餐的要同时通知礼宾部和餐饮部（或指定餐厅）

表 4-13　超额预订客人接待服务

项目名称	操作程序	说明/标准
致歉	因超额预订而不能使客人入住，要诚恳地向客人道歉，请求客人谅解	
联系同级酒店，安排入住	（1）立即与另一家相同等级的酒店联系，请求援助，同时，派车将客人免费送往这家酒店； （2）如有差价由酒店承担	超额预订的原因则要看预订是担保还是非担保，如果是担保预订那么酒店要承担全部房费
接客人回酒店	（1）如客人还要续住，则店内一有空房，在客人愿意的情况下，把客人接回本酒店入住； （2）对客人表示欢迎（可由大堂副理出面迎接，或在客房内摆放花束等）； （3）如客人属于保证类预订，则还应视具体情况，为客人提供以下帮助： a. 支付其在其他酒店住宿期间的第一夜房费，或客人搬回酒店后可享受一天免费房的待遇； b. 次日排房时，首先考虑此类客人的用房安排，大堂副理应在大堂迎候客人，并陪同客人办理入住手续	为客人的补偿除鲜花、水果，还可根据酒店的特殊情况给予相应补偿

表 4-14　无干净房提供给预订客人服务

项目名称	操作程序	说明/标准
无净房产生的原因	（1）客人到店较早，没有干净房可提供； （2）客人退房后，脏房还没来得及打扫	（1）客人对客房的第一印象至关重要； （2）酒店严禁将脏房安排给抵店的客人
接待	（1）就无净房引起的不便向客人表示歉意； （2）请客人到休息区休息，查询情况后给其回复	
联系客房部	（1）立即与客房部联系，请客房部打扫客人所订或所需的房间并问清可以完成的时间； （2）根据所打扫的房型告知客人何时（一般应以客房部提供的时间晚 10 分钟为标准）可以进入房间； （3）为客人办理入住手续，并将做好的钥匙存留在前台待房间干净后再将钥匙交给客人； （4）如果客人外出执意要将钥匙带走，委婉地做好解释	（1）抢房：立即让客房清扫； （2）应保证客人拿到钥匙可以进入房间，所以不能将脏房钥匙给客人
安排等候的客人	（1）根据客人具体情况或要求，按酒店有关规定灵活处理； （2）当房间准备好后，应立即通知客人并为其办理入住手续； （3）若房间不能如期交给客人，应立即与客人联系，讲明原因，取得谅解并告知新的时间并记录不能如期的原因，及时反馈给管理人员； （4）如果确实为满房，应帮助客人预订其他酒店的客房	（1）可以为客人提供免费寄存行李，或请客人在休息区稍候，或请客人到酒吧稍候，为其提供免费冰水或茶水； （2）有预订的客人无房住，为其联系其他酒店，交通费应由本酒店支付

表 4-15　客人提前到达或延迟续住服务

项目名称	操作程序	说明/标准
散客订房提前到达	（1）在电脑中找出客人的预订，更改抵店日期； （2）按有订房的接待程序为客人办理入住登记手续； （3）到接待处取出客人订单与登记资料订在一起，经检查后放入相应的客账夹； （4）对于费用由公司或其他人付的客人先到，应事先与其公司或他人确认清楚； （5）如当天房间已满，应礼貌委婉地向客人解释，并介绍他们到相同等级的酒店	更改日期要结合当天的房间销售情况
延迟退房	（1）酒店的退房时间为中午十二点前，在订房不紧张的情况下，可允许客人延迟至一时退房，如客人要求延至更迟的时间退房，应获值班经理、销售经理等管理人员的批准，否则，延迟退房将按规定收取半天或全天费用； （2）在接受延迟退房时要先看该房是否已被其他客人预订才能答应客人； （3）更改钥匙卡的有效时间，在电脑备注栏注明延迟退房时间	延迟退房根据自己酒店用房情况办理
续住	（1）查看房间出租情况，有房情况下可以答应客人，同时还要查续住期间该房间是否已被预订，如有则视实际情况请客人换房或转换订房； （2）与客人确认付款方式及房价，一般散客续住要检查押金是否足够，旅行社散客或团队中个别客人续住要向客人说明房价的不同，并请客人交付押金； （3）更新房卡、钥匙、电脑资料以及登记资料； （4）对于费用由公司或其他付费人支付的客人晚退房，应事先与其公司或其他付费人确认清楚； （5）如果续住涉及房价变更的，要填写“房价变更通知单”，经支付房费的客人签名后于前台收银存档	

表 4-16　快速退房服务

项目名称	操 作 程 序	说明/标准
查看离店名单	（1）查阅次日离店客人名单； （2）查阅客人是否符合快速退房离店的条件：使用信用卡并获得信用授权或授权挂账的客人； （3）对于享受快速退房离店手续的客人，要求其在入住登记时留有信用卡凭证，并在登记表和房卡上签名	
做快速退房	（1）打印客人账单并放在快速退房信封中； （2）在信封里附上酒店的促销资料； （3）请行李员在早上6：00之前把账单从离店客人的门缝里放进去； （4）当客人打电话通知其已离开房间或客房部报告说房间已打扫好时，接待员便可更改房态	
在店期间消费款项	（1）及时将客人在各营业点消费的账单挂入客人的房账； （2）根据客房部的查房结果及客人消费项目及时入账； （3）对客人的赔偿项目，接待员应及时填写"杂项收费单"，尽快通知客人确认，并做出账务处理	
离店结账	（1）接待员要提前一小时做好退房的准备工作，确保退房速度最快，收费项目齐全、准确； （2）客人退房时，接待员应立即电话通知楼层服务员查房，服务员接到通知后应以最快的速度报出查房结果。接待员应询问客人是否有其他消费，若有，按客人的消费金额输入房客账，并迅速打印账单交与客人核对，确认后再给客人打印发票	
遗留问题处理	（1）客人离店后如果还有未尽事宜，需统一报告销售部，由销售部与客人协商解决； （2）如发生漏收客人费用的情况，可先由销售部协商收回，再查找漏收原因； （3）对于无法收回的费用，可视情况处理	

内 容 小 结

前台作为酒店的门面在服务工作中居于举足轻重的地位，直接关系到酒店的形象和档次，体现着酒店的整体服务质量水平。而接待入住是对客服务中的一个关键阶段，接待员应根据散客或团队客人有无预订等具体情况进行接待，对VIP、长住客人等特殊客人，能够提供针对性的个性化服务，同时具备处理突发问题的能力。

【职业能力测试】

实训项目1　已预订散客入住接待

实训目的：通过有预订散客接待服务的实训，掌握接待员有预订散客相关知识程序。

实训要求：（1）仪容、仪表、仪态符合职业要求。

（2）对接待员基本业务知识掌握熟悉。

（3）服务用语礼貌，语音语调轻柔适度，发音清楚，说话流利。

（4）业务处理熟练无误，表单填写正确，电脑输入无误。

(5) 应变协调能力强，有促销意识。

实训准备：(1) 总服务台。

(2) 有效证件（身份证）、适量现金、验钞器、登记单、押金单、欢迎卡、房间钥匙、笔。

(3) 装有酒店管理软件的电脑、打印机一套。

实训安排：(1) 示范讲解。

(2) 学生分成两人一组，交互练习。

(3) 教师点评并考核。

考核标准：

已预订散客入住接待服务标准

考核项目	考核内容	分值
1. 问候客人	(1) 问候语：早上好，中午好，晚上好； (2) 自报家门：××饭店接待部，语调应诚恳热情，普通话（外语）标准清晰	5
2. 目视客人，获得客人姓名	要求面带微笑问清客人的全名	5
3. 在电脑中查找预订	在电脑预订信息中查找客人资料	5
4. 确认房间种类	根据预订确认房间的种类和房间价格	10
5. 告知客人取登记卡	将登记卡从盒子中取出	5
6. 立即在电脑中办理入住	告知客人稍等候	10
7. 请客人出示证件填写登记卡	双手接过客人出示的证件及名片	10
8. 填写打印登记卡	清楚、整齐、准确、有效地填写	5
9. 确定付款方式	询问客人怎样结算他的账户	10
10. 重复确认预订细节并介绍酒店设施设备	与客人核查房间类型、居住时间、离店时间和房价，介绍早餐服务	10
11. 完成填写登记卡	请客人签名	10
12. 给客人欢迎卡和钥匙	双手递给	5
13. 询问客人是否还需要其他帮助	微笑，礼貌用语	5
14. 完成登记	示意电梯位置，预祝住店愉快	5
总　分		100

实训模拟情境：

客人李先生（G）来到航海酒店的前台，要求登记入住。接待员（R）接待。

R：早上好！先生，有什么可以帮助您的吗？

G：我要住店。

R：哦，好的。那请问先生您有预订吗？

G：有的。

R：那请您出示一下您的预订确认函好吗？

G：可以。

R：嗯，好的。您是上海来的李先生，于 10 月 10 日—10 月 13 日在我们酒店预订了一间商务标间，住3天。您不喜欢房间号码有4的房间。是这样吗？

G：是的。

R：那您的房间在8楼的806，您看可以吗？

G：嗯嗯，谢谢了，挺好的。

R：不客气的。请您出示一下您的证件，填写一下入住登记表并签字，好吗？

G：好的。

R：谢谢。这是您的房卡和钥匙，请拿好。

G：谢谢了。

R：不客气的。我这就让行李员送您到客房去。希望您住店愉快！

G：会的。谢谢了！

实训项目2　无预订散客入住接待

实训目的：通过无预订散客接待服务的实训，掌握接待员接待无预订散客的相关知识和程序。

实训要求：（1）仪容、仪表、仪态符合职业要求。

（2）对接待员基本业务知识掌握熟悉。

（3）服务用语礼貌，语音语调轻柔适度，发音清楚，说话流利。

（4）业务处理熟练无误，表单填写正确，电脑输入无误。

（5）应变协调能力强，有促销意识。

实训准备：（1）总服务台。

（2）有效证件（身份证）、适量现金、验钞器、登记单、押金单、欢迎卡、房间钥匙、笔。

（3）装有酒店管理软件的电脑、打印机一套。

实训安排：（1）示范讲解。

（2）学生分成两人一组，交互练习。

（3）教师点评并考核。

考核标准：

无预订散客入住接待服务标准

考核项目	考核内容	分值
1. 问候客人	（1）问候语：早上好，中午好，晚上好； （2）自报家门：××饭店接待部，语调应诚恳热情，普通话（外语）标准清晰	5
2. 确认客人有无预订	礼貌询问客人是否做过预订	5
3. 推荐合适客房	根据客人特点，了解客人需要，采用适当的报价方式	10
4. 确认房类和房价	示意客人看登记卡确认房间种类、价格	10
5. 收取证件登记	礼貌收取，双手接过	5
6. 填写打印登记卡	清楚、整齐、准确、有效地填写	10
7. 完成填写登记卡	请客人签名	5

续表

考核项目	考核内容	分值
8. 证实付款方式	询问客人怎样结算他的账户	10
9. 立即在电脑中办理入住	请客人稍等候	10
10. 重复确认预订细节并介绍酒店设施设备	与客人核查房间类型、居住时间、离店时间和房价，介绍早餐服务	15
11. 给客人欢迎卡和钥匙	双手递给	5
12. 询问客人是否需要其他帮助	微笑，礼貌用语	5
13. 完成登记	示意电梯位置，预祝住店愉快	5
总分		100

实训模拟情境：

客人李先生（G）来到航海酒店的前台，要求登记入住。接待员（R）接待。

R：早上好，先生，有什么可以帮助您的吗？

G：我要住店。

R：那请问先生您有预订吗？

G：没有。

R：哦，好的，我向您介绍一下我们酒店的客房吧。我们酒店有豪华套房、普通套房、豪华标间、商务标间、普通标间和单人间。请问先生您是一个人入住吗？

G：是的，就给我来个普通标间就可以了。我是来出差的，就住今明两天，简简单单就可以了。

R：哦，先生那您可以考虑一下我们的商务标间，是专门为商务出差的客人量身定做的。宽敞明亮，办公桌气派，有完善的办公设备。价格适中，您可以考虑一下。

G：那好吧。就住商务标间吧。

R：嗯，好的。请您出示一下您的相关证件，填写一下入住登记表好吗？

G：好的。

R：麻烦您在这里签一下字，谢谢。

G：好的。签好了。

R：请问您是以何种方式来结账呢？

G：信用卡吧。

R：好的，那请您出示一下信用卡，我们做一下记录。

G：没问题，给你。

R：好的。这是您的房卡和钥匙，请拿好。

G：谢谢！

R：不客气，这是我应该做的。我让我们的行李员带您到客房去。祝您住店愉快！

实训项目 3　团队客人入住接待

实训目的：通过团队客人入住接待的实训，使接待员熟练掌握团队接待服务的相关知识和技能。

实训要求：（1）仪容、仪表、仪态符合职业要求。
（2）熟练掌握接待员基本业务知识。
（3）服务用语礼貌，语音语调轻柔适度，发音清楚，说话流利。
（4）业务处理熟练无误，表单填写正确，电脑输入无误。
（5）应变协调能力强，有促销意识。

实训准备：（1）总服务台。
（2）有效证件（身份证）、团队登记卡、欢迎卡、房间钥匙、笔。

实训安排：（1）示范讲解。
（2）学生分成四人一组，交互练习。
（3）教师点评并考核。

考核标准：

团队客人入住接待服务标准

考核项目	考核内容	分值
1. 收到团队资料	提前一天详细阅读团队资料，安排房间	5
2. 准备好团队欢迎信封和团队入住信息表格	内容包括团队名称、旅行社名称、到店离店日期、时间、房间数、人数、就餐地点和种类、付款方式等	10
3. 确定团队办理入住的地点	前台员工与销售部团队协调员完成	10
4. 房间安排	确认无当天退房的房间；并按照团队资料对房间的要求安排房间	10
5. 准备钥匙、欢迎卡	房间安排好后到达前做好钥匙、欢迎卡	5
6. 团队到达	微笑问候客人	5
7. 分发房间钥匙	协助领队分发钥匙给客人，将最新的房号名单给礼宾部用来送行李	5
8. 在电脑系统中登记入住团队	再次确认房号及总数	10
9. 确认团队信息	涉外团队要得到团体签证以便登记	10
10. 确认付款方式	与旅行社陪同来确认	10
11. 引导客人去电梯	前台员工引导客人	5
12. 更改团队信息	将所有客人信息输入系统，核查房费，并根据团队资料做好相应的免费房	10
13. 跟进	将相关信息发送到相关部门；前台保存原件	5
总分		100

实训模拟情境：

某旅游团队客人抵达航海酒店的大厅，领队（G）和导游来到总台的团队接待处，（服务员：R）办理手续。

R：早上好，欢迎入住航海酒店！

G：我们是航海旅行社 HNZJ-0514 团号的客人，来办理一下入住手续。

R：好的，请稍等。……您好，请看一下这是房间数和特殊服务的安排。若无误的话，请确认一下，签个字好吗？

G：好的。给你，

R：这是你们的房卡和钥匙，请拿好。行李员随后会将行李送到客房去的，电梯在那边，请先上楼。

G：好的。谢谢！

R：不客气的。祝大家住店愉快。有什么问题随时打电话联系我们。

G：好的。再见！

R：再见！

模块5　应 求 服 务

【情景导入】

客人要游览长城

一个星期天，北京某酒店，一位英国来华的乔治先生在问讯台前踌躇，似有为难之事，问讯员小胡见状，便主动询问是否需要帮助。

乔治先生说："我想去游览八达岭长城，乘旅行社的专车，他们配有讲英语的导游，对我游览有很大帮助。"

小胡问："乔治先生，你昨天预订旅行车票了吗?"

乔治答："没有，因为昨天不想去，今天我又冒出想去的念头。"

小胡知道，酒店规定，去长城游览的客人必须提前一天登记，这样旅行社的车第二天才会到酒店来接客人，而昨天没有一个客人登记，今天旅行社的车肯定不会来了。小胡想了想，对乔治先生说："请您稍等，我打电话给旅行社联系，若还没发车，请旅行社开车到酒店来接您。"

小胡马上打电话给旅行社，旅行社告之：去八达岭的车刚开走，请直接与导游联系。并告诉了他导游的手机号，于是，小胡又马上和导游联系，导游同意并说马上将车开到酒店接乔治先生。小胡放下电话，对乔治先生说："乔治先生，再过10分钟，旅行社的车就来接您，请您稍等。"乔治先生很是感动，连声说"谢谢"。

评析

问讯员小胡对乔治先生的接待是积极主动、热情礼貌的，在不违反原则的情况下，为乔治先生提供超常规服务，表现了小胡思维敏捷、办事效率高，使乔治先生能实现自己游览八达岭长城的愿望。

对客人问题的回答、帮助，会给客人留下非常独特的印象和感受。前厅部工作质量的好坏、效率的高低，对酒店的整体形象、业务开展、订房率的影响是非常大的。

酒店的客人来自世界各地，在入住期间难免有些问题需要咨询和帮助，酒店通常在前厅设有问讯服务，由前台接待员工负责回答客人的各种问讯。前厅问讯服务包括解答宾客的各种询问、提供留言等。

专题5.1　问 讯 服 务

5.1.1　问讯员的工作时间及岗位职责

5.1.1.1　工作时间

在小型酒店，问讯处的工作不是专职人员承担的，一般均由总台服务员来兼任。而大型酒店有专职的问讯员为客人服务，个别大型酒店设立问讯处，24h 都有问讯员为客人服务。有些中型酒店，也不设专职的询问员，其职责由前厅部接待员来完成。

5.1.1.2　岗位职责

问讯员对每位客人都必须彬彬有礼，一视同仁，理解并富有同情心。客人提出问题时，问讯员避免用“不知道”“不清楚”等词汇，也不能采用“也许”“大概”“可能”这一类模棱两可的语言。对于无法解答的问题，问讯员应向客人表示歉意或请客人稍候，然后查阅有关资料或向有关部门查询后再给客人以准确的回答。问讯员的岗位职责如下：

(1) 掌握酒店客房状态和住客的基本情况；(2) 了解酒店当天的最新动态及餐饮推广活动情况；(3) 熟悉当天预抵店 VIP 和在店 VIP 的情况；(4) 熟悉当天的团队情况，了解团队名单；(5) 按照工作要求为宾客提供金钥匙服务；(6) 按照工作要求为宾客提供留言服务；(7) 了解当日抵店客人的情况，及时将到店邮件分类，做好记录并分发；(8) 完成宾客交办的事情，并做好记录；(9) 为宾客提供日常简单用品和宣传品，如纸笔、价目表等；(10) 回答宾客的各种咨询，并提供准确信息。

5.1.2　问讯服务的业务范围

5.1.2.1　有关住宿旅客的问讯

客人查询包括在住客人、预订客人、离店客人三种情况，通常用于总机房或问讯处按房号或客人姓名查找客人的资料，并根据客人的请勿打扰、资料保密等特殊要求处理客人查询。

接到来访者问讯时，首先从系统中查看被访客人是否住在酒店，然后确认其房间号，接着向客房内打电话，将某人来访的消息告诉客人，经客人同意后才将房间号告诉来访者。如果客人不在房内，问讯员可根据情况通知行李员在酒店公共场所帮助来访者寻找被访的客人。需要特别注意的是，问讯员绝不能未经客人的许可，把来访者带入客人房间，或者直接把房间号码告诉来访者。酒店必须注意保护客人的隐私，保证客人不受无关人员或客人不愿接待人员的干扰。

5.1.2.2　有关酒店内部的问讯

有关酒店内部的问讯包括：餐厅、酒吧、商场所在的位置及营业时间；宴会、会议、展览会举办场所及时间；酒店提供的其他服务项目、营业时间及收费标准，如健身服务、娱乐服务、洗衣服务等。问讯员要做出使客人满意的答复，必须熟悉本酒店所有的服务设施、服务项目、经营特色以及酒店的各项有关政策，并积极、热心地向客人宣传和推销酒店产品。

5.1.2.3　店外情况问讯

店外情况问讯通常包括：酒店所在城市的旅游点及其交通情况；主要娱乐场所、商业区、商业机构、政府部门、大专院校及有关企业的位置和交通情况；近期内有关大型文艺、体育活动的基本情况；市内交通情况；国际、国内航班飞行情况。为了准确回答客人的问讯，为客人提供满意的服务，问讯员必须具有较高的素质、较宽的知识面，外语流利，熟悉酒店设施设备及服务项目，熟悉所在城市的风光、交通情况及兄弟酒店的情况，懂得交际礼仪及各国、各民族的风土人情及风俗习惯。回答客人问讯时，问讯员必须热情、耐心、礼貌，态度和蔼可亲。

【服务技能】

问讯服务见表5-1。

表5-1 问讯服务

项 目 名 称	操 作 程 序	说明/标准
当面解决客人问讯	（1）礼貌热情地问候客人； （2）语言温和而清晰； （3）仔细聆听，努力去弄清对方意图； （4）耐心给予正确具体的信息； （5）确保客人明白，如有必要重新讲述一遍； （6）若无法沟通，尽力去找一个能说和听懂这种语言的人； （7）对询问酒店内住客的询问者，要礼貌地问清对方姓名和公司，电告住客后，根据住客意见回复	
解答电话问讯（外部）	（1）认真倾听对方问题和要求，凡是知道的、可以答复的问题，应立即清楚地回答； （2）凡可通过手头资料和电话询问马上得到的信息，请客人稍等，立即查询后转告； （3）实在不熟悉的问题，应向客人表示歉意，然后联络有关部门，查询清楚才可答复客人	外部问讯服务范围很广，通常涉及： 1. 各类交通工具情况； 2. 本地区著名旅游景点的位置、特色及其交通情况； 3. 值得推荐的餐馆、娱乐场所的位置、经营特色等； 4. 政府部门、商业机构、博物馆、银行、购物中心等位置及交通情况； 5. 近期内大型文艺、体育、会展等活动的基本情况
解答电话问讯（内部）	（1）认真倾听对方问题，可以答复的问题，应立即清楚地回答； （2）涉及询问店内消费需求的问题，应热情介绍，并欢迎客人享用、使用； （3）注意保守酒店机密，对于不便回答的问题要以婉转礼貌的托词避免回答，必要时还要记载和报告上级	内部问讯一般涉及以下几个方面： 1. 酒店设施设备及有关政策； 2. 各营业场所的位置、服务项目、营业时间、电话号码及收费标准； 3. 酒店历史及近期各项活动

专题5.2 留 言 服 务

前厅问讯处受理的留言有两类：访客留言和住客留言。

5.2.1 访客留言

访客留言是指来访宾客对住店宾客的留言。问讯员在接受该留言时，应请访客填写一式三联的访客留言单，见表5-2。将被访者客房的留言灯打开，将填写好的访客留言单第一联放入钥匙、邮件架，第二联送电话总机组，第三联交信使或行李员送往客房，将留言单从房门底下塞入房间。为此，宾客可通过两种途径获知访客留言内容：一是进入客房时，发现留言单；二是看到房内留言灯亮着，通过询问可获悉留言内容。当了解到宾客已得到留言内容后，话务员或问讯员应及时关闭留言灯。晚班问讯员应检查钥匙、邮件架，如发现仍有留言单，则应立即检查该房号的留言灯是否已经关闭，如留言灯已关闭，则可将该架内的留言单作废；如留言灯仍未关闭，则应通过电话与宾客联系，将访客留言内容通知宾客；如宾客不在酒店，则应继续开启留言灯以及保留留言单，等候宾客返回。

表5-2　酒店访客留言单（VISITORS MESSAGE）

女士或先生（MS. OR MR.）________	房号（ROOM NO.）________
当您外出时（WHEN YOU WERE OUT）________	
来访客人姓名（VISITOR'S NAME）________	
来访客人电话（VISITOR'S TEL）________	
有电话找您（TELEPHONED）________	将再来电话（WILL CALL AGAIN）________
请回电话（PLEASE CALL BACK）________	
来访时您不在（COME TO SEE YOU）________	将再来看您（WILL COME AGAIN）________
留言（MESSAGE）________	
	经手人（CLERK）________
	日期（DATE）________
	时间（TIME）________

值得提醒的是，留言具有一定的时效性，为确保留言单传递速度，有些酒店规定问讯员要每隔一小时就通过电话通知宾客，这样做的目的是让宾客最迟也可在回饭店1h之内得知留言内容，以确保万无一失。另外，为了对宾客负责，若不能确认宾客是否住在本酒店或虽然住在本酒店，但已经结账离店，则问讯员不能接受对该宾客的留言，除非宾客事先有委托。

5.2.2　住客留言

住客留言是住店宾客给来访宾客的留言。宾客离开客房或酒店时，希望给来访者（含电话来访者）留言，问讯员应请宾客填写住客留言单，见表5-3，一式二联，问讯处与电话总机各保存一联。若宾客来访，问讯员或话务员可将留言内容转告来访者。由于住客留言单已注明了留言内容的有效时间，若错过了有效时间，仍未接到留言者新的通知，可将留言单作废。此外，为了确保留言内容的准确性，尤其在受理电话留言时，应注意掌握留言要点，做好记录，并向对方复述一遍，以得到对方确认。

表5-3　酒店住客留言单（MESSAGE）

日期（DATE）______________
至（TO）______________
由（FROM OF）______________
我将在（I WILL BE）__________　INSIDE THE HOTEL（酒店内）
在（AT）__________
OUTSIDE THE HOTEL（酒店外）
在（AT）__________
电话（TEL. NO.）__________
我将于______________ 回店（I WILL BE BACK AT）
留言（MESSAGE）________________________________
____
____

经手人（CLERK）（GUEST SIGNATURE）__________
客人签名（GUEST SIGNATURE）__________
时间（TIME）______________

【服务技能】

服务工作见表5-4。

表5-4　处理留言服务

项 目 名 称	操 作 程 序	说明/标准
留言给在店客人	（1）查询电脑，与留言人确认被留言人的房号与姓名等； （2）复述留言，将留言输入电脑； （3）打印留言，然后送至房间	如客人亲笔留言，需要提供酒店专用留言条
留言给预订客人	（1）查询电脑，与留言人确认被留言人的房号与姓名等； （2）复述留言，将留言输入电脑； （3）打印留言； （4）当客人入住时将留言转交给客人	
在店客人给访客留言	（1）一般由客人填写留言单； （2）将留言单复印一份交总台，待访客到访时转交给访客，一联存档； （3）根据客人要求通知客房部、总机房、礼宾等相关岗位	

专题5.3　邮 件 服 务

住店宾客需要酒店能快速、高效地提供邮件接收和邮寄服务，前厅部应在符合国家邮政部门有关规定的情况下，制订本酒店邮件服务的规章制度，通常此项服务由问讯处或礼宾部负责。

5.3.1 邮件接收

5.3.1.1 接收邮件

收到邮件时，应仔细清点，与邮递员办好接收手续，用打时机打上时间，防止客人对邮件确切抵店时间产生疑问。

5.3.1.2 邮件分类

一般将邮件分成酒店邮件、员工邮件、办公单位邮件和住客邮件几大类，分别在邮件签收本上登记，登记表、通知单、转寄单见表5-5～表5-7。

表5-5 住客邮件递送登记表

REGISTRATION BOOK FOR DELIVERY OF GUEST'S MAILS

日期（DATE）	时间（TIME）	房号（ROOM NO.）	姓名（NAME）	种类（TYPE）	号码（NUMBER）	经办人（CLERK）	收件人签字（SIGNATURE）	收件时间（DATE/TIME）	备注（REMARKS）

表5-6 邮件通知单

住客通知

GUEST NOTICE

先生、太太、小姐		房间号码
TO MR/MRS/MISS		ROOM NO.
FORM：INFORMATION DESK		
PLESAE BE INFORMED THAT THERE IS A		
兹收到一份	TELEX/FAX	电传/传真
	CABLE	电报
	REGISTERD LETTER	挂号信
	MAIL/PARCEL	信件/包裹
	OTHER	其他
请联络询问处索取		
FOR COLLECTION，PLEASE CONTACT INFORMATION DESK		
THANK YOU		
		顾客签名
		GUEST SIGNATURE
		经办人
		CLERK

表 5-7 邮件转寄单

MAIL FORWARDING INSTRUCTION

IMPORTANT

本酒店将负责为阁下转递邮件，除非特别指示，期限为两周。

We shall be responsible for this forwarding instruction for a period of 2 weeks only, unless otherwise instructed.

收件日期 Mails Received	邮件种类 Item	转递日期 Date Forwarded	经办人 Clerk
________	________	________	________

请以正楷书写

Block Letter Please   Date of Departure ________

姓名	Surname	First	Middle
Mr.			
Mrs.			
Miss.			

转至 Forward to   期限 up to   前

暂时地址 Temporary Address

____

永久地址 Permanent Address

____

Hold for My Return Till ____

Month   Day

客人签名 Guest Signature ________   日期 Date ________   经办人 Clerk ________

5.3.1.3 *确认客人的姓名、房号*

对寄给住客的邮件，要通过电脑立即核对收件人的状况，是住客还是有预订即将抵店或是已经离店的客人。如是住店客人，检查信封上是否有房号，并通过电脑或总台核对房号是否准确，将正确房号标注清楚。

5.3.1.4 *分发*

（1）住店客人邮件。立即电话通知客人，如无人应答，将信件放邮件架上，并按留言程序通知客人。当客人前来领取时，对于特快专递、挂号信、汇款单、包裹等，应请客人签收，以免发生纠纷时责任不清。

（2）已离店客人邮件。首先查看客人是否有交代，如有则按其要求办理。如退房时未做交代，可查找客史档案，是否有该客人的电话，与客人取得联系，按其要求办理；对查找不全联系方式的，属于特快专递、挂号信、汇款单、包裹等的应立即交邮局退回；属平信的可保留一星期左右，过期后交邮局退回。

（3）有预订尚未入住客人的邮件，应在客人的预订单上注明，并在邮件上标明入住日期，将邮件妥善保管，当客人入住时，将邮件交给客人。

（4）酒店无此人的邮件。每日查找客人是否入住或预订，过期则退回邮局。其他邮件应立即退回邮局处理。

5.3.2 邮寄服务

有的酒店与邮政部门合作，在酒店内设置邮局代办点直接处理客人邮件，而大多数酒店则为客人代办邮寄服务。

（1）平信。要求客人贴足邮票，检查封口是否封好，待邮递员来送信时让其捎走，或找就近邮箱投递。

（2）特快专递。可拨电话 11185，请邮局人员前来办理。

（3）挂号信、包裹等。预先收取客人现金，一般由行李员前往邮局办理，将收据、找零及时与客人清收。邮资也可由酒店垫付，待客人退房时，与房费一并收取。

5.3.3 特殊问题处理

5.3.3.1 客人邮件由于超重等原因被邮局退回

在收取客人的邮件时，应测其重量，如果超重，应过磅称重，及时请客人补足邮资，以免邮件被退回。遇到超重退回的邮件，应查询客人是否已离店，如已离店，酒店应补足邮资，重新寄发；若客人未离店，应及时通知客人，向客人表示歉意，请客人补足邮资，重新寄发。

5.3.3.2 取消订房客人的邮件

除订房客人有委托并留下地址，酒店予以转寄外，其余一律退回寄件人。如果客人订房后只推迟了抵店日期，则要把邮件放在待领架上，或与预订表单一起存档，待客人入住时转交。

5.3.3.3 客人投诉说未收到邮件

客人的邮件送入客房后，客人却投诉说未收到，这时要查阅递送记录表，并向递送人核实。如系酒店原因，应查找失误环节，杜绝再次失误。如确认送入客房，请客人在房间的各个角落仔细寻找或帮助客人寻找；若仍未找到，可向楼层服务员了解是否在清理房间时不小心丢掉了。

【服务技能】

服务工作见表 5-8 和表 5-9。

表 5-8　处理邮件服务

项目名称	操　作　程　序	说明/标准
接收来件	收到邮件后，将邮件登记在专用登记簿上，登记和打印收件时间	
分类	（1）查找住店客人的信件； （2）查找预期抵店客人的信件； （3）查找要求提供邮件转寄服务客人的信件； （4）查找离店人的信件； （5）最后剩下的属于暂时无法找到收件人的信件	对于预期到店的客人，应该在电脑里备注，以便提醒前台在为客人登记时，可以第一时间将信件转交给客人
接收和记录挂号信件包裹	（1）做好邮件登记； （2）这类邮件应设法更迅速地送交客人	
分发邮件	（1）如系住店客人的邮件，应派礼宾员尽早送入客房，去客房前，问询员首先应通过电话与客人联系；如客人外出，则应通过留言的方法（送留言单或打开留言灯）通知客人，请客人在方便的时候与问询处联系； （2）将邮件交给客人时，要请客人在登记簿上签字	
处理收到客人的邮件	（1）做好邮件登记； （2）待客人抵店时，一同送达客人	
处理离店客人的邮件	（1）做好邮件登记； （2）根据入住登记时的信息，联系客人，询问处理意见； （3）若联系不到离店客人，邮件在规定时间内无人领取，3 天内退回邮局	

表 5-9　邮寄物品服务

项目名称	操　作　程　序	说明/标准
收件	收到客人要邮寄的物品后，确认是否属于违寄品	
收费	拨打 11185 咨询邮资后，请客人交纳邮费，同时确认邮寄的形式	
确认	客人填写邮寄的具体地址及相关的重要信息。留下客人的联络方式，寄出后通知客人，同时说明邮件到达的大约日期	

内 容 小 结

前厅的应求服务包括问讯服务、留言服务与邮件服务。在向客人提供满意的服务和答复时，问讯员必须熟悉酒店内部与外部的服务设施、服务项目和经营特色以及酒店的各项有关部门政策，积极、热心地向客人宣传和推销酒店产品。问讯处为客人提供留言服务，包括访客到达酒店，遇到住客不在房间或不方便见面时，以及住客外出想告诉可能来访的客人自己的去向等。处理进出店的邮件也是应求服务的一项工作内容。邮件的种类很多，包括信件、传真、包裹等，处理要细心、准确、快捷、保密，特别是商务客人的商务信函、邮件等，直接关系到客人的生意进展，处理正确与否关系重大。

【职业能力测试】

实训项目1 问 讯 服 务

实训目的：通过问讯服务的实训，掌握应答客人的问讯所需要的知识、技能和步骤。

实训要求：（1）仪容、仪表、仪态符合职业要求。

（2）熟练掌握问讯员基本业务知识。

（3）服务用语礼貌，语音语调轻柔适度，发音清楚，说话流利。

（4）业务处理熟练无误，表单填写正确，电脑输入无误。

（5）应变协调能力强，有促销意识。

实训准备：（1）总服务台。

（2）礼宾台、问讯台、锁匙邮件架、笔。

实训安排：（1）示范讲解。

（2）学生分成两人一组，交互练习。

（3）教师点评并考核。

考核标准：

问讯服务标准

考核项目	考 核 内 容	分 值
1. 问候	（1）问候语：早上好，中午好，晚上好； （2）自报家门：××酒店接待部，语调应诚恳热情，普通话标准清晰	20
2. 查找	在电脑中或相关资料中查找	20
3. 答复	准确、肯定	40
4. 道别	再见、祝愉快	20
总 分		100

实训模拟情境：

客人（G）来到前台问讯处（问讯员：R）。询问商务中心的营业时间。

R：晚上好！问讯处，请问有什么可以帮助您的吗？

G：我想问一下，你们酒店的商务中心怎么走，现在下班了吗？

R：您直走，面对酒店大门的方向左手边就是了。营业时间到23：00，现在还没有下班，您可以过去的。

G：谢谢了。

R：不客气的。

G：再见！

R：再见！

实训项目2 访客和住客留言服务

实训目的：通过访客与住客留言服务的实训，掌握留言服务的工作内容和程序。

实训要求：(1) 仪容、仪表、仪态符合职业要求。
(2) 熟练掌握问讯基本知识。
(3) 服务用语礼貌，语音适中，发音清楚，说话流利。
(4) 应变协调能力强。

实训准备：(1) 总服务台。
(2) 程控交换机、留言表、信封、打时器、笔。
(3) 装有酒店管理软件的电脑、打印机一套。

实训安排：(1) 示范讲解。
(2) 学生分成两人一组，交互练习。
(3) 教师点评并考核。

考核标准：

访客和住客留言服务标准

考 核 项 目	考 核 内 容	分 值
1. 问候	(1) 问候语：早上好，中午好，晚上好； (2) 自报家门：××饭店总机，语调应诚恳热情，普通话标准清晰	30
2. 文字留言	向客人解释如何使用留言机，并将留言表、信封和笔交给客人	50
3. 送至房间	将留言内容送至客人房间	20
总 分		100

实训模拟情境：

客人（G）来到总台的问讯处（问讯员：R），要找住在512房间的李××先生。

R：您好，航海酒店前台问讯处。有什么可以帮助您的吗？

G：请帮我给512号房间的李××先生打个电话，我和他约好了在大厅碰面，好吗？

R：请稍等，我帮您接通。

G：谢谢！

结转之后，铃响半分钟后无人接电话。

R：对不起，电话没人接听，他可能出去了。请问您是否需要留言？

G：好的。

R：麻烦您在这张留言单上将信息填写完整，在信封上写下客人的姓名、房间号码，标上日期和时间。

R：我给您复述一下信息……是这样吧？

输入电脑，交由服务中心打印并由礼宾部派送留言到房间。

模块 6 总 机 服 务

【情景导入】

总机也“打盹”

“铃铃铃”，一阵急促的电话声在寂静的深夜里响起。睡意朦胧的前厅部章经理被床头的铃声惊醒，他很不情愿地拿起了电话，听完电话，章经理一下子被这突如其来的消息惊得倦意全无了。原来，酒店总机工作出现空白，有 20 分钟无人接听电话，他匆匆忙忙赶往总机房。

他一到达总机房，看到的场景是，话务员小汤正趴在电脑旁呼呼大睡。章经理气不打一处来，立即打电话安排了另一位家住附近正休假的话务员上岗，现场撤下了小汤。

经过了解，原来小汤因为昨天晚上上了晚班后，第二天跟朋友出去玩了一天。晚上就撑不住了，于是想打个盹，谁知睡得太沉了，没听到电话铃声。

评析

电话总机是酒店内外信息沟通联络的通信枢纽，绝大多数客人对酒店的第一印象是在与接线员的第一次接触中形成的。这次事件且不说离接听电话规范中“铃响三声必须有人接听”的服务要求相去甚远，也不谈当值睡觉是酒店服务之大忌，仅 20 分钟总机无人接听电话，在酒店投诉个案中就属罕见。

电话总机房是酒店内外沟通联络的通讯枢纽和喉舌，电话总机服务人员不直接和客人见面，而是以礼貌热情的态度，操作娴熟的技能，高效简洁的流程为宾客提供咨询服务，并给宾客留下深刻印象，被称为“看不见的接待员”。

专题 6.1 总机服务的岗位职责与话务员素质要求

6.1.1 总机的服务范围

酒店总机的一般服务范围包括：（1）电话转接及留言服务；（2）问讯和查询各类信息的服务，包括电话信息、道路信息、天气信息等；（3）“免电话打扰”服务；（4）电话叫醒服务；（5）火警等紧急电话的处理。

6.1.2 总机服务员的岗位职责

总机话务员的主要岗位职责包括以下内容：（1）检查仪容仪表，做好服务准备；（2）查看交班记录，注意各项工作安排；（3）了解酒店当日客情、天气变化及有关信息，掌握当日住店 VIP 基本情况；（4）为客人提供转接电话、问询、留言、叫醒等服务；（5）处理长途电话账单，及时输入计算机并进行核对；（6）遇到紧急情况及时报警，并通知有关部门和人员；（7）做好总机服务的安全和保密工作；（8）完成上级布置的其他工作。

6.1.3 话务员的素质要求

根据总机话务工作的特点，总机话务员必须具备以下素质：

（1）身体健康，无耳、喉部慢性疾病，无传染性疾病。

（2）口齿清楚，言语准确，吐字清晰，态度和蔼。

（3）听写迅速，反应敏捷，记忆力强，能熟记酒店所有部门及主要负责人、本地和国内国际常用电话号码。

（4）态度认真，有责任感，耐心专注，严守秘密。

（5）有较强的外语听说能力，可熟练使用外语为客人提供话务服务。

（6）熟悉计算机及办公软件的操作，打字速度较快。

（7）熟悉本地旅游景点及餐饮娱乐等方面的信息。

（8）有很强的沟通能力，懂得沟通技巧，善于与人沟通。

（9）具备一定的酒店专业知识和素养，精通礼节礼貌，个人修养较好。

6.1.4 话务员的服务要求

话务员的服务要求包括：

（1）响铃三声之内接听电话，若不能及时接听，应向客人表示歉意。

（2）接到电话时，应先用中英文准确地自报身份，并自然亲切地问候客人。

（3）与客人通话时，声音必须清晰、亲切、自然，音调柔和，语速适中。

（4）以热情的态度、礼貌的语气讲出客人的房号和姓名，对有保密和免电话打扰等要求要慎重处理，并适时做好电话留言服务。

（5）能够辨别主要常住贵宾和管理人员的声音，接到他们的来电时，给予恰当的尊称。

（6）遇到无法解决的疑难问题及时将电话转给领班、主管处理。

（7）为了能迅速、高效地转接电话，话务员必须熟悉本酒店的组织机构、各部门的职责范围、服务项目及常用电话号码，掌握最新的、准确的住店客人基本资料。

（8）提供电话服务时，注意为客人保密，不能泄露住店客人房号等有关信息。

（9）接到火警等紧急电话时，要沉着、冷静，坚持提供高效率的通信服务，使电话总机成为酒店处理突发紧急事件的指挥中心，以便酒店管理人员迅速控制局势，合理调动人力。

专题6.2 总机房环境与硬件要求

6.2.1 总机房的工作环境要求

6.2.1.1 便于与前台联系

在对客服务过程中，总机与前台有着极为密切的联系。因此，总机房的设立位置应尽量靠近总台，或应具备必要的通信联络设备来沟通双方的信息。有些小型酒店的总机服务直接由接待员兼管，而大中型酒店内部与外部的信息交流量较大，应配置专职的话务员。

6.2.1.2　安静、保密

为了保证通话的质量，总机房必须有良好的隔声设施，以确保通话的效率与质量。同时，考虑宾客通话内容的私密性，未经许可，无关人员不得进入总机房。

6.2.1.3　幽雅、舒适

一个幽雅、舒适的环境为话务员做好本职工作创造了良好的客观条件。总机房应配有空调设备，保持空气清新。话务员所用座椅必须舒适，以减少话务员的疲劳感，房内整个环境也应温馨舒缓。

6.2.1.4　清洁、整齐

总机房内的各种办公用品应明确定位，各类表格也应归类存放。否则，环境的杂乱会给话务员不良的心理影响，从而影响其对客服务的精神状态。

6.2.2　总机房的硬件配置要求

现代酒店总机房的设备配置均以程控设备为主，其主要设备有五种。

6.2.2.1　总机操作设备

即话务员使用的总机操作台，上面设有键盘、电话机、接转电话的数据键等。以程控为主，自动化程度较高。

6.2.2.2　总机机务设备

总机机务设备一般设在总机操作室的隔壁或附近，单设一间机房。它是控制总机操作台的主要设备，由工程部设机务员负责维护保养。

6.2.2.3　配套叫醒设备

配套叫醒设备即配计算机设备。它能够输入需要叫醒服务的房号、叫醒时间，通过计算机控制与客房电话机相通，可以自动叫醒。

6.2.2.4　配套对讲设备

由无线对讲系统与总机配合。当酒店各部门间需要及时的沟通联络时，就可启动对讲系统呼叫，经理人员身上的对讲机就会接到信息，保证酒店通信的及时性、高效性，提高工作效率。

6.2.2.5　查询设备

采用计算机系统联网的酒店配备有查询计算机，与前台接待处、预订处等计算机联网启动查询功能，可随时准确地回答客人的电话询问。此外，有的酒店为节省人力，将自动化程度较高的背景音乐设备设在总机房，由总机房人员控制播放。

现代酒店总机房的用品较少，主要配备签到簿、交接班记录簿、留言条、叫醒记录簿、电话费用记录簿、各种营业报表等用品。

专题6.3　总机服务项目及服务程序标准

6.3.1　转接电话及留言服务

6.3.1.1　服务程序标准

（1）首先认真聆听完宾客讲话再转接，并说“请稍等”，若宾客需要其他咨询、留言等服务应对宾客说：“请稍等，我帮您接通××部门。”

（2）在等候转接时，按音乐键，播放悦耳的音乐。

（3）转接之后，如对方无人听电话，铃响30秒后，应向宾客说明：“对不起，电话没有人接，您是否需要留言或稍后再打来?”需给住客留言的电话一律转到前厅问讯处；需给酒店管理人员的留言（非工作时间或管理人员办公室无人时），一律接收下来，并重复确认，通过寻呼方式或其他有效方式尽快将留言转达给相关的管理者，见表6-1。

表6-1　电话留言单

电话留言单

A MESSAGE FOR YOU

您的信息

YOU INFORMATION

姓名 MR/MS/MISS：____________　房号 Room No.：____________

日期 Date：__________　记录人 Received By：__________　时间 Time：__________

当您外出时

WHILE YOU WERE OUT

姓名 MR/MS/MISS：__________

来自 FROM：______________

电话号码 Telephone No.：________

来过电话 Telephoned	请回电话 Requested to Call Back
曾来看您 Came to See You	将会再来电话 Will Call Again

急件

URGENCY

____

____

____

____

信息

MESSAGE

____

____

____

（4）为了能够高效地转接电话，话务员必须熟悉本酒店的组织机构、各部门职责范围及其服务项目，并掌握最新的、正确的住客资料。

【案例赏析】

北京的长途电话

8月中旬，酒店的入住率一直很高，团队、散客纷至沓来，其中有个团队是国家某部委组织的各省市机关领导人会议。大约晚上10时20分左右，总机话务员小潘接到了一个北京长途电话，要找参加会议的某局局长许先生，来电人称是他的秘书，有极其重要的事情要向该领导汇报，可是拨打手机无人应答，房间号码又不清楚，只好求助于总机。小潘按照程序查询了电脑，但电脑中没有记录，又向前台询问了领队的房间号，并立即给领队打电话。由于时间已晚，小潘首先讲明了原因并请对方谅解，因为只有领队掌握团队人员姓名及房间号，电脑登记的只是团队代码。通过领队的帮助，小潘很快找到了许先生并为其接通了电话。大约10分钟过后，那位秘书又给总机打来电话，对小潘的帮助表示衷心的感谢，并对她的工作给予了充分的肯定。

6.3.1.2　转接电话服务的注意事项

（1）如果电话被他人误打、错打，话务员应礼貌告诉来电者："对不起，您打错了。"如果是店内客人打错电话，应耐心细致地为其解释，了解其需求，并作电话转接。

（2）电话转接至客房时间一般截止到晚上10点之前，10点之后不应再转接电话，可让来电者留言。

（3）如果住店客人要求对所住房号保密，话务员在处理来电拜访时，可先了解来电者的有关信息后告知住店客人，询问是否愿意转接。如客人表示不想接听任何电话，话务员应立即通知前台在电脑中输入保密标志，凡有外来电话一律回复无此客人。

6.3.2　查询服务

（1）对常用电话号码应对答如流，并做到准确、快速。

（2）如遇查询非常用电话号码，话务员应告知宾客保持通话，以最有效率的方式为宾客查询号码，确认后及时通知宾客。如需较长时间，则请宾客留下电话号码，待查清后，再主动与宾客电话联系。

（3）如遇查询住客房的电话，在前厅电话均占线的情况下，话务员应通过计算机为宾客查询，此时应注意为住客保密，不能泄露其房号，接通后让宾客直接与其通话。

6.3.3　免电话打扰服务

（1）将所有要求免电话打扰（DND）服务的宾客姓名、房号、具体的DND服务时间记录在交接班本上（或注明在记事牌上），并写明接到宾客通知的时间，见表6-2。

表 6-2　免打扰记录单

房间号码 Room No.	客人姓名 Guest Name	开始日期 Starting Time	结束时间 Finish Time	事由 Reason	经办人 Handled By	取消人 Cancelled By

（2）将电话号码通过话务台锁闭，并将此信息准确通知所有其他当班人员。

（3）在免打扰期间，如来电人要求与住客讲话，话务员应将有关信息礼貌、准确地通知来电人，并建议其留言或待宾客取消 DND 之后再来电话。

（4）宾客要求取消 DND 后，话务员应立即通过话务台释放被锁的电话号码，同时，在交接班本上或记事牌上标明取消记号及时间。

6.3.4　提供叫醒服务

总机所提供的叫醒服务（Wake-up Call）是全天 24 小时服务，而不只限于早晨的叫醒。因此，叫醒服务中应注意使用妥当的语言表述设定。

6.3.4.1　服务程序标准

（1）受理宾客要求叫醒的预订（有的酒店宾客可直接在客房内的电话机上根据服务指南上的提示进行操作，自己确定叫醒时间）。

（2）问清叫醒的具体时间和房号，并复述和得到客人的确认。

（3）填写叫醒记录单，见表 6-3，清楚记录叫醒日期、房号、时间、记录时间，话务员签名。

表 6-3　叫醒服务登记表

WAKE-UP CALL CONTROL SHEET

序号/团队代号 Room No. / Group Code	客人/团队名称 Guest/Group Name	日期 Date Of Call	时间 Time Of Call	备注 Remarks	预订时间 Booking Time	预订叫醒方式 Way Of Booking A:电脑　B:人工	经办人 Handled By

（4）及时将叫醒要求输入计算机，并检查记录和输入是否准确。

（5）夜班话务员应将叫醒记录按时间顺序整理记录在交接班本上，整理、输入、核对并签字。

（6）当日最早叫醒时间之前，应先检查计算机是否正常工作，若发现问题应及时通知工程部。

（7）检查核对打印报告。话务员在提供完叫醒服务之后，要复查，并在叫醒服务记录上逐一打钩，最后签字，以免漏叫。

(8) 注意查看叫醒无人应答的房间号码，及时通知客房中心或大堂经理，进行敲门叫醒，并在交接班本上做记录。另外，为了避免客人虽然听到叫醒电话，但未及时起床并责怪酒店的情况发生。酒店应安装录音电话，将叫醒服务的通话记录下来，作为证据保存。

6.3.4.2 叫醒服务的注意事项

(1) 无论是人工叫醒，还是自动叫醒，话务员在受理时，都要认真、细致，避免差错和责任事故的发生。一旦出现失误，不管责任在酒店还是在客人都应给予高度重视，积极采取措施，而不要在责任归属上纠缠。

(2) 应注意叫醒的方式。例如，用姓名称呼客人、对 VIP 客人派专人人工叫醒，尽可能使客人感到亲切。若能在叫醒服务时将当天的天气变化情况通报给客人，并询问是否需要其他服务，则会给客人留下更为美好的印象。

6.3.5 充当酒店临时指挥中心

当酒店出现紧急情况时，总机房便成为酒店管理人员迅速控制局势、采取有效措施的临时指挥协调中心。话务员应按指令执行任务，注意做到以下几点：

(1) 保持冷静，不惊慌。

(2) 立即向报告者问清事情发生的地点、时间以及报告者的身份、姓名，并迅速做好记录。

(3) 即刻使用电话通报酒店有关领导（总经理、驻店经理等）和相关部门，并根据指令，迅速与市内相关部门（如消防、安全、公安等）紧急联系。随后，话务员应相互通报、传递所发生的情况。

(4) 坚守岗位，继续接听电话，并安抚宾客，稳定情绪。

(5) 详细记录紧急情况发生时的电话处理细节，以备事后检查，并加以归类存档。

总之，总机房所提供的服务项目视酒店而异，有些酒店的总机房还负责背景音乐、闭路电视、收费电影的播放，监视火警报警装置和电梯运行等工作。

【服务技能】

服务工作见表 6-4 ~ 表 6-12。

表 6-4 应答外线电话服务

项目名称	操作程序	说明/标准
接听	(1) 铃响三声内致以简单问候，语气柔和亲切； (2) 自报酒店名称	三声铃响约 10 秒
认真倾听并询问	(1) 认真倾听对方的电话事由； (2) 按类似的规范用语提问： "请问客人房号是多少？" "请问客人叫什么名字？" "请问您要转接哪个部门？"	(1) 确保电话准确无误； (2) 语音甜美

续表 6-4

项 目 名 称	操 作 程 序	说明/标准
转接	核对需要转接分机号或房号； “您要转接的房号或分机是××号，好的，请稍等”	电话转接过程中需要播放背景音乐
感谢来电	（1）对对方打来电话表示感谢； （2）客人挂线后挂线	
电话接通中中断	由拨打电话方重新拨打	

表 6-5　应答内线电话服务

项 目 名 称	操 作 程 序	说明/标准
接听	（1）铃响三声内接听； （2）自报岗位	三声铃响约 10 秒
认真倾听并询问	（1）认真倾听对方的电话事由； （2）按类似的规范用语提问： “好的，马上为您转接。” “好的，请稍等，我帮您查询。”	（1）确保电话准确无误； （2）语音甜美
转接	快速准确	

表 6-6　电话转接服务

项 目 名 称	操 作 程 序	说明/标准
先放等待音乐	（1）接通后问候客人，通报来电； （2）请客人稍等，然后接入电话	
客人同意接入	（1）若无人应答或拒接，六声内电话返回； （2）对不起，客人不在房间，如需要留言再为客人转入语音留言	语音甜美
告别	谢谢您的来电	

表 6-7　团队客人叫醒服务

项 目 名 称	操 作 程 序	说明/标准
叫醒服务接收	（1）夜班员工将叫醒表重新整理； （2）按照时间的先后顺序，把原始团队叫醒表与当日的换房单核对，核对有无换房的，核对无误后，输入叫醒电脑	核对：时间、房号、有无换房记录等
设置叫醒	将团队房号准确录入叫醒的电脑	注意检查核对
确认叫醒成功	查看叫醒电脑叫醒数据，如失败需立即人工辅叫	

表 6-8　散客叫醒服务

项目名称	操作程序	说明/标准
叫醒服务接收	（1）准备好“叫醒服务登记表”，并写上本人工号（姓名），当天日期； （2）接收时要求听清所报的叫醒时间、房间号码，有无特殊要求，并与对方重复其叫醒时间及房号，进行核对； （3）“叫醒服务登记表”上的叫醒时间、房号在记录时要求字迹端正、准确； （4）让当班督导检查	
叫醒应答	叫醒服务应答用语： （1）请问要几点叫醒？ （2）请问您的房号是多少？ 好的，×××房×××点，我们会准时叫醒您； （3）早上好，现在是×××点，您的叫醒时间到了	VIP 叫醒：早上好，××先生/女士，现在是××点，您的叫醒时间到了。今天气温××度
设置叫醒	（1）在话务台上按操作程序输入； （2）在同一房间有两次以上叫醒时间的，要求在第一时间上注明下一次叫醒时间； （3）检查所输入的时间； （4）某一时间只有一间房需要叫醒的，要把时间同时输入特定分机做提醒	
确认叫醒成功	（1）在叫醒时间叫醒客人； （2）如果自动叫醒和人工电话叫醒失败，通知大堂副理，并记录通知时间及最终结果	

表 6-9　查询非保密住店客人服务

项目名称	操作程序	说明/标准
接听	应热情向客人问好“您好，需要我帮忙吗？”	三声接听
征询	礼貌征询客人的查询要求，不明白的一定要问清楚	
查找	通过电脑迅速查找客人信息	
征求客人意见	如客人在房间，应电话征询住店客人是否接听电话或与访客见面，同意后按要求办理，若客人不愿接电话或见面时应巧妙回绝访客	
房间无人	礼貌征询访客是否需要留言或晚些时候再来查询	
未查到	未查到所查信息时，礼貌委婉告知客人	可能客人未到，可能是朋友帮忙登记非客人本人登记

表6-10　免打扰服务

项目名称	操作程序	说明/标准
接到客人要求	（1）确认客人的房号、姓名、免打扰时间； （2）询问清楚是免打扰还是拒查，不要混淆； （3）说明免打扰后电话出现的特殊状态； （4）通知客房中心、大堂副理、总台免打扰的房号； （5）在交接班本上和白板/黑板上同时做好记录	（1）免打扰，是不想接听任何电话，不想接受任何服务； （2）拒查是可以被打扰，但不能让任何人查到该客人住该酒店； （3）总机机房一般都需悬挂白板/黑板明示一些重要信息
操作台输入	（1）根据机台提示按免打扰键； （2）各酒店输入流程有区别	
操作台检查	（1）检查联机电脑有无免打扰信号； （2）拨分机号码，检查能否打通，不能打通，则免打扰成功	

表6-11　留言电话服务

项目名称	操作程序	说明/标准
接收留言	（1）接到客人的留言后，应注明客人留言的内容、房号、姓名等； （2）如客人到餐厅用餐，应询问客人餐厅地点，以方便能及时联系到客人； （3）当客人表示不接电话时，应问清客人长途是否接听、如何向来电客人解释、以及留言截止时间	
重复留言	针对留言事宜向客人复述一遍	
设置“请勿打扰”	将房间电话设置为“请勿打扰”状态	
取消留言	客人通知取消留言，话务员应及时撤销“请勿打扰”设置	
记录	必要时做好交班记录	

表6-12　接到消防中心火警处理

项目名称	操作程序	说明/标准
接到紧急报警	（1）认真听清报警地点和报警人的姓名并做好记录； （2）重复报警地点和报警人的姓名	
通知有关部门	迅速联系有关人员，把损失降到最低，听从指挥人员的领导，坚守岗位	
复核并记录	逐一复核所有通知者是否回电，并记录回电话的时间	
坚守岗位	电话总机在未接到总指挥的命令前，应坚守岗位，快速、准确、无误地传递信息和指挥命令	

专题6.4　总机服务常见问题处理

6.4.1　当话务量大，有许多电话同时打进来，如何快速接听所有电话

（1）尽快接起所有电话，然后把电话先暂时“保留”在HOLD键，以保证在三声铃响内接起电话。

（2）酒店总经理及重要客人的电话不得耽误，应尽快转接。

（3）挑选比较容易处理的电话先转。

（4）比较麻烦和费时间的电话稍后再处理。

（5）当把保留的电话取下时，切记一定要说：“对不起，让您久等了！”

6.4.2　如果有客人要求你转的房间是空房（话务台上显示）及处理方法

首先不要告诉客人说“你转的房间是空房”，除非你能十分肯定，然后把客人电话转进房间，振铃三声之后，如电话没人接，才跟客人说：“电话没人接，我们电脑上显示是空房，我帮您转到前台，您查一下好吗？”

6.4.3　电梯电话警铃及处理方法

（1）当电梯电话声响，马上接听，并先报上问候语：“您好！有什么可以帮助您？”“Operator，×××Speaking，May I help you？”

（2）安抚客人的情绪，并告知：“我们的电梯都有定期检查与保养，我们会立即处理您受困的情形，请您不必担心。如有任何情况，我们会与您保持联络。”

（3）询问客人在几号电梯内及停在第几层楼。

（4）迅速通知工程部、保安部、值班经理及部门主管。

（5）事后将处理经过、结果记录于交接本中备查。

6.4.4　有紧急事件发生，需要对外联络及处理方法

（1）如遇住客生病或受伤等情况时，应立即通知前厅部、客房部及相关部门的主管，前往探视，决定是否需要紧急送医院。

（2）如需请医生前来，则电话联络特约医院或附近的大型医院。

（3）由服务中心人员负责引导医生至客房。

（4）事后记录于交接本中备查。

6.4.5　常用的火警测试广播词及结束词

各位女士、各位先生，早安。

本酒店将实施紧急火警测试（第一遍）。

本酒店现在正在实施紧急火警测试（第二遍）。

请您不要惊慌，谢谢您的合作。

Good morning，Ladies and Gentlemen.

May I have your attention please. We are going to have a fire alarm testing (First Time). We are testing our fire alarm system (Second).

Please do not panic. This is a test only.

Thank you very much for your attention and kind cooperation.

各位女士、各位先生，早安。本酒店紧急火警系统现在已经测试完毕。谢谢您的合作。

Good morning, Ladies and Gentlemen. We have finished our fire alarm testing. Thank you very much for your cooperation.

内 容 小 结

电话总机是酒店内外信息沟通联络的通信枢纽，在对客服务中有着不可替代的重要地位。酒店总机工作是以电话为媒介，要求服务员熟悉本组范围内的所有业务和知识，认真做好交接班工作，按工作程序迅速、准确地转接每一个电话，同时对客人的询问要热情、有礼貌、迅速应答，主动帮助宾客查找电话号码或为住客保密并且准确地为客人提供叫醒服务。在发生紧急突发事件时，还将充当指挥中心的作用。

【职业能力测试】

实训项目1　电话转接及留言服务

实训目的：通过电话转接及留言服务的实训，学习如何根据客人的要求准确、快捷地进行电话转接服务；学习遇有无人接听或长时间电话占线的情况下，为客人提供留言服务的基本流程；掌握电话转接及留言服务的工作方法和技巧。

实训要求：（1）熟悉有关的电话号码。

（2）掌握与人进行良好交流沟通的语言技巧。

（3）熟悉电话转接及留言的程序和操作规范。

（4）熟悉电话留言单的填写。

实训准备：电话、电话留言单、电脑、打印机、笔。

实训安排：（1）将学生分成若干实训小组。

（2）各组学生中选出两名分别扮演总机话务员和客人，其他学生对表演提出意见和建议。

（3）为客人提供电话转接和留言服务，按程序与标准完成工作任务。

考核标准：

电话转接服务考核标准

考 核 项 目	考 核 内 容	分 值
1. 接听电话	电话铃响三声内接听	10
2. 问候客人	（1）问候语：早上好，中午好，晚上好； （2）表明身份： 外线：××酒店总机；内线：总机 语调应礼貌热情，普通话（外语）标准清晰	15

续表

考 核 项 目	考 核 内 容	分 值
3. 聆听及回答	（1）对客人提出的问题应做出耐心细致的回答； （2）认真听清客人的电话需求，如未听清楚，可请客人重复一遍，态度谦和客气	20
4. 转接电话	（1）转接电话前，话务员应认真听完客人讲话后再转接，并说“请稍等”； （2）准确、迅速地转接电话，播放背景音乐	15
5. 处理电话	（1）如果要求转接到客房的电话，话务员必须查询客人的姓名和房号是否一致，一般情况下核对无误后方可接线； （2）如果电话占线或无人接听，话务员要向客人表示歉意，说“对不起”，并向客人说明原因； （3）主动询问客人是否需要电话留言服务； （4）如果总机线路繁忙，必须使用音乐保留键，并请客人稍候，然后准确、迅速地处理手头上的电话	30
6. 挂断电话	（1）电话顺利转接，被叫客人接听后，自动挂上电话； （2）客人对问讯满意，无疑惑后，向客人道别说“再见”，待客人挂断电话后再轻柔挂机	10
总 分		100

留言服务考核标准

考 核 项 目	考 核 内 容	分 值
1. 接听电话	电话铃响三声内接听	10
2. 问候客人	（1）问候语：早上好，中午好，晚上好； （2）表明身份： 外线：××酒店总机；内线：总机 语调应礼貌热情，普通话（外语）标准清晰	15
3. 留言准备	（1）电话接转后，房间电话无人接听或长时间占线，话务员主动询问客人是否需要电话留言或者来电客人要求留言； （2）仔细核对被留言人的姓名和房号是否与酒店信息一致。询问并准确记录留言人姓名、联系电话	10
4. 接听留言	（1）准确记录留言内容，并复述一遍，尤其要注意核对数字、时间。不清楚时，客气地请客人重复； （2）回复留言客人会在指定或要求的时间内将留言转达，请客人放心	20
5. 将留言输入电脑	（1）用电脑查出客人房间，通过固定程序输入留言内容； （2）核实留言内容无误，在留言内容下方输入提供留言服务的话务员的姓名； （3）按要求打印出留言	20
6. 留言处理	（1）按程序开启客房留言灯，通知客人提取留言； （2）每日接班和下班时核对留言和留言灯是否相符； （3）当客人电话查询时，将留言内容准确告知客人； （4）若客人很久未取留言，须查询该房状态	15
7. 删除留言	（1）确认客人收到留言后，关掉留言灯； （2）删除电话留言内容	10
总 分		100

实训模拟情境：

××大酒店外客人杨帆先生（Y）打电话到总机，找住909房间客人孙睿先生。话务员赵艺（Z）接听电话。

Z：上午好！××大酒店总机。请问有什么可以帮您？

Y：请帮我转接909房，找我的一个朋友。

Z：请问909房的客人贵姓？

Y：刚才不是告诉你了吗？是我的一个朋友，我现在有事找他，请你快点。

（赵艺依然面带微笑，诚恳温和地向客人解释。）

Z：对不起，先生，为了保障客人不被打扰，对于陌生电话我们不转接，请您谅解。

Y：真麻烦。

Z：给您添麻烦了。这是我们酒店的规定，请原谅。

Y：客人姓孙，孙悟空的孙，叫孙睿，睿智的睿。清楚了吧。

（赵艺迅速仔细地核对信息，无误。）

Z：好的，请稍等。我马上为您转接。

（赵艺准确迅速地转接电话，电话铃响六声。）

Z：对不起，先生，电话无人接听。您稍后再拨还是电话留言？

Y：我要电话留言。

Z：好的。请问先生您的姓名和联系电话？

Y：刚才查他，现在查我，真够你们忙的，理解。

Z：这是我们的工作，谢谢您的理解。

Y：我叫杨帆，扬帆起航的意思，杨树的杨。手机号码1319767××××。

Z：请问您要给孙先生什么样的留言？

Y：我已到达海口，请尽快与我联系。

Z：对不起，是大海口吗？

Y：不是的，就是海口。

Z：知道了，杨先生，您要给909房间的孙先生留言，留言的内容是：我已到达海口，请尽快与我联系。您的联系电话是1319767××××。对吗？

Y：对。你一定要尽快告诉他。

Z：我们一定会及时把您的留言通知孙先生，谢谢您的来电，再见！

Y：再见！

实训项目2　电话叫醒服务

实训目的：通过电话叫醒服务的实训，学习如何为不同客人提供叫醒服务，掌握电话叫醒的工作程序和方法。

实训要求：（1）掌握一定的语言沟通技巧。

（2）熟悉电话叫醒的程序和操作规范。

（3）熟悉电话叫醒单的填写。

实训准备：电话、模拟服务台、叫醒登记本、电脑、笔。

实训安排：（1）将学生分成若干实训小组。

（2）各组学生中分别选出两人扮演总机话务员和客人，其他学生对表演提出意见和建议。

（3）为客人提供电话叫醒服务，按程序与标准完成工作任务。

考核标准：

散客叫醒服务标准

考核项目	考核内容	分值
1. 接听电话，问候客人	（1）电话铃响三声内接听； （2）问候客人，并表明身份； （3）语调应诚恳热情，普通话标准清晰	10
2. 聆听和记录客人叫醒要求	（1）客人提出叫醒需求，要问清客人的房号、叫醒日期和时间、通知人、通知时间以及是否需要二次叫醒等信息； （2）复述客人叫醒的要求，以便客人确认； （3）将上述信息记录在“叫醒登记本”上	20
3. 结束来电	（1）感谢客人来电，并表示按要求准时叫醒； （2）向客人道别，待客人挂机后再轻声挂断电话	10
4. 输入叫醒信息	（1）按机台叫醒键，准确输入房号和叫醒时间； （2）按机台执行键； （3）将套间客房的叫醒信息输入卧室分机	20
5. 复查	（1）夜班话务员复查叫醒信息的输入和客房情况； （2）按照最早的叫醒时间，打开叫醒打印机并检查叫醒系统是否正常	10
6. 检查叫醒	（1）如发现错叫、漏叫或没有打印出来的叫醒客人，话务员应立即用电话叫醒客人； （2）如发现未按时叫醒，话务员应立即通知客房服务员进行人工补叫醒； （3）如客房叫醒无人应答，话务员应立即通知客房服务中心或大堂副理去客房查看	20
7. 保存叫醒记录	对于特殊情况做好记录，要求字迹清楚、表述准确	10
总　分		100

团队叫醒服务标准

考核项目	考核内容	分值
1. 接听电话，问候客人	（1）电话铃响三声内接听； （2）问候客人，并表明身份； （3）语调应诚恳热情，普通话标准清晰	10
2. 聆听和记录客人叫醒要求	（1）记录叫醒日期和时间； （2）复核叫醒时间、日期和团号； （3）注明陪同、领队或负责人的房号，如有同一房间不同叫醒时间的情况，应与客人进一步复核并做好记录； （4）将上述信息记录在“叫醒登记本”上	20
3. 结束来电	（1）感谢客人来电，并表示按要求准时叫醒； （2）向客人道别，待客人挂机后再轻声挂断电话	10
4. 输入叫醒信息	将房号和叫醒时间准确输入机台	20

续表

考核项目	考核内容	分值
5. 复查	（1）夜班话务员复查叫醒信息的输入和客房情况； （2）按照最早的叫醒时间，打开叫醒打印机并检查叫醒系统是否正常	10
6. 检查叫醒	（1）如发现错叫、漏叫或没有打印出来的叫醒客人，话务员应立即用电话叫醒客人； （2）如发现未按时叫醒，话务员应立即通知客房服务员进行人工补叫醒	20
7. 保存叫醒记录	对于特殊情况做好记录，要求字迹清楚、表述准确	10
总分		100

实训模拟情境：

客人陈先生（C）明天要乘坐上午8:00的飞机，今晚打电话到总机预约明天6:00的叫醒服务。话务员小宋（S）接待。

S：晚上好，这里是总机。请问您需要什么帮助？

C：我想预约明天早上的叫醒服务。

S：好的，请问您的姓名、房间号码和叫醒时间？

C：我叫陈××，住8209房，明天上午8:00的飞机，6:00起床应该来得及吧？

S：从这里乘坐出租车到机场一般需要15分钟，应该来得及。

C：那就6:00吧。

（小宋将叫醒信息填写在“叫醒登记本”上。）

S：陈先生，您的房间号是8209，希望明天早上6:00叫醒，对吗？

C：对。

S：好的，陈先生，我们明天会准时叫醒您，祝您晚安！

C：谢谢。

（小宋将叫醒信息准确、迅速地输入电脑，并设置好叫醒时间。）

（第二天早上6:00，8209房间的电话响了。）

S：陈先生，早上好，现在是早上6:00，您预约的叫醒时间到了，祝您旅途愉快！

实训项目3　电话免打扰服务

实训目的：通过电话“免打扰”服务的实训，学习如何准时为客人开通和取消房间电话“免打扰”服务。

实训要求：（1）掌握一定的语言沟通技巧。

（2）熟悉电话“免打扰”服务的程序和要求。

（3）熟悉电话免打扰单的填写。

实训准备：电话、模拟服务台、电话免打扰单、电脑、笔。

实训安排：（1）将学生分成若干实训小组。

（2）各组学生中分别选出两名扮演话务员和客人，其他学生提出意见和建议。

（3）受理客人的电话“免打扰”和取消“免打扰”服务，按程序与标准完成工作任务。

考核标准：

电话免打扰服务标准

考核项目	考核内容	分值
1. 接听电话，问候客人	（1）电话铃响三声内接听； （2）问候客人，并表明身份； （3）语调应诚恳热情，普通话标准清晰	10
2. 聆听和记录客人电话“免打扰”信息和要求	（1）客人提出电话“免打扰”需求，要问清客人的房号、姓名，做“请勿打扰”（DND）电话的具体起止时间，以及在此期间如有电话是否需做留言； （2）向客人复述一遍，并准确记录在留言本上，确保信息准确无误	20
3. 结束来电	（1）感谢客人来电，并表示按要求开通电话“免打扰”； （2）向客人道别，待客人挂机后再轻声挂断电话	10
4. 设置	（1）将客人房间电话设置为“请勿打扰”状态； （2）检查房间电话“免打扰”状态是否设置成功	20
5. 转接	话务员转接“请勿打扰”电话时，要严格按照客人叮嘱的语言回复来电客人，请来电者留言或取消“免打扰”后再打	20
6. 记录	在“免打扰”、当前信息本、留言本上记录客人房号等相关信息	10
7. 取消	（1）按规定时间取消“免打扰”； （2）如客人主动要求取消“免打扰”，需手工关闭； （3）客人退房后，及时检查软件系统是否已自动关闭 DND 功能； （4）在交接本、当前信息本、留言本上取消该房的免打扰记录	10
总分		100

实训模拟情境：

客人吴××先生（W）连着开了两天的会议，感到十分疲倦，通知总机话务员小李（L）将他的房间电话设置“免打扰”，他要好好休息一下，吴先生住 6312 房间。

L：中午好，这里是总机，请问您需要什么帮助？

W：我太累了，不要再往我的房间打电话了，我要好好休息。

L：请问您是需要电话“免打扰”服务吗？

W：是啊，“免打扰”。

L：好的，请问您的房间号和姓名？

W：6312，吴××。

L：吴先生，请问您设置“免打扰”的开始和结束时间？

W：现在到明天上午 9：00。

L：吴先生，如果中间有电话找您，需要电话留言吗？

W：可以，留言，我明天再看。

（小李将“免打扰”相关信息记录在留言板上。）

L：好的，吴先生，从今天中午 13：00 到明天上午 9：00 您要设置电话“免打扰”，如有电话打来请留言。您住 6312 房间，对吗？

W：对。

L：好的，我们马上为您设置，请您安心休息。再见！

W：谢谢！

（小李将6312房间电话设置为“请勿打扰”状态，并检查是否成功。并在“免打扰”当前信息本、留言本上记录客人房号等相关信息。）

模块7 商务中心服务

【情景导入】

张冠李戴的传真账单

某日傍晚，南方某酒店1429房间的客人打电话到商务中心，说：“我是1429房间的客人，马上有一个客户发传真过来，我们这就派人去取。”几分钟后，有一位客人来到商务中心，对服务员小赵说：“我是14层的客人，来取传真。”小赵随即将传真给客人，并让客人签了单，然后将账记到了1429房间。过了两分钟，1429房间的客人又给商务中心打来了电话，问：“我们的传真来了吗？”小赵说：“已经有人取走了。”客人非常惊讶，忙问：“谁取走的？我们的人还没有下去呢！”小赵赶紧查账单签字，说：“是××取走的。”1429房间的客人说：“我们没有这个人。”小赵再一细查，发现原来客人签的是1409房间。小赵赶紧与1409房间的客人联系，得知客人取走的确实是发给1409房间的传真，而1429房间客人的传真还没有传到。于是，他马上通知1429房间客人传真未到，随即又与收银员联系，及时调整有关账目。但1409房间的客人对商务中心找他查对1429房间的账单表示不理解，心想：我取的是自己的传真，跟1429房间有什么关系呢？

评析

商务中心是酒店对客服务的一个综合性部门，对于客人特别是那些商务客人来说具有重要的商业价值，所以不管客人需要哪些项服务，都会希望时间上尽量快一些，而且服务过程要准确无误，这就要求服务人员在接受项目、提供服务、结算账单等过程中都必须认真、负责、细心，严格按有关程序操作。

商务中心作为商务客人“办公室之外的办公室”，其主要职能是为客人提供秘书性服务，为客人提供或传递各种信息。先进的服务设施和设备、齐全的服务项目，加之高素质的专业或一专多能型的服务人员，是商务中心提供高水平、高效率对客服务的基本保证，也是现代高档酒店的重要标志之一。

专题7.1 商务中心的工作内容与工作人员素质要求

7.1.1 商务中心的硬件要求与环境要求

商务中心应具备的设施设备及用品如下：面积大小不等的会议室、洽谈室、复印机、传真机、程控直拨电话机、计算机、碎纸机、投影机及屏幕、录音机、录像机、电视机及其他办公用品，同时还应配备一定数量的办公桌椅、沙发。

商务中心一般设在一层或二层的公共区域内，有的酒店也在行政楼层设置一个小型商务中心。除了在商务中心设标识外，还应在公共区域和走道等处挂指示牌，以利于客人寻找。同时，商务中心所处地方还应方便与前台联系，以利于合理地利用现有设备，沟通有关信息，互相帮助及合理调配人员。

商务中心的服务人员在为客人服务时，可在客人休息处进行，或根据客人需要，在工作台处坐着操作，亦可让客人单独进行操作。

商务中心要具有安静、隔音、优雅、舒适、干净等特点，环境赏心悦目，这也是保持客人和服务人员良好精神状态的一个重要方面。

7.1.2　商务中心的工作内容

（1）传真、快递、邮寄。商务中心提供快速的全球传真、快递和邮寄服务。

（2）印刷服务。可安排名片等小型印刷品的印刷服务。

（3）翻译及口译服务。可安排专业文字和口语翻译。

（4）票务服务。票务服务主要包括机票、火车票、汽车票查询代购服务，以及景点门票、电影票代购服务等。但随着网络预订技术的发展和购票实名制的产生，商务中心的票务服务需求呈现下降趋势。

（5）会议室租用。对于需要格外私密的会议，商务中心拥有配备先进视听设施的会议室可租用。

（6）办公设备租用。台式及手提电脑、手机及其他设备，均可按小时或按日使用计费。

（7）秘书服务。商务中心提供专业的打印、复印服务，同时也可视宾客要求安排全职的秘书。

（8）商务参考图书馆。商务中心可提供贸易期刊和当前本地及国际报纸杂志，使宾客在旅途中也与世界同步。

7.1.3　商务中心工作的基本要求

（1）接待客人热情礼貌，回答客人问讯迅速、准确，为客人提供高质、快捷、耐心、细致的服务。

（2）熟练掌握与人沟通的技巧，善于与客人进行沟通。

（3）要遵守保密制度，不得泄露酒店和客人的隐私。

7.1.4　商务中心文员应具备的素质

为了做好商务中心的服务工作，要求商务中心文员必须具备以下素质：

（1）良好的个人外表形象。

（2）性格外向，机智灵活，具有较高的文化素质。

（3）具备大专以上文化程度和较高的外语听说能力，外语笔译能力强。

（4）具有熟练地应用电脑，熟悉多种办公软件及程序。

（5）能够熟练使用复印机、打印机、扫描仪、装订机等各种办公设备。

（6）掌握商务服务业务知识及本地区交通、商务、景点、娱乐、购物等方面的知识。

此外，作为商务中心的票务员，还应与各航空公司和火车站等交通部门保持良好的联系，熟知各种类型的票价及收费标准，熟知国内外邮政及收费标准，熟知国内外报纸、杂志的类型及收费标准。

专题 7.2　商务中心服务程序

7.2.1　打印服务

打印服务即按照客人要求将文稿打印成印刷体文件，是商务中心常见的服务项目之一，其基本服务规程如下：

（1）客人走近时，主动向客人问好，礼貌询问客人需求。

（2）客人要求打印服务时，请客人出示原稿，并问清稿件处理与打印要求。

（3）立即通览文稿，如有不清楚或不懂之处当面向客人询问清楚，尤其排版要求和打印格式要求。当客人提出外文打印要求时，如日语、俄语、法语等，视酒店具体情况受理。如果不能受理，可婉拒或推荐给其他可打印的地方。

（4）向客人介绍服务收费标准，询问客人付费方式。同时，记下客人的姓名、房号、联系电话和取稿时间。

（5）打出样稿后仔细核对，并主动与客人联系，请客人校对。如有错误，请客人在样稿上用笔把错误之处勾出，以便及时修正。

（6）校对结束，按客人要求的排版格式、纸张大小、字体规格、字号大小、打印份数打印稿件，并仔细核对原稿，确保无误。客人要求装订时，按要求替客人装订好原稿及打印稿。

（7）客人来取稿件时，按酒店规定计算费用，请客人结账，收款时应唱收唱付。若客人要求签单，应礼貌地请客人出示房卡，与前台核实后请客人在账单上签字。若客人不能在商务中心营业时间内提取文件，则告诉客人文件将移送至前台，客人可到前台领取。

（8）客人离开时，礼貌地与客人道别，并向客人表示感谢，欢迎客人再来。

（9）在营业报表上做好相应记录。

7.2.2　复印服务

复印服务即按照客人要求复印文件，是商务中心日常服务的主要内容，其基本服务流程如下：

（1）客人前来时，主动向客人问好，礼貌询问客人需求。

（2）客人要求复印服务时，请客人出示原件。

（3）问清客人复印的规格及数量，并主动告诉客人各种复印的收费价格。

（4）检查所要复印的原始材料，根据客人要求设置好复印纸张、深浅等级进行复印。当客人要求缩印或扩印时，应按客人要求妥善处理。如果客人要求复印的材料涉及酒店或国家机密，应及时请示部门经理或向客人说明不能复印的理由。

（5）复印结束后，及时清点装订原稿并核对复印数量，然后请客人结账，收款时应唱收唱付。当客人要求签单时，礼貌地请客人出示房卡，与前台核实后请客人在账单上签字。

（6）客人离开时，礼貌地与客人道别，并向客人表示感谢，欢迎客人再来。

（7）在营业报表上做好相应记录。

7.2.3　翻译服务

翻译服务一般分笔译和口译两种，其收费计算方式也有所区别。笔译服务一般按照字数或页数收费，口译服务一般按照时间收费。酒店商务中心受理翻译服务的基本流程如下：

（1）客人走近时，主动向客人问好，礼貌询问客人需要。

（2）当客人要求笔译时，问清翻译的页数、性质（文件、小说、科技资料等）及取稿时间。

（3）根据翻译资料及酒店政策，确定收费标准，并预收全部或部分费用。

（4）按客人要求翻译资料，如果酒店没有专职翻译人员，可以从兼职翻译档案库找出合适人选进行翻译。

（5）资料翻译好后，通知客人前来领取，并结清费用。如果客人要求签单，礼貌地请客人出示房卡，与前台核实无误后请客人在账单上签字。如果客人对译稿不太满意，可请翻译人员再进行适当修改。

（6）当客人要求口译时，应及时安排翻译人员与客人会面，以便详细了解翻译情况，做好相关工作安排。

（7）客人离开时，礼貌地与客人道别，并向客人表示感谢，欢迎客人再来。

（8）在营业报表上做好相应记录。

7.2.4　票务服务

票务服务是指酒店为住店客人代订机票、车票、船票、演出票等票据的服务。一般酒店会在商务中心设立票务处，为客人提供票务服务。根据具体情况，有些酒店将票务服务设在礼宾服务处或前台，甚至还有的请交通部门或专业票务中心在酒店大堂内设点服务。通常酒店商务中心票务服务规程如下：

（1）热情迎接、主动问好，礼貌问客人订票要求。

（2）请客人详细填写订票委托单。订票托单上必须写清楚客人需要预订的票据日期、航班、车次和等级，如高铁、普快、头等舱、普通舱等。同时，还要注明当客人的第一选择无法满足时，指定的第二选择的车票日期和班次等，由客人过目无误后请客人签字确认。

（3）向客人预收订票款，并给客人开好收据，或者在订票委托单上注明预收订票款的金额。如果酒店不能完全保证有票，就必须向客人说明酒店将尽力而为，但不光保证有票，并礼貌询问客人倘若订不到指定票据时该如何处理。

（4）取到票据后，将票据和找零放在专门的信封内，信封上写清日期、票价、客人姓名、房号、预收款、应找款等重要信息，并通知客人前来取票，或按客人要求送至客人房间。

（5）当客人来取票时，收回订票委托单的取票联并妥善保存，并将上述信封交给客人，请客人当面清点清楚。订票过程中的其他合理费用（如专人购票的出租车费）可以向客人收取，但事先应征得客人的许可，事后应有发票或单据。

（6）如果没有买到票，应及时通知客人，并向客人致歉，尽量为客人提供其他帮助。

（7）如果客人订了票又要退票，则及时联系退票，并根据交通部门和酒店规定扣除相应的退票费。

（8）当客人通过电话订票时，订票员应根据客人的电话记录详细填写订票委托单，并视具体情况请客人预付票款或提供订票担保，然后向客人复述订票要求进行确认，以防听错。

（9）当非住店客人或者订了房但尚未入住的非保证类预订客人要求订票时，应请客人预付票款或提供订票担保，否则不予受理。特殊情况经管理人员同意的例外。

（10）客人离开时，礼貌地与客人道别，并向客人表示感谢，欢迎客人再来。

（11）在营业报表上做好相应记录。

7.2.5 会议室出租服务

根据我国国家标准《旅游饭店星级的划分与评定》(GB/T 14308—2010）规定，四、五星级酒店在商务中心应备有专门的会议室供客人洽谈使用。通常，会议室出租服务及会议洽谈期间服务基本流程如下：

（1）热情迎接客人，礼貌询问客人租赁需求。

（2）根据客人使用会议室的时间、参会人数、服务规格、设备要求等信息，向客人推荐会议室，并主动向客人介绍会议室收费标准。

（3）当客人确定租用后，按规定办理会议室出租预订或租用手续，请客人填写会议室预订单（见表7-1)，并按规定收取预订金。

（4）按客人的要求布置会议场所，并准备会议中的各种设施设备和服务用品。

（5）在会议开始前半小时检查会议室的座席、文具用品、茶水点心、设施设备、清洁卫生，如不符合要求应立即按要求修正。

（6）当客人来临时，主动引领客人进入会议室，请客人入座，按顺序为客人上茶。

（7）会议进行中，每隔半个小时为客人续茶水一次。如客人在会议中提出其他商务服务要求时，应尽量满足。

（8）会议结束后，礼貌送走与会客人并致谢道别，然后礼貌地请会议负责人办理结账手续，并立即通知客房服务中心派人打扫会议室，为下一次出租做好准备工作。

7.2.6 办公设备出租服务

现代商务酒店通常还提供商务设备出租服务，服务程序如下：

（1）主动迎接客人，了解客人租赁需求。

（2）介绍租赁收费标准，请客人填写租用单，并按规定收取租赁押金。

（3）当面查验租赁设备是否完好，然后交给客人，并做好登记。

（4）当客人使用完毕后，检查设施设备是否完好如初，并做好注销。

表 7-1　会议室预订单

No.：

预订□　确认□　已到□　取消□

SDHY ____________

会议室名称：________________________________

日期及时间：________________________________

预订单位：________________________________

联系人：______________　电话：______________　手机：______________

传真：____________　E-mail：________________________

单位地址：________________　邮编：________________

会议类型：会议□　培训□　酒会□　其他□________

会议人数：保证________人，估计________人

横幅□　内容：________________________________

悬挂位置：________________________________

水牌□　内容：________________________________

摆放位置：________________________________

会场布置要求：音响设备□　麦克风□　无线______支，有线______支　A4 新闻纸□

铅笔□　投影仪□　手提电脑□　DVD 机□　白板及笔□

夹纸板□，需____张纸　讲台□　主席台□____位　照相□　录音□

摄像及 VCD 制作□　鲜花□____盆/篮

茶水服务□　会间茶点□　咖啡□　奶茶□　果盘□______　其他□______________

其他服务：________________________________

会议室租金：______________　折扣：______________　保证金：______________

其他收费：________________________________

付款方式：现金□　支票□　转账□　挂账□　其他□________________

备注：

1. 为了确保会议室的预订，须支付全部租金的 50% 作为保证金；

2. 经过确认的会议室预订，如在预订使用日期前 3 天内取消预订，则所付保证金不予退还；

3. 会议室的每次租用时间至少为一小时，不超过 4 小时，超时使用 2 小时以内加收半小时的租金。

会议开始时间：　　会议结束时间：　　实际使用：　　小时

确认：（签名或盖章）　　经手：　　审批：

日期：　　日期：　　日期：

（5）按照酒店规定的收费标准，根据客人所用时间计费，向客人收取费用或请其签单挂房账。

（6）礼貌地向客人致谢并道别。

【服务技能】

服务工作见表 7-2 ~ 表 7-9。

表 7-2　营运前准备工作

项目名称	操作程序	说明/标准
开启所有照明和空调设备	（1）开启休息室所有照明及空调，把温度保持在23℃左右； （2）抽风机应保持常开； （3）如设备发生故障，要立即填写“维修工作单”并通知工程部迅速进行维修； （4）检查商务中心服务项目是否标示清楚	
开启电脑、打印机和复印机	（1）开启酒店终端网络电脑，并调试打印账单纸到适当的位置； （2）开启复印机，记录开机纸张数目，检查复印的效果是否清晰	
检查报纸架、书架	（1）检查报纸架、书架上的报纸、杂志、饰物数量； （2）检查各类报纸、书籍是否齐全及按日期更换，饰物要摆放整齐	
检查工作区域	（1）保证照明充足，室温适中； （2）电脑运作要正常，打印机纸张位置恰当，复印要清晰	

表 7-3　打印服务

项目名称	操作程序	说明/标准
迎接客人	（1）当看到客人走入商务中心时，当班员工应起立走到服务台外迎接客人； （2）面带微笑并向客人问好：“早上好/中午好/晚上好！先生/小姐，请问有什么需要帮忙的吗?”； （3）如当时正在忙碌： a. 正在接听电话，必须向客人点头微笑，用目光示意客人稍候，并用手势提示客人请坐； b. 正在处理另一件事，当客人到达时，应向客人问好：“先生/女士，请稍候。”同时应尽快结束手中工作，接待客人，并再次致歉：“先生/女士，对不起，让你久等了！” c. 手中工作一时难以完成时，应先接待客人或示意其他员工接待客人	（1）面带微笑； （2）原则上不对店外客人服务
核对打印稿件	（1）礼貌询问客人打印要求及特殊格式； （2）大致浏览稿件内容，不明之处马上提出	
打印稿件	（1）按要求打印稿件； （2）打印完毕后与原稿核对内容	若客人要求自己打印，为其开机
校稿	（1）请客人亲自校审； （2）按客人要求进行修改，将稿件打印出来后进行装订并双手递与客人	
结账	根据打印张数收取费用或请客人签单	
送客	起立、微笑、点头向客人道别：“先生/女士/小姐，再见”	

表7-4　复印及装订服务

项目名称	操作程序	说明/标准
迎接客人	（1）当看到客人走入商务中心时，当班员工应起立走到服务台外迎接客人； （2）面带微笑并向客人问好："早上好/中午好/晚上好！先生/小姐，请问有什么需要帮忙的吗？"； （3）如当时正在忙碌： a. 正在接听电话，必须向客人点头微笑，用目光示意客人稍候，并用手势提示客人请坐； b. 正在处理另一件事，当客人到达时，应向客人问好："先生/女士，请稍候。"同时应尽快结束手中工作，接待客人，并再次致歉："先生/女士，对不起，让你久等了！" c. 手中工作一时难以完成时，应先接待客人或示意其他员工接待客人 （4）主动向客人介绍资费	（1）面带微笑； （2）原则上不对店外客人服务
核对复印稿件	（1）礼貌询问客人复印要求及特殊格式； （2）大致浏览稿件内容，不明之处马上提出	询问纸张大小、份数、张数等
复印稿件	按客人要求复印稿件	
校稿	（1）请客人亲自校审； （2）按客人要求进行修改，将稿件复印出来后进行装订并双手递与客人	
结账	根据复印张数收取费用或请客人签单	
送客	起立、微笑、点头向客人道别："先生/女士/小姐，再见"	

表7-5　扫描服务

项目名称	操作程序	说明/标准
迎接客人	主动、热情地问候客人，并对客人的到来表示欢迎	
询问服务要求	（1）接到客人的文件或图片后，要告知客人扫描价格，按照客人的要求进行扫描； （2）按客人的要求扫描完后，询问客人如何处理	询问客人是否存盘，是否发邮件
结账	（1）填写账单； （2）确认付款方式。如是费用挂账，需立即输入账目	
道别	面带微笑，与客人道别	

表7-6　翻译服务

项目名称	操作程序	说明/标准
迎接客人	客人到来时应主动问好并欢迎客人光临	
了解客人的要求	（1）客人提出翻译服务要求时，商务中心文员应向客人了解翻译的类别（笔译还是口译）、语种、页码、所属领域及要稿时间； （2）了解客人是否是住店客人；若是，则请客人出示房卡； （3）如果是笔译，要大致浏览一下需要翻译的文件内容，若有不清楚的地方应当面向客人咨询清楚； （4）如果是口译，要征询客人谈话对方的情况，对口译的要求，以及应准备的资料、用品	

续表 7-6

项目名称	操作程序	说明/标准
委托联系	（1）如果酒店没有专职翻译，请客人与译者联系费用标准，或者酒店根据以前的收费情况确定一个合理价格告知双方，必要时酒店可以抽取一些手续费及代扣译者稿费的所得税； （2）译者翻译好后送商务中心或由酒店派人去取稿件，然后由客人直接向译者付费，或者先付给酒店，由酒店转付给译者； （3）同时让客人在翻译登记本上进行登记	
取件签账	（1）翻译完毕，商务中心文员与客人取得联系，并开出账单，请客人签字； （2）翻译公司完成的文件传真至商务中心后，商务中心文员立即与客人取得联系，将文件交给客人，并开出账单，请客人签字； （3）将费用输入电脑终端，并登记在“翻译服务登记表”上； （4）客人离开时应表示感谢，向客人道别，欢迎客人再次光临	

表 7-7　票务服务

项目名称	操作程序	说明/标准
了解订票信息	客人委托订票时，商务中心文员应问清客人要订的票务种类和信息	
填写订票单	根据客人提供的信息填写订票单并再次与客人核对信息： （1）代订机票时，要填写航班时刻、目的地名称、票价、客人姓名、有效身份证件号码及联系方式等； （2）代订火车票及船票时，要填写班次、目的地名称、票价、客人姓名及联系方式等； （3）代订演出票时，要填写剧院名称、演出名称、开始时间、票价、客人姓名及取票联系方式等	
购票	（1）商务中心文员按客人的要求及时与民航、铁路、轮船公司或汽车公司联系订票； （2）若客人所订时间的飞机票、火车票、轮船票已售完，或没有机票有火车票，或没有客人要求的班次而有另外的班次时，要及时征询客人的意见，客人同意改订时即向有关交通部门确定； （3）送票员将票送到后，要仔细核对票面信息与订票单是否相符	
取票	（1）商务中心文员通知客人携带证件（护照、身份证、工作证）到商务中心取票； （2）客人取票时，要将客人的证件审查清楚请客人认真核对票上的日期、时间、车次及票务种类； （3）核对正确后，向客人收取票款和手续费，若客人要求挂账，则请其出示房卡并签单确认后入账； （4）若客人要求将票送到房间，则通知行李员将票送到房间面交客人并收取票款和手续费； （5）要不时检查商务中心特价机票宣传物品是否摆放在明显位置	

表7-8　会议室出租服务

项目名称	操作程序	说明/标准
问候	（1）客人打电话：先报部门，然后询问客人需求； （2）客人亲自到商务中心：与客人打招呼，并询问其需求	与客人面对面交流，要保证目光接触
确认客人姓名、房号	如客人未带房卡，在系统内确认	
正确记录客人要求	（1）记录客人的要求：会议日期、时间、参加人数、设备要求、是否要求食品等，如未在本班次开会，要进行交接； （2）如客人预订时间有冲突及时与销售部联系，建议客人使用其他会议室并向客人致歉	
确认	告知客人价格并再次确认具体细节	

表7-9　租用服务

项目名称	操作程序	说明/标准
接收要求	（1）熟记租用商务设备的收费标准； （2）如需押金，押金单一定要如实填写，写清房号、日期及时间、租用设备名称等相关信息； （3）看到房门挂着“请勿打扰”牌或是亮“请勿打扰”指示灯时，不能敲房门，应到工作间给客人打电话，经客人同意后，再进入房间； （4）进入房间后，要帮助客人连接好电源，并主动介绍如何使用	
结账	（1）开具押金单一式两份，一份存商务中心，另一份交给客人。两份内容应一致，并请客人过目； （2）如交押金提醒客人一定要保留好押金单，以便凭票退还押金，如客人丢失押金单，需请客人在另一份押金单上注明签字； （3）在交接班本上登记清楚客人的房号、租用电脑时间，如当天下班时客人未还回，需与大堂经理做好交接； （4）做好夜间与大堂经理的交接，保证客人在夜间仍能按照程序办理	
道别	真诚、礼貌地道别	

专题7.3　商务中心服务常见问题处理

7.3.1　客人不能在营业时间内提取文稿

对于笔译的文稿，当客人表示不能在营业时间内提取翻译文稿时，商务中心文员可按以下程序进行处理：

（1）首先应向客人表示歉意。

（2）建议将翻译好的文稿转交到酒店前台。若客人提出将文件转交其朋友或同事，则应问清客人的姓名、房号与所转交对象的姓名、房号及联系电话等。

（3）将翻译好的文稿装入大信封内，并在信封背面注明客人的姓名、房号或单位名称。

（4）若是将文稿移放在酒店前台，则商务中心文员应将客人信息通知前台接待员，以便于客人提取。

（5）若客人要求将文稿转交他人，及时联系行李员把客人的文稿送到客人指定的人手中，同时请代收文稿的客人签名。

（6）将客人的有关信息记录在交班本上，并做好跟进工作，以确保文稿转到客人手中。

7.3.2　发现客人要求打印的资料中有禁止传播的内容

在为客人提供打印资料服务的过程中，若发现客人的资料内容涉及酒店、国家的机密或国家文化部门明令禁止传播的内容时，商务中心文员可参照以下程序进行处理：

（1）首先应当婉言拒绝。

（2）向前台了解客人的有关信息。

（3）及时将此情况通知部门管理人员和安全部，以便做好对该客人的行踪监控。

7.3.3　客人要求折扣

为客人提供商务服务后，客人要求给予一定的折扣时，商务中心文员可按以下程序处理：

（1）正确判断客人与酒店之间的关系，从而决定优惠程度。如果该客人是酒店的常客且与酒店有协议，则需要告诉客人有关协议的具体规定；若客人为常客，但没有协议，则向前台了解客人的具体情况，依据酒店有关优惠措施的规定进行适当的优惠。

（2）若客人不属于以上情况，则要及时汇报上级后做出处理。

7.3.4　客人来复印时，复印机正在修理中及处理方法

（1）首先向客人表示歉意，并向客人说明不能复印的原因。

（2）向客人表明复印机修理所需时间。

（3）若修理时间较短，客人也表示愿意等候，则请客人在大堂休息。

（4）若修理时间较长或客人不愿意等候，则应询问客人是否急用。如是，则问清客人的具体要求并及时通知行李员外送复印；如不是，则请客人留下需要复印的资料及联系电话，待复印好后再与客人取得联系。

7.3.5　客人预订机票没有带身份证件

（1）请客人报出身份证号码。

（2）认真核对客人所报的身份证号码的位数是否符合要求。

（3）再次请客人确认号码的准确性，并向客人解释如果号码不对则无法登上飞机。

（4）若客人无法保证准确性或无法记起，则可根据客人的住店情况建议客人回房间拿取或打电话请其朋友或亲人帮助。

内 容 小 结

商务中心主要为客人提供打印、复印、传真、翻译等文秘服务及票务、邮递、会议室出租、办公设备出租等商务服务。未来酒店商务中心将从电话通信服务为主，转向复印、打印及会议服务为主；从提供商务秘书性质服务，转向提供商务设施出租服务和商务技术支持帮助服务。

【职业能力测试】

实训项目　会议室预订服务

实训目的：通过会议室预订服务的实训，学习如何将闲置的会议室出租，以满足承租方要求掌握安排租用的程序，熟悉会议室预订的工作方法和技巧。

实训要求：（1）熟悉本酒店的设施设备运作情况，与相关部门的协作。

（2）掌握一定的语言沟通技巧。

（3）熟悉会议室预订的程序和操作规范。

（4）熟悉会议室预订单的填写。

实训准备：电话、模拟服务台、会议室预订单、电脑、笔。

实训安排：（1）将学生分成若干实训小组。

（2）各组学生中选出两名分别扮演商务中心文员和客人，其他学生对表演提出意见和建议。

（3）受理客人预订会议室的要求，按程序与标准完成工作任务。

考核标准：

会议室预订服务标准

考核项目	考核内容	分值
1. 接受预订	（1）电话预订时，电话铃响三声内接听，普通话标准清晰。当面预订时，要热情、亲切地与客人交流； （2）接到会议室租用预订时，要简洁地向客人了解相关内容并做好笔录。如租用者的姓名或公司名称、酒店房间号码和联系电话、会议室租用的起止时间、参会人数及会议场景布置等； （3）根据客人会议租用要求查看是否有相符的可供租用的会议室。如有，告知客人接受其预订	10
2. 告知收费标准	（1）电话预订的客人，请客人莅临商务中心详谈租用事宜； （2）详细告诉客人租用会议室的具体收费标准和总计，免费服务项目应一起介绍，如茶水、文具、投影仪、音响、录像放映机等	20
3. 带领客人实地参观	（1）带领客人参观要租用的会议室，介绍服务设施； （2）双方就具体租用要求和安排进行沟通	10
4. 了解付款方式	了解付款人和付款方式。将所需费用记入房费的，要仔细核实客人姓名、所住房号、房卡等信息是否与电脑记录一致	10
5. 预交订金	要求租用者预付 50% 订金，如届时取消租用则当作损失费用支付，不予退还。预订从收到预订金时开始有效	20

续表

考核项目	考核内容	分值
6. 填写“会议室预订单”	及时把上述信息填写在交班记录本和会议室预订单上	10
7. 做好汇报沟通工作	（1）及时把会议室的租用情况汇报给当班主管及问讯处； （2）记下问讯处接听服务员的工号，将预订单副本交前厅部	10
8. 做好配合协调工作	（1）根据客人要求在其他部门的配合协调下安排和布置会议室，圆满完成此项租用服务工作； （2）如客人租用期间和租用后提出意见和建议，应做好书面记录，待日后不断改进工作和提高服务水平	10
总分		100

实训模拟情境：

客人王女士（W）来到××大酒店商务中心，向文员胡××（H）了解有关会议室租用的情况，计划四天后召开××会议。

（胡××呈现标准站姿，面带微笑，亲切地向客人问好。）

H：您好！请问有什么可以帮您？

W：你好。我想咨询一下你们这里的会议室租用情况。我们公司要召开××会议，想在这里举行，不知有没有合适的会议室？

H：请问什么时间租用会议室？

W：4月16日上午。

H：4月16日上午，好的。请问公司有多少人参加会议？

W：全体员工参加，除去到外地出差的，大概60人。

H：60人。您对会议室有哪些要求？

W：是一次普通的会议。需要常规的设施设备，如主席台、麦克风、投影仪、音响，需要做一条横幅。会议资料我们自己准备。

H：好的，请您稍等，让我查询一下……对不起，让您久等了。我们的3号会议室符合您的要求。3号会议室的收费标准是每小时100元，每次租用时间至少为一小时，不超过4小时，超时使用2小时以内加收半小时的租金。免费提供茶水！主席台可以按照您的要求摆放，会议所需的麦克风、投影仪、音响也是免费的。另外，如果需要我们替您做横幅也可以，横幅单独收费。

W：哦，会议具体时间是上午8：00～12：00。有什么可以代替横幅的？

H：可以通过电脑打出字幕，再用投影仪显示出来，效果也不错的。

W：可以，就用投影吧。

H：请问您公司的名称是什么？

W：××公司。

H：方便告诉我您的姓名和联系方式吗？

W：我叫王××。手机1388688****。

（胡××认真地做着记录）

H：1388688 × × × ×，好的，王女士，不知您现在有没时间去 3 号会议室看看？

W：好的。

H：王女士，您对这个会议室还满意吗？

W：还不错。

H：请问付款和联系谁呢？

W：是我。

H：好的，王女士。根据酒店规定，我们需要向您收取 50% 的订金 200 元。如果预订在 4 月 16 日前 3 天内取消，这笔订金将会当作损失费用收取，是不能退还的。

W：知道了。

H：请问您是支付现金吗？

W：是的。

（胡 × × 根据上述信息认真填写“会议室预订单”）

H：王女士，请您核对一下信息，如没什么问题请您签字。

W：好的。

H：如果您有什么变化，请及时通知我们。好吗？

W：好的。

H：请问您还有其他需要吗？

W：没有了。

H：我们将期待你们的光临。再见！

W：再见！

模块 8 行政楼层服务

【情景导入】

物有所值

一位客人在谈到下榻 JL 饭店新装修的商务楼层时，赞不绝口。他是这样说的："几个偶然的发现让我感触很深。宽敞的大床上，除两对雪白的枕头外，床单上还有两个大靠垫，使你可以斜靠在上面看电视、看报纸非常舒服；床头柜上方有一个阅读灯开关，从天花板上射出一束温和的筒灯灯光，看书非常清楚；浴室正中央有一个红外加热灯，沐浴后正好站在下面，非常暖和。总之，一切都是从客人需求出发，为客人精心设计的，真是物有所值啊！"

评析

商务楼层是四星级以上的豪华酒店大多都设有的楼层，无论从硬件上还是软件上都要是最优质的，这样客人才能感觉到物有所值。

现代高星级酒店一般都设有行政楼层，也称商务楼层，是为了接待商务客人等高消费客人，向他们提供特殊的优质服务而专门设立的楼层。该楼层提供有别于普通客房楼层的贵宾式服务，因此，被人们誉为"酒店之中的豪华酒店"。

酒店行政楼层通常隶属于前厅部。住在行政楼层的客人，不必在前台办理住宿登记手续，行政楼层拥有自己的小型总服务台，能为客人办理入住和离店手续，另有宽敞豪华的休息室可供客人会客、洽谈和娱乐。客人还可以在此享用美味的早餐和茶点、酒水。行政楼层的客房豪华舒适，并有特设的办公台。完备的委托代办服务能为客人解决商务、交通方面的问题。因此，行政楼层集酒店的前厅接待、餐饮、客房服务于一身，为商务客人提供更为温馨的环境和各种便利，让客人享受更加优质的服务。

专题 8.1 行政楼层的特色

8.1.1 服务设施布局特色

行政楼层与普通客房楼层在布局上有明显不同，它可以向客人提供更多、更细致、更具个性的专业化服务。具体体现在以下三方面。

8.1.1.1 单独设接待处

凡是预订行政楼层的客人都可以在进店后直接在行政楼层快速登记入住，以及离店时在本楼层结账退房。接待处设计制作精巧，环境氛围轻松，台前为住店客人设置有舒适座椅，采取一对一的轻松、开放、专用的服务接待方式，凸现个性化服务和尊贵感受。

8.1.1.2　单独设酒廊或咖啡厅

行政楼层专门为商务客人设计了环境优雅、独具匠心的酒廊或咖啡厅，提供冷饮、热饮、早餐、午茶，还可以会见朋友。某些酒店为吸引商务客人，还免费提供下午茶供住店客人交流、洽谈商务。

8.1.1.3　单独设商务中心和会议室

行政楼层一般设有专用商务中心及规格不等的会议室、洽谈室等，供商务客人随时召开会议，或与客户会晤及洽谈。商务中心设备先进、种类齐全，从文件打印、复印、分拣、装订、翻译到秘书等服务项目一应俱全。

8.1.2　管理及服务模式特色

行政楼层的管理为一套相对独立运转的接待服务系统，在行政管理上通常隶属于前厅部，在人员素质和服务内容上，均有不同于前台的特殊要求。

8.1.2.1　人员的专业素质和特殊素质要求

在行政楼层从事接待服务的管理人员及服务人员，在形体、形象、气质、知识、技能及外语等方面条件突出，均接受过严格、系统的专业培训。他们在熟练掌握了前台预订、接待、结算等技能的同时，还应掌握商务中心、餐饮方面的服务技能和技巧，尤其善于与宾客交流、沟通，能够圆满地处理客户关系，合作、协调性强。

8.1.2.2　个性化的私人管家服务

商务客人之所以优先选择行政楼层，设施及环境的舒适条件固然是重要因素，但最为重要的是行政楼层所提供的细致入微、个性化的私人管家服务。

(1) 行政楼层的接待人员只要见过客人一次，第二次见面时就可以称呼客人的姓名和头衔，客人由此产生被重视和被特别关照的心理满足感。

(2) 行政楼层的接待人员对每一位在此下榻的客人都要做详尽的客史档案记录，记录下客人的喜好、偏好，使客人每次下榻时都会惊喜地看到按自己的习惯和喜爱的方式布置的房间，甚至连所喜爱的某种品牌或特殊规格的物品都已放在熟悉的位置。因此，行政楼层的房价虽然大大高出普通客房的房价，但是却能吸引众多的回头客及商务客人。

8.1.3　行政楼层的需求特征

由于入住行政楼层客人的特殊性，他们对行政楼层提出了有别于一般酒店其他楼层的更高要求。因此，为满足这些客人的需要，与一般酒店客房相比，行政楼层应具备以下需求特征。

8.1.3.1　公务要求与豪华性

大部分公务客人出行的目的都是为公办事，消费水平较高，往往选择住豪华型酒店。因此，行政楼层的客房提供的日用品及室内装潢应较为高档。现代行政楼层的特征不仅是豪华，还要与电子技术和计算机设备紧密联系起来。酒店要提供商务服务和通信服务，楼层的商务中心服务功能要齐全，环境要好，服务时间要长。

8.1.3.2 需求特征与多功能性

在传统服务项目的基础上，还应开设多项特别服务，如电脑、同声传译、专家服务等。一些客人对语言信箱、信息网络、视听、电话答录及复印、传真、打印等设备都有较高的要求。

8.1.3.3 工作特征与服务的多样化

大多数公务客人或长或短要在客房内办公，这就不同于旅游者。客房设施的设置要考虑办公条件，如办公桌要大，座椅要舒适，灯光要明亮，应配备常用的文具用品等。行政楼层标准客房的写字台和床头照明应更亮一些，以便客人看书写字。在写字台上有电话和互联网接口。

入住行政楼层的客人除希望得到一般宾客“家外之家”的享受外，更希望得到多样化、个性化的服务。对入住行政楼层的客人采取针对性的、个性化的、优质的服务，是赢得客人忠诚的重要因素。

8.1.3.4 娱乐特征与休闲性

公务客人对休闲时间的兴趣广泛，因此，要关心酒店公务客人的“8 小时之外”，让他们愉快充实地度过休闲时光，多数行政楼层均在楼层上布置各种娱乐设施，如棋牌、影音设备等。但由于客人需求大相径庭，一些酒店设有专职人员进行调研，为公务客人组织有关的活动。如多数行政楼层在夜间均设置各类娱乐活动，客人可以在此免费喝各种酒水饮料，可以在此交朋友，可以看书，可以看电影、唱 KTV 等，或进行其他娱乐活动。有些酒店甚至将娱乐设施放置客房内，让客人不出客房就可以享受其所需的各项娱乐活动。

8.1.3.5 商务特征与安全性

入住行政楼层的客人尤其是商务客人都希望客房安装电子门锁，甚至要求电话、传真加装保密装置，以防止泄露商业机密。有些公务客人对行政楼层酒廊等公共区域或会议室，也会提出安全和保密的要求。因此，行政楼层应尽量选择能单独分隔开来的楼层，或采用先进科技方法来达到对楼层的保密要求。

8.1.4 主要服务项目

（1）由专人负责办理入住登记手续。

（2）自助餐台上提供丰盛的自助早餐，各种食品、饮品，任客人自选。就餐环境幽雅，接待人员态度热情，动作敏捷，服务意识极强。

（3）附设多种中外报刊，供客人选择浏览，同时播放电视节目，使客人随时了解世界各地要闻及财经动态。

（4）每天下午按时布置好茶水台，各种茶饮、茶具、软饮及点心免费供客人选用。

（5）在晚间精心安排酒会，使客人度过美好之夜。

（6）所设置的各种会议室和洽谈室及配置的复印机、传真机、电脑工作台、多功能投影仪等设备一应俱全，提供打印、翻译、装订文件、发送文稿等商务秘书服务。

（7）为商务客人出行、中转提供票务、订房、订车等代办服务，使客人足不出户便可享受快捷、方便的服务。

（8）为客人在本层或房间办理离店结账手续，并提前安排行李员或代订交通工具，使客人留下美好的印象。

8.1.5　行政楼层接待员的素质要求

为了向商务客人提供更加优质的服务，要求行政楼层员工，无论是管理人员还是服务人员，都必须具备很高的素质。

（1）气质高雅，有良好的外部形象和形体。

（2）工作耐心细致，诚实可靠，礼貌待人。

（3）知识面宽，有扎实的文化功底和专业素质，接待人员最好有大专以上学历，管理人员应有本科以上学历。

（4）熟练掌握行政楼层各项服务程序和工作标准。

（5）英语口语表达流利，英文书写能力达到高级水平。

（6）具备多年的酒店前厅、餐饮部门的服务或管理工作经验，掌握接待、账务、餐饮、商务中心等的服务技巧。

（7）有较强的合作精神和协调能力，能够与各业务部门协调配合。

（8）善于与宾客交往，掌握处理客人投诉的技巧。

专题 8.2　行政楼层的日常工作

行政楼层的日常工作流程如下：

（1）07:00 行政楼层接待员到前厅签到，到信箱拿取有关邮件，与夜班交接班。

（2）07:00～07:30，打出房间状况报表，包括当日到店客人名单、在店客人名单。在客人名单上将当日预计离店客人用彩笔标出，以便对当日离店客人做好相应服务。商务楼层当班人员按职责分工完成以下工作：

1）A 组负责接待、收银、商务中心等工作。

2）B 组负责早餐、送鲜花、水果工作。

（3）准备鲜花、水果。检查前一天夜班准备的总经理欢迎卡、行政楼层欢迎卡，根据当日到店客人名单逐一核对。鲜花、水果及两个欢迎卡要在客人到店之前送入预分好的房间内（此项工作要由专人负责）。

（4）早餐服务从 07:00～10:00。早餐后开当日例会，由主管传达酒店信息及酒店近期重要活动。

（5）为到店客人办理入住手续及呈送欢迎茶，为离店客人办理结账手续并与客人道别。

（6）检查客人是否需要熨衣、商务秘书、代订机票等服务，随时为客人提供主动的帮助，并告知哪些服务是免费的。A 组、B 组员工要根据当时的情况互相帮助，互相配合。

（7）10∶00～15∶00，客房服务员查房并将鲜花、水果、欢迎卡送入每个预计到店的客人房间。

（8）中班于13∶30报到，完成打报表（内容同早班）、检查房间卫生及维修工作。15∶30与早班交接班。B组服务员负责提供下午茶和酒水。中班还要做第二天的准备工作，如打印第二天的欢迎卡、申领水果和酒水等。

（9）夜班时，前厅、客房将代理行政楼层服务工作。

【案例赏析】

生日礼物

国际大厦第14层行政楼层的服务员正在值台，只见长住1410房的贝尔太太拿着一包东西走到服务台，对服务员说："巧克力，14块儿，送给你们的！"这是怎么回事？原来5月23日是贝尔太太的生日，细心的楼层服务员早为她准备好了生日礼物。他们自己动手缝制了一个心形香袋，签上14名班组成员的名字送给了贝尔太太。贝尔太太接过心形香袋，既惊喜又激动："我真幸福，我已经几年没过生日了，没想到你们还记得，这是送给我最好的生日礼物！"为了表达她对服务员的谢意，就出现了案例开头感人的一幕。饱含服务员感情的礼物，对于这位长年住在异国他乡的贝尔太太是多么温馨啊！

专题8.3　行政楼层服务程序

酒店设立的一层或数层行政楼层，主要用于接待商务客人、VIP及用于给常客房间升级等。行政楼层的客房设施和消耗品的规格都高于普通客房，其套房和高级套房的比例较高，房价一般高于普通楼层同等客房三分之一左右。

8.3.1　行政楼层客人入住接待程序

（1）预订处收到客人行政楼层的订房申请后，应在订房表打上"商务客人"或"行政楼层"的图章或字，订房资料应复印一份，原定房档案在客人抵店前一天转接待处，复印件交行政楼层接待处。

（2）如果客人到接待处开房，接待员应立即通知行政楼层接待处，向客人说明他将享受商务客人的待遇，然后由行李员引领客人去行政楼层接待处。

（3）行政楼层接待处接到订房单后，应查看是否有客人的客史档案。如有，应提前帮客人打印好入住登记表（据客史），只留签名处空白。当前厅接待处电话通知行政楼层接待处客人已到达时，应找出订房资料和打印好（或事先填写）的入住登记表。

（4）接待员应站在楼梯口准备迎接。当客人走出电梯或到达楼梯口时，接待员应主动为客人按住电梯按钮（客人乘电梯时），同时面带微笑，做自我介绍，热情地向客人致欢迎词。

（5）接待员引领客人进入休息室，请客人入座，并呈送欢迎茶。

（6）在行政楼层接待处内，接待员应请客人出示证件并办理客人的入住登记手续。

1）应确认入住客人的客房类型、入住天数、房租和结账方式等内容；

2）如果酒店有规定，则应礼貌地请客人预付押金或出示信用卡；

3）如果有客人的留言、信件或传真，应及时转给客人，然后询问客人是否还有其他要求，最后预祝客人住店愉快。

（7）接待员应手持钥匙（通常是磁卡钥匙）走在客人右前方两步远处引领客人进房，并不时回头，使行进速度与客人保持一致。

（8）按散客行李服务程序中的方法敲门并开门，碰到特殊情况的处理方法与散客行李服务程序中的特殊情况处理方法相同。

（9）进房后，应先开灯，后拉开窗帘，向客人介绍外景和房内服务设施及使用方法（常客不必介绍）。如客人显示出疲倦，介绍就应该简短。

（10）介绍完毕，问客人有无其他要求，并告知对方自己的姓名和联系电话并预祝客人住店愉快，然后尽快离开客房。离开时，面对客人退出房间，轻轻把门关上，切不可在房内故意拖延而等待小费。

（11）有些酒店的行政楼层还设有专门的晚间问候服务，内容包括：

1）对次日离店的客人，首先应向对方问好，然后征求他对酒店服务和设施有何印象、意见或建议；

2）与客人确认离店时间、离店的交通工具和班次，收款处准备账单的时间；

3）对每位入住行政楼层的客人道“晚安”及“再见”，晚间问候服务一般应在20：00～22：00时进行，以免打扰客人休息。

8.3.2　鲜花、水果服务程序

（1）依据确认的抵店客人名单准备好总经理欢迎卡、行政楼层欢迎卡。

（2）将需要补充鲜花、水果的房间在住店客人名单上做好标记。

（3）将鲜花、水果、刀叉和餐巾备好，装上手推车送入客房，并按规定位置摆放好。

（4）做好记录，根据次日预抵店名单填写申请单，以备用。

提示：鲜花、水果一定要保证质量，根据客人的口味、喜好补充，补充时，要将不新鲜的花和水果撤出，更换用过的刀叉。

8.3.3　欢迎茶服务程序

客人登记入住时，接待员为客人提供欢迎茶。

（1）事先准备茶壶、带垫碟的茶杯、一盘干果或巧克力糖果饼干和两块热毛巾。

（2）称呼客人的姓名，表示问候并介绍自己；同时，将热毛巾和茶水送到客人面前。

（3）如果客人是回头客，应欢迎客人再次光临。

8.3.4　早餐服务程序

行政楼层服务人员应配合餐饮部专职人员，在开餐前10分钟做好全部准备工作，包括将自助餐台摆好、将食品从厨房运至餐厅、将餐桌按标准摆放、更换报纸杂志、调好电视频道、在每张餐桌上放好接待员名片等。

（1）称呼客人姓名并礼貌地招呼客人，引领客人至餐桌前，为客人拉椅子、让座，将口布打开递给客人；礼貌地询问客人是喝茶还是咖啡。

（2）礼貌地询问客人在结账处结账还是将账单送至收银台。

（3）客人用完餐离开时，应称呼客人姓名并礼貌地告别。

（4）统计早餐用餐人数，做好收尾工作，配合客房部服务员做好场地清理工作。

提示：可根据计算机提供的住店客人名单确认用餐客人姓名；餐具在客人用过后1分钟撤换，始终保持自助餐台整洁。

8.3.5 下午茶服务程序

（1）提前10分钟按要求准备好下午茶台，包括饮料和小点心等。

（2）微笑、主动地招呼客人，引领客人至餐台前，为客人拉椅子、让座，并询问房号，请客人随意饮用。

（3）注意观察，客人杯中饮料不足1/3时，要及时询问、续添，将用过的杯盘及时撤走。

（4）在17：00下午茶结束5分钟前，通知客人免费服务即将结束。

（5）客人离开时应向其表示感谢，并与客人道别。

（6）填写记录表，如客人消费超过了免费时间，则将费用记在客人账户上，账单由客人签字后记入客人账户。

提示：行政楼层免费下午茶服务时间为每天16：00～17：00。

8.3.6 退房结账服务程序

（1）提前一天确认客人结账日期和时间。

（2）询问客人结账相关事宜，如在何地结账、用何种付款方式、行李数量、是否代订交通工具，并及时检查酒水。

（3）将装有客人账单明细的信封交给客人，请客人在账单上签字，将第一联呈交客人。询问客人结账方式。

（4）通知行李员取行李，代订出租车。

（5）询问是否需要做返回预订。

（6）感谢客人入住并与之告别。

【服务技能】

服务工作见表8-1～表8-3。

表8-1 行政楼层客人接待服务

项目名称	操 作 程 序	说明/标准
迎宾	（1）当客人抵达前台开房时，接待员应通知行政楼层接待处，并向客人说明其待遇，由专人陪同客人去行政楼层； （2）接待员在梯口迎宾。当客人走出电梯或楼梯口时，应微笑迎宾并致欢迎辞。引领客人至行政楼层接待台前坐下（或直接引领客人至休息室）送上欢迎茶	

续表 8-1

项目名称	操作程序	说明/标准
办理入住手续	（1）确认客人的客房类型、入住天数、付款方式、房租等，替客人填写入住登记卡，请客人签名认可，注意检查客人身份证件； （2）按照酒店规定请客人预付押金或出示信用卡刷卡	
行政楼层设施，引客入房	（1）主动介绍行政楼层设施与服务； （2）引领客人进房，介绍房内设施及使用方法（常客或客人疲倦时应简短介绍）并祝客人居住愉快； （3）通知前厅礼宾部行李员，将客人行李于10分钟内送至客人房间； （4）在早餐、下午茶、鸡尾酒服务时间，接待员应主动邀请新入住的客人参加	介绍服务内容包括：早餐时间、下午茶时间、鸡尾酒时间、图书报刊赠阅、会议服务、免费熨衣服务、委托代办服务、擦鞋服务等

表 8-2　入住登记服务

项目名称	操作程序	说明/标准
找出登记卡	接到客人抵店信息后，迅速找出其订房资料及登记卡	
准备欢迎茶	通知所在楼层准备欢迎茶，并引导客人到休息室，询问客人喜爱什么饮料，送上饮品	
代客人填写信息	请客人出示有效证件，并代客人填写	
确认相关信息	确认客人的入住天数、房间种类及房价	
请客人签名	请客人在登记卡上签名	
确认付款方式	询问客人的付款方式，刷信用卡或收保证金	
发放房卡	发放房卡，并介绍行政楼层的优惠服务	
引导入房间	引导客人进入房间	
在系统中输入信息	在登记卡上打上时间，输入计算机系统，通知行李处入住客人的房号，做好客人的资料信息档案	

表 8-3　行政楼层早餐服务接待

项目名称	操作程序	说明/标准
迎宾	当客人莅临餐厅时，应立即上前接待客人，面带笑容，礼貌地与客人打招呼。当弄清客人人数后，服务员即做一个请的手势，并在客人左前方距离50厘米左右引导客人入座	
拉椅	帮客人拉椅，并为客人铺好餐巾，把同一张台上多出来的餐具收走	
询问客人需求	询问客人是否需要咖啡和茶，向客人介绍用餐形式	要求从客人右边服务
收餐具	（1）在客人用餐过程中，要勤巡台，检查是否需要换烟灰缸； （2）收客人吃完后的空餐碟（杯）时，则要做一个手势，征询客人是否可以撤下空餐碟（杯）。然后从客人的右边把此碟（杯）收走； （3）在收餐碟过程中，要询问客人对早餐的质量和服务意见	要求烟灰缸不能超过两个烟头或有杂物

续表 8-3

项目名称	操作程序	说明/标准
补充食物、饮品	为客人添咖啡或茶，如客人认为咖啡太浓，则用一个茶壶装上开水，然后倒进客人的咖啡里，并征询客人的意见，看看是否适合客人的口味； 添加、补充自助餐台上的食物、饮料和餐具	注意保持自助餐台和餐厅地面的清洁
送客	当客人用餐完毕，准备离座之际，服务员应主动上前拉椅，还要检查客人是否遗留有物品，如有，应及时送还客人，并对客人的光临表示感谢	
清理餐台	迅速把餐桌、餐椅清理干净	

内容小结

本模块通过对前厅部的行政楼层各项服务工作程序的详细学习，加深了对其相关管理工作内容和要求的认知与了解，了解行政楼层的内涵和服务要求，行政楼层员工需要更高的服务素养，更好地照顾客人与细心服务，从而培养良好的服务及管理意识。

【职业能力测试】

实训项目　行政楼层客人入住服务

实训目的：通过行政楼层客人入住服务的实训，使服务人员掌握行政楼层入住的相关知识和技能。

实训要求：（1）仪容、仪表、仪态符合职业要求。

（2）熟练掌握行政楼层入住接待的基本知识。

（3）服务用语礼貌，语音适中，发音清楚，说话流利。

（4）应变协调能力强。

实训准备：（1）行政楼层接待台。

（2）有效证件（身份证）、适量现金、验钞器、登记单、押金单、欢迎卡、房间钥匙、笔。

（3）装有酒店管理软件的电脑、打印机一套。

实训安排：（1）示范讲解。

（2）学生分成两人一组，交互练习。

（3）教师点评并考核。

考核标准：

行政楼层客人入住服务标准

考核项目	考核内容	分值
1. 迎接客人，作自我介绍	（1）问候语：早上好，中午好，晚上好； （2）自报家门：××酒店行政楼层接待部	10
2. 请客人坐下	礼貌，微笑，单手示意	5

续表

考 核 项 目	考 核 内 容	分 值
3. 填写登记卡，请客人签名确认	注意检查客人的护照、付款方式、离店日期和时间	15
4. 呈送欢迎茶	整个过程不超过 5 分钟	10
5. 引领客人入客房	走在客人左（或右）前方一步	10
6. 敲门	轻轻敲三下	10
7. 进房	示意如何使用钥匙卡	10
8. 介绍房内设施及服务	简单、明了	10
9. 询问还有无其他吩咐	礼貌、微笑	10
10. 道别、离开	轻轻地关门	10
总 分		100

实训模拟情境：

当客人（G）走出电梯后，服务员（R）将微笑地迎接客人。

R：早上好，欢迎光临航海酒店行政楼层。我是接待员小王，很高兴为您服务。

G：你好！

R：请在这里坐下稍做休息，我马上为您办理手续。

G：好的。

R：请出示一下您的证件，我帮您填写一下入住登记卡。

G：好的，给你。

R：您看一下，如果无误，请在上面签个字。

G：好的。

R：现在我带您去您的房间，好吗？请跟我来。

G：好的。

R：这就是您的房间了，您看还满意吗？

G：嗯，挺好的。

R：这里是毛毯，如果您夜晚觉得冷的话，可以到这里来取毛毯。这里床头柜上的按钮从左到右依次是地灯、壁灯、床头灯和留言灯。当您看到留言灯闪烁的时候可以打电话到前台或总机来获取您的留言。你看还有什么别的吩咐吗？

G：没有了，谢谢你了。

R：不客气的。那就祝您住店愉快，有事情随时打电话到前台。再见！

G：再见！

模块 9　宾客关系管理

【情景导入】

为什么你不在乎我?

20：00 某酒店前台工作一片繁忙，接待员有的在办理客人入住手续，有的在电话联系其他部门，有的在回答客人查询，突然，“啪”的一声，柜台旁一位客人不满地拍了桌子，吼道：“这是什么星级酒店，我等这么久都没人理我，找你们经理出来，我要投诉!”大堂经理及时赶到，经过再三解释和道歉，并送果篮安抚客人，事件最终才得以平息。

评析

希望受人重视是人的一种天性。有的客人通过抱怨来引起前台对他的注意和重视，或者要酒店相关负责人或经理出面，才感觉自己受到了重视。因此，在实际工作中，应以宾客的眼光来审视服务，这样才能使服务工作做到位。

前厅部作为联系酒店与宾客的桥梁和纽带，在宾客关系管理中起着非常重要的作用。我们要树立“宾客至上”的服务意识，要对客人有正确的认识，了解顾客对酒店服务的需求，正确认识顾客价值，掌握客人的心理与沟通的技巧，和客人建立良好的宾客关系。

专题 9.1　建立良好的宾客关系

9.1.1　宾客关系管理的重要性

酒店服务的最终目的是要和客人建立良好的宾客关系。所谓宾客关系管理，是指通过对客人行为有意识地、长期地施加某种影响，以强化酒店与客人之间的合作关系。宾客关系管理旨在通过培养客人对酒店产品或服务的偏爱或偏好来留住他们，并以此作为提升酒店营销业绩的策略与手段。宾客关系管理的目的已经从传统的以一定的成本争取新客源转向想方设法地留住老顾客，从获取市场份额转向获取顾客份额，从追求短期利润转向追求顾客的终身价值。

9.1.2　正确认识客人

就与客人之间的关系而言，正确认识客人是做好服务工作的基本保证。了解“客人是什么”和“客人不是什么”。

9.1.2.1　客人是人

A　客人是最要面子的人

常见客人到酒店的前台或餐厅，说的第一句话就是：“叫你们老总（经理）来。”来干什么？来给客人个面子！给了客人面子，其他事情（如价格、结账）都好办。在我们服务中常说的一句话是：“把面子给客人。”这是为迎合客人“求尊重”的心理。

B　客人是具有优越感的人

在酒店里，我们所做的一切都是为了客人。客人的要求，只要不是无理的，我们都要满足，这体现了一个态度问题。

C　客人是具有情绪化的自由人

客人在特殊状态下，如生气、悲伤、愤怒等，往往对服务人员态度恶劣，行为失当，但是在客人的行为不超越法律的范畴内，服务人员要学会宽容客人，设身处地地为客人着想，用换位思考的方式来处理这些问题，这样才能使服务工作做到位。

D　客人是追求享受的人

酒店应该在一定范围内满足客人的精神和物质享受，并不断开发新产品新服务来满足他们。比如：在床的枕头上增添靠垫，使客人躺在床上能舒服地看电视；延长就餐时间，以满足客人的送餐服务；为使客人在廊道里方便找服务员，在廊道的电梯旁安装服务电话；除了客房里备有多种小食品和扑克牌外，服务中心还可按客人要求，随时提供水果、巧克力；专门设立保健按摩服务等。

E　客人是绅士和淑女

谈及是否遇到过特别粗鲁的客人时，丽思卡尔顿酒店的一位经理曾对酒店的培训生讲道：“如果你善待他们，他们自然也会善待你。切记，你们要以绅士和淑女的态度为绅士和淑女们提供优质服务。”这位经理完美地诠释了酒店员工与客人的关系。

9.1.2.2　客人是服务的对象

酒店业是出售服务的行业，酒店的客人是花钱买服务的消费者。作为服务人员，要扮演好服务提供者的角色，必须时常提醒自己：服务人员是服务的提供者，客人是服务的接受者，是服务的对象。尤其要注意以下几点。

A　客人不是品头论足的对象

客人中有各种各样的人，任何时候，都不要对客人的行为、嗜好、生理特征等妄加评论，这是极不礼貌的行为。

B　客人不是比高低、争输赢的对象

服务员在客人面前不要争强好胜，不要为一些小事与客人比高低、争输赢。例如，有的服务员一听到客人说了一句“外行话”，就迫不及待地去纠正，与客人争起来。这是很不明智的，因为即使你赢了，但得罪了客人，使客人对你和你的酒店不满意，实际上是酒店输了。

C　客人不是说理的对象

在与客人的交往中，服务员应该做的只有一件事情，那就是为客人服务，而不应该去对客人说理。在服务中有两种情况，容易使服务员忍不住要去对顾客说理。一种情况是在客人抱怨时，服务员认为那不是自己的责任，甚至不是酒店的责任，因此，急于为自己或酒店辩解。其实，在这种情况下，辩解是完全没有用的。

另一种情况是服务员向客人提出建议，客人不听，而服务员认为“我这都是为你好”。其实，你可以向客人提出建议，但客人是否采纳这个建议，那完全是客人的事，客人也没有必要向你解释，你应该尊重客人的选择。

D　客人不是教育和改造的对象

在酒店各种各样的客人中，思想境界低、虚荣心强、举止不文雅的人大有人在。但服务人员的职责是为客人服务，而不是“教育”或“改造”客人。如对那些言行不太文明的客人，也要用“为客人提供服务”的特殊方式进行教育。

如果客人说的话并不是没有一点道理，只是说话的方式不够礼貌，那么服务人员可以采用一种更礼貌的方式，去复述客人的意思。这样既能避免冲突，又能对客人起到一种示范作用。

9.1.3　了解客人心理需求

9.1.3.1　要充分理解、尊重和满足客人作为人的需求

服务人员必须认识到，顾客既然是人，就一定要有他自身的需求。因此，把客人当作酒店的“财神”是有道理的。但是一定要清楚：客人光临酒店，不是为了当“财神”，只是为了满足他们自身的需要。如果我们无视客人的需要，不能使他们得到应有的满足，而只是想从他们那里挣到更多的钱，这只能让客人反感。

9.1.3.2　要现实地对待顾客的弱点

顾客既然是人，就不可能完美无缺，也会表现出人性的种种弱点。因此，我们对顾客不能苛求，而要对他们抱有一种宽容、谅解的态度。对于服务员来说，有这样的心理准备对做好服务工作、处理好宾客关系是非常重要的。

9.1.4　掌握与客人的沟通技巧

9.1.4.1　重视沟通语言的使用

沟通缺失或沟通不当，是影响酒店前台及其他服务部门服务质量的重要因素。主动、规范的沟通语言，是提高酒店前台接待质量及酒店服务质量的重要途径。

9.1.4.2　重视对客人的心理服务

酒店为客人提供“双重服务”，即功能服务和心理服务。功能服务满足消费者的实际需要，而心理服务就是除了满足消费者的实际需要以外，还要能使消费者得到一种经历。客人在酒店的经历，其中一个重要的组成部分就是他们在这里所经历的人际交往，特别是他们与酒店服务人员之间的交往。这种交往，常常对客人能否产生轻松愉快的心情有重要作用。所以，作为前厅服务员，只要能让客人经历轻松愉快的人际交往，就是为客人提供了优质的心理服务。

总而言之，酒店员工如果只会对客人微笑，而不能为客人解决实际问题，当然不行，但如果只能为客人解决实际问题，而不懂得要有人情味儿，也不可能赢得客人的满意。

9.1.4.3　对客人不仅要斯文和彬彬有礼，而且要做到“谦恭”“殷勤”

斯文和彬彬有礼，只能防止和避免客人不满意，而只有“谦恭”和“殷勤”才能真

正赢得客人的满意。所谓殷勤，就是对待客人要热情周到，笑脸相迎，问寒问暖；谦恭就意味着不能去和客人比高低、争输赢。如果说酒店是一个舞台，服务员就应自觉地去让客人“唱主角”，而自己则“唱配角”。

9.1.4.4　对待客人，要善解人意

要给客人以亲切感，除了要做“感情上的富有者”以外，还必须“善解人意”，即能够通过察言观色，正确判断客人的处境和心情，并能根据客人的处境和心情，对客人做出适当的语言和行为反应。

9.1.4.5　“反”话“正”说，不对客人说“No”

将反话正说，就是要讲究语言艺术，特别是掌握说“不”的艺术，要尽可能用肯定的语气去表示否定的意思。比如，可以用“您可以到那边去吸烟”代替“您不能在这里吸烟”；用“请稍等，您的房间马上就收拾好”代替“对不起，您的房间还没有收拾好”。在必须说“No”时，也要多向客人解释，避免用生硬冰冷的“No”一口回绝客人。

9.1.4.6　否定自己，而不要否定客人

在与客人的沟通中出现障碍时，要善于首先否定自己，而不要去否定客人。比如，应该说：“如果我有什么地方没有说清楚，我可以再说一遍。”而不应该说：“如果您有什么地方没有听清楚，我可以再说一遍。”

9.1.4.7　投其所好，避其所忌

客人有什么愿意表现出来的长处，要帮他表现出来；相反，如果客人有什么不愿意让别人知道的短处，则要帮他遮盖或隐藏起来。

9.1.4.8　不能因为与客人熟，而使用过分随意的语言

做酒店工作久了，就会有许多客人成为自己的朋友。于是见面的问候不再是说“您好”，而是“哇，是你呀。”彼此之间的服务也由标准化变成朋友化了，这会导致沟通失误，甚至造成严重后果。

9.1.4.9　非语言沟通的技巧

按照表达媒介的不同，非语言沟通可以分为辅助语言、面部表情、肢体语言等几类。

A　辅助语言

辅助语言是由伴随着口头语言的有声音暗示组成的，表达方式所体现的含义与词语本身所体现的含义一样多。辅助语言包括语速、音调、音量和音质等。

（1）语速，即说话的速度。服务人员应该尽可能以正常速度跟客人说话。不能很好控制说话速度的人，只会给别人留下缺乏耐心或是缺乏风度的印象。

（2）音调，即声调的高低。音调可以决定一种声音听起来是否悦耳。一般来讲，当听到高声说话时不管其内容是否重要，人们都会感到不舒服。这是因为高声调往往使听话人感到压迫，而且听上去更像是训斥，而不似是谈话，所以服务人员应该尽量不要提高讲

话的声音。但太低的语调难以听到，用低声调说话的人似乎是不自信，所以可能被认为没有把握或是害羞。

（3）音量，即声音的响度。通常在彼此沟通时，用的多是常规声音或是低声，而很少使用洪亮的声音。如果合乎说话者的目的，且不是不分场合地在任何时候都使用，声音响亮是美妙的，柔和的声音也有同样的效果。

（4）音质，即声音的总体质量，是由所有其他声音特点构成的，包括速度、回音、节奏和发音等。音质是非常重要的，声音有吸引力的人被视为更有权力、能力和更为诚实可靠。

B 面部表情

一个人的面部表情同样可以袒露感情。服务人员在与客人沟通时，良好的面部表情有助于与客人的交流。

（1）要面带微笑，和颜悦色，给客人以亲切感；不能面孔冷漠，表情呆板，给客人以不受欢迎感。

（2）当客人向你走过来时，无论你在干什么，都应暂时停下来，主动与客人打招呼。当客人与你说话时，要聚精会神，注意倾听，不要无精打采或漫不经心，给客人以不受重视感。

（3）要坦诚待客、不卑不亢，给人以真诚感；不要诚惶诚恐、唯唯诺诺，给人以虚伪感。

（4）要沉着稳重，给人以镇定感；不要慌手慌脚，给人以毛躁感。

（5）要神色坦然，轻松、自信，给人以宽慰感；不要双眉紧锁、满面愁云，给人以负重感。

（6）不要带有厌烦、僵硬、愤怒的表情，也不要扭捏作态、做鬼脸、吐舌、眨眼，给人以不受敬重感。

C 肢体语言

肢体语言主要是指四肢语言，是人体语言的核心。通过对肢体动作的分析，可以判断对方的心理活动或心理状态。

（1）手姿。一般来说，掌语有两种，手掌向上表示坦荡、虚心、诚恳；手掌向下则表示压制、傲慢和强制。所以，服务人员在和客人说话时，一切指示动作都必须是手臂伸直，手指自然并拢，手掌向上，以肘关节为轴指向目标。和客人交谈时手势不宜过大，切忌指指点点。在给客人递东西时，应用双手恭敬地奉上，绝不可漫不经心地递过去。

（2）站姿。站立时要端正，挺胸收腹，眼睛平视，嘴微闭，面带微笑，双臂自然下垂或在体前交叉，右手放在左手上，以保持随时想为客人提供服务的状态。女子站立时脚呈V字形，双膝与脚后跟靠紧。男子站立时双脚与肩同宽，要让客人感觉到你挺、直、高，切忌东倒西歪、耸肩驼背、双手叉腰或插口袋或抱胸。

（3）坐姿。就座时姿态要端正。入座轻缓，上身要直，腰部挺起，脊柱向上。双臂放松平放。双膝并拢，坐时不要把椅子坐满（以2/3为宜）。就座时切忌坐在椅子上前俯后仰、摇腿跷脚，将腿跨在沙发扶手、桌子上或架在茶几上。

（4）走姿。行走轻而稳，注意昂首挺胸、收腹，肩要平，身要直，女子走一字步（双脚走一条线，不迈大步）要轻、巧、灵；男子行走时双脚跟走两条线，步履可稍大、稳健。男子走路时不扭腰，女子不要摆臀。切忌行走时摇头晃脑、吹口哨、吃零食、左顾右盼、与他人拉手、勾肩搭背、奔跑、跳跃。当工作需要必须超过客人时，要礼貌道歉。

D　学会倾听

倾听，是一种非常重要的沟通技能。作为服务人员，学会倾听将极大地有助于你与客人及组织成员之间保持良好的沟通效果。

（1）创造一个良好的倾听环境。倾听环境对倾听质量会造成相当大的影响。在嘈杂的地方，人们说的欲望与听的欲望都会下降。所以，当你需要与客人沟通时，记住应创造一个平等、安全，不被干扰的环境。

（2）学会察言观色。倾听是通过听觉、视觉媒介接受和理解对方思想、情感的过程，所以首先要学会听。中国老话说得好，“听话要听音”。有时同样的一句话，因不同的音量、语调、重音等，会产生不同的效果。同时，还要会看，因为有时仅仅听对方的话，你难以判断对方的真实想法。

（3）使用良好的身体语言。使用良好的身体语言有助于提高倾听效果。在倾听时，要杜绝使用封闭式的身体语言，如倾听时身体微微前倾，表示对讲话人的重视与尊重，要面带微笑、和颜悦色、集中精力，与说话者保持良好的目光接触。用你的面部表情告诉对方：你在倾听，他是一个值得你倾听的人。

（4）注意回应对方。在交谈时，如果对方面无表情、一声不吭、毫无反应，会令说话方自信心受挫，使说话的欲望下降。所以，服务人员在与人沟通时，必须注意用点头、微笑等无声语言，或用提问等有声语言回应对方，参与沟通。只有这样，沟通才能畅通，才会愉快。

专题9.2　大堂副理与宾客关系主任

9.2.1　大堂副理的主要职责与管理模式

大堂副理代表酒店总经理接待每一位在酒店遇到困难而需要帮助的客人，并在自己的职权范围内予以解决，包括回答客人问讯、解决客人的疑难问题、处理客人投诉等。因此，大堂副理是沟通酒店和客人之间的桥梁，是客人的益友，是酒店建立良好宾客关系的重要环节。

在我国，三星级以上酒店一般都设有大堂副理。大堂副理可以是主管级，也可以是部门副经理级，以体现这一职位的重要性和权威性。对大堂副理的管理模式通常有两种：一是隶属于前厅部；二是由总经理办公室直接管理，大堂副理向总经理办公室主任汇报或直接向总经理汇报。以上两种模式各有其合理性和利弊。从工作性质和工作岗位的位置来讲，大堂副理应属于前厅部；而从职责范围来讲，涉及酒店各个部门，为了便于协调管理和有效地开展工作，大堂副理应由总经理办公室直接管理。还有的酒店将大堂副理划归质监部，向质监部经理负责，直接处理出现在各部门的服务质量和客人投诉问题，以增强其权威性。各酒店应根据自身的实际情况来决定。

9.2.2　大堂副理的主要工作

（1）VIP的接待。VIP是酒店给予在政治、经济以及社会各领域有一定成就、影响和号召力的人士的荣誉，是酒店完善、标准的接待规格服务对象。VIP 是酒店优质服务体系的集中体现，也是宾客关系管理水平的重要体现。

（2）处理客人投诉。

（3）为住店客人过生日。

（4）处理紧急事件。在特殊情况时，大堂副理应及时适当地进行应对。

9.2.3 宾客关系主任

宾客关系主任是一些大型豪华酒店设立的专门用来建立和维护良好的宾客关系的岗位。宾客关系主任直接向大堂副理或值班经理负责。他要与客人建立良好的关系，协助大堂副理欢迎贵宾以及安排团体临时性的特别任务。

9.2.4 宾客关系主任岗位职责

（1）掌握酒店各项设施、功能及营业时间。

（2）协调本部门和其他部门之间的工作沟通。

（3）及时、准领地引导进店宾客，协助大堂副理解决宾客投诉。

（4）每日征询宾客对酒店的建议，修订成册。

（5）协助进店团队宾客的入住登记工作。

（6）如遇有宾客生病，应及时协助处理，及时向上级汇报，并做好事后慰问工作。

（7）及时处理宾客遗留在酒店的物品，主动帮助宾客联系查找。

（8）协助本部门各个岗位的日常工作，及时补充岗位空缺。

（9）协助上级领导对 VIP 的迎送工作和 VIP 在店期间的事务处理。

（10）负责大堂各岗位运作情况包括员工仪容仪表、劳动纪律、服务质量，以及公共区域清洁卫生、秩序，设备运转情况。

（11）认真完成上级领导交办的其他各项任务。

【服务技能】

服务工作见表 9-1 ~ 表 9-7。

表 9-1 为客人过生日服务

项目名称	操作程序	说明/标准
信息接收	（1）相关人员在电脑客史资料中查到住店客人有过生日信息； （2）尽快查清客人基本信息	查明客人的籍贯、年龄、离店日期、有无特殊要求等
客人当日离店	（1）在电脑系统备注中标明客人当天生日； （2）退房时通知相关人员，由相关人员为其送上礼物，并送客人离店	
客人当日不离店	（1）为客人准备礼物，写生日祝福卡； （2）相关人员亲自将生日祝福送到客人手中； （3）若客人不在房间就直接把礼物、贺卡放在房间某处	

表 9-2　住客生病服务

项目名称	操作程序	说明/标准
接到信息	（1）得到客人生病信息； （2）尽快查清客人基本信息	查明客人的籍贯、年龄、离店日期、有无特殊要求等
问候	（1）带给客人最温馨的问候，并根据情况建议客人到就近的医院就诊； （2）根据客人的病情，问询客人是否需要什么特殊的帮助，在权限范围内尽量为客人提供帮助，若出权限，向上级申请批准后方可回复客人	
关注客人病情	（1）相关人员随时关注生病客人，询问客人是否愿上医院就诊； （2）若客人不去医院，便问询客人是否需要叫上医生出诊，帮助客人联系有关的服务，并告知出诊费用由客人自己承担	随时关注：定时探望或电话关心

表 9-3　楼层发生火灾处理

项目名称	操作程序	说明/标准
接到通知	（1）接到电话通知后，立即赶到火警现场； （2）根据火警情况，决定是否需要报告上级	
检查指挥	（1）检查保卫部人员、客房部主管、楼层服务人员、工程部人员是否按时到场； （2）在条件允许的情况下，立即组织人员施救	（1）到场人员必须手提小型灭火器及手电筒； （2）按时到场：由酒店自行规定时间
施救	（1）楼层服务人员逐间敲开客人房门，并在房门上做记号； （2）保卫人员根据火情动用消火栓或灭火器； （3）其他人员听从大堂副理安排疏散客人至安全场地	（1）做记号：房门上用粉笔画上酒店规定的符号，表明房间内客人已被疏散； （2）所有人员不能乘坐电梯
离开现场	在警报未解除前，未经上级同意，不得私自离开现场	

表 9-4　酒店物品丢失或损坏处理

项目名称	操作程序	说明/标准
接到通知酒店物品损失或丢失	（1）立即到现场，核实记录； （2）了解赔偿价格	
调查	（1）确认是住店客人所为或有责任； （2）据损坏的轻重程度，按酒店的赔偿价格，向客人提出赔偿	
索赔	（1）礼貌地指引客人查看现场； （2）向客人展示有关记录和材料，如果客人外出，必须将现场保留至索赔结束； （3）如客人对索赔价格有异议，大堂副理可根据赔偿价格调整； （4）如客人同意赔偿，则带客人到收款处付款	
赔偿后	通知有关部门恢复	

表 9-5　客人房间卡丢失处理

项目名称	操作程序	说明/标准
接到客人通知	（1）客人告知房卡丢失； （2）立即使用终止卡终止该房卡功能	只要接到房卡丢失信息，不管是否真正丢失，为了安全立即终止房卡功能
调查	（1）客人报丢失房卡，应请客人回忆钥匙卡可能丢失的地方； （2）如在店内丢失，请相关部门协助查找	
处理	（1）给客人重新制作； （2）客人未找到房卡，请客人赔付房卡	

表 9-6　遗留物品处理

项目名称	操作程序	说明/标准
登记	（1）登记内容：地点、日期、物品名称、品牌、数量、拾物者姓名； （2）登记条和物品一起交主管	
拾到现金	（1）如发现现金，须当即报告办公室，与主管或经理一同清点； （2）将现金装信封封存并签名，再交至负责遗留物办公室	
客人查找	如客人要求查找遗留物，引导客人在遗留物中心查询	

表 9-7　客人超住处理

项目名称	操作程序	说明/标准
得到信息	楼层服务员发现后报告给当班主管，由主管通知大堂副理	没有确切证据时，只能委婉建议客人
提醒客人	（1）大堂副理与保卫部人员一同上楼到客人房间提醒客人； （2）标准间最多只能住两位客人，单间只能住一位客人	
处理方法	（1）请多余客人到前台再开房间； （2）请加床的房间可告知客人，若客人同意加床，请其到前台办理相关手续	

专题 9.3　宾客投诉问题的处理与防范

9.3.1　以积极的态度面对顾客的投诉

宾客投诉，可以使管理者发现酒店管理和服务中存在的问题和不足，以便提高管理水平和服务质量。通过投诉问题的处理，可以加强与宾客的交流和沟通，将不满意的客人转变为满意的客人，为酒店留住宾客，促进酒店的营销工作。所以，酒店从业人员，特别是酒店的管理者应该对宾客投诉持欢迎的态度。

9.3.2　宾客产生投诉的原因

宾客对酒店的投诉，其原因主要有以下几个方面：

（1）酒店服务态度服务技能、服务效率等方面没有能够满足顾客的需要。

（2）酒店设施设备出现故障而导致宾客的需求不能得到满足。

（3）酒店管理存在问题而给宾客带来不快。

（4）宾客对酒店相关政策不理解。

（5）有关异常事件的投诉。这类投诉主要包括城市供电、供水系统出现故障等，这样的投诉是酒店也难以控制的，但客人却希望酒店能帮助解决。

9.3.3　投诉的类型

9.3.3.1　理智型投诉

由于受到冷落或受到不礼貌的待遇，客人产生不满情绪，但是客人不会因此而动怒。理智型投诉是客人在比较冷静的情况下提出的投诉，一般都是较为合理的要求。

9.3.3.2　失望型投诉

客人事先预约了服务项目，由于酒店员工的粗心大意而耽误了客人，如电话预订客房、用餐等，因酒店相关部门粗心而失约，这种情况会引起客人的失望与恼火。

9.3.3.3　批评型投诉

批评型投诉的特点是客人心怀不满，但情绪相对平静，只是把这种不满告诉投诉对象，不一定要对方做出什么承诺。

9.3.3.4　发怒型投诉

受到不周到的服务时，他们常会怒声较高、手势不停，与酒店人员讲清道理、评清理由，并要酒店承认过失。

9.3.3.5　建设型投诉

建设型投诉的特点是客人一般不是在心情不佳的情况下投诉，恰恰相反，这种投诉很可能是随着对酒店的赞誉而发生的。

9.3.3.6　补偿型投诉

提出补偿型投诉的客人觉得自己的利益受到了损害，言词较为激烈，其注意力并不集中在酒店能够给予合理的解释，而是希望得到实实在在的补偿。

当然，投诉的性质不是一成不变的。不被理睬的建设型投诉可能会变成批评型投诉进而发展成为补偿型投诉，或是客人愤然离店，并至少在短期内不再回来。所以，无论是哪一种投诉，酒店都要认真对待和处理。

9.3.4　处理客人投诉的目标

（1）帮助酒店管理者发现酒店服务与管理中存在的问题与不足。

（2）为酒店方面提供了一个改善宾客关系的机会，使其能够将不满意的客人转变为满意的客人，从而有利于酒店的市场营销。

（3）有利于酒店改善服务质量，提高管理水平。

9.3.5 投诉处理的原则

受理及处理客人对酒店的投诉时，酒店应持欢迎和重视的态度，将其作为改进对客服务的一次有利机会。因此，在处理客人投诉时，应遵循下列原则。

9.3.5.1 真心诚意帮助客人

处理客人投诉，“真诚”二字非常重要。理解客人的心情，同情客人的处境，设身处地地站在客人立场上努力分辨和满足他们的真正需求，满怀诚意地帮助客人解决问题。酒店要制定合理、行之有效的有关处理投诉的规定，以便服务人员在处理投诉时有所依据。自己不能处理的事，要及时转交上级，要有一个引导交接的过程，不能使投诉中出现“空白”和“断层”。有些简单的投诉，凡本人能处理好的，就不要推诿和转移。否则，将会引起客人更大的不满。如果缺乏诚意，即便投诉得到处理，也不能赢得客人的好感。

9.3.5.2 绝不与客人争辩

接到顾客投诉，服务人员首先要能够站在客人的立场上考虑问题。同时，还要相信，没有一个客人会没事找事，他们投诉总会有他们的理由。“客人永远是对的”，这是一个非常重要的理念。有了这种理念，服务人员才会有必要的心理准备，即使客人使用过激的语言及行为，也会冷静和礼貌，不与客人争辩，态度鲜明地承认客人的投诉是正确的，使客人的心理得到满足，尽快地把客人情绪稳定下来，能显示酒店对客人的尊重和对投诉的重视，这样有助于问题的解决。

9.3.5.3 维护酒店应有的利益

前厅服务人员受理投诉时，要认真听取客人意见并表示同情，同时注意不要损害酒店的利益，不可随意推卸责任，或者当着客人的面贬低酒店其他部门或其他服务人员。应当清楚：除非客人物品因酒店的管理不善而遗失或损坏，否则，退款或减少收费等措施不是处理投诉的最佳方法。对于绝大多数的投诉，酒店应通过面对面的沟通，使客人感受到更多的体贴、关心、照顾，以利于尽快解决问题。

9.3.6 处理投诉的程序

处理客人投诉无论是对服务人员还是管理人员，都是一个挑战。要使处理客人投诉工作变得轻松，同时又使客人满意，就必须掌握处理客人投诉的程序、方法和技巧。

9.3.6.1 做好心理准备

随时做好准备接受客人投诉。对客人的投诉持欢迎态度，树立“客人总是正确的”的信念，掌握客人投诉的心理特征，即求尊重心理、求宣泄心理、求补偿心理和求公平心理。

9.3.6.2　倾听情况

态度诚恳、心平气和地认真听取客人投诉的原因，承认客人投诉的事实。在听取客人投诉过程中要做到以下几点。

A　认真倾听

仔细、认真、耐心地聆听客人的投诉内容。听取客人投诉意见时，要注视客人，不时地点头示意以示对客人的尊重及对问题的重视。投诉者把内心意见和不满倾诉出来，声音可能大，可能会大发雷霆，一定要做到诚恳耐心倾听，千万别没听完就解释，这易引起客人反感。

B　保持冷静

有的投诉是合理的，有的是误会。不管怎样，一定要沉得住气、保持冷静，切不可与客人争吵，也不要使用“没有的事”“绝不可能”等语言，语调要平缓，声音要尽量放低，速度要放慢，让客人趋于平静。

C　感同身受

对客人投诉，要理解他当时的心情、情绪，争取在感情上和心理上与客人保持一致，要不时表示出同情和理解，如“我们非常遗憾，非常抱歉地听到此事，我们理解您现在的心情”等，客人听后，气可能会消了一半。千万不可采取“大事化小，小事化了”或只道歉的处理态度。

D　感谢客人

感谢客人的批评指教。当遇到客人的批评、抱怨和投诉的时候，不仅要欢迎，而且要感谢。如“×先生感谢您，给我们提出的批评、指导意见”“您及时让我们知道了服务中的不足，非常感谢您×先生”。

9.3.6.3　记录投诉客人要点

（1）表示酒店对客人投诉的重视。

（2）同时也是酒店处理问题的原始依据。

（3）记录包括客人投诉的内容、时间、客人的姓名及投诉要点等。

（4）客人投诉的要点和细节要记录清楚。

（5）这是快速处理投诉的依据，也为以后服务工作的改进进行铺垫。

（6）要把握问题的实质和客人的真实意图。

9.3.6.4　提出解决措施，征得客人同意，立即行动

这是处理投诉最关键的一个环节。为了不使问题进一步复杂化，为了节约时间，也为了不失信于客人，表示我们的诚意，必须认真做好这一环节的工作。若有可能，可让客人选择解决问题的方案和补救措施，以示尊重。尽量缩小影响面，当客人同意所采取的改进措施时，要立即行动，绝不要拖延时间。对暂时不能解决的问题，要耐心向客人解释，取得谅解，并请客人留下地址和姓名，以便日后告知客人最终的处理结果。

9.3.6.5　追踪检查处理结果

若客人尚未离店，一定要让客人了解问题解决的进展程度，赢得客人的谅解，这样可

避免客人产生其他误会。

若客人已离开酒店，要设法同客人取得联系，采取不同方法挽回影响。如果无法与客人联系，服务员要将客人的投诉报告上级并记录在案，制定有效措施防止再发生类似问题。

9.3.6.6 及时上报，归类存档

及时上报主管领导，不要遗漏、隐瞒材料，并汇总、归类存档，作为后期培训内容，及时完善客人档案。

9.3.6.7 再次沟通

与客人进行再次沟通，询问客人对投诉的处理结果是否满意，同时感谢客人。有时候，客人反映的问题虽然解决了，但并没有解决好，或是这个问题解决了，却又引发了另一个问题。因此，要与客人再次沟通，询问客人对投诉的处理是否满意。与此同时，应再次表示感谢，感谢客人把问题反映给酒店，使酒店能够发现问题，并有机会改正错误。这样，投诉才算真正圆满地解决，我们的服务才会日趋成熟。

投诉管理的实质，就是一个将客人不满意转化为客人满意的增值过程。

【服务技能】

服务工作见表9-8～表9-10。

表9-8 投诉处理程序

项目名称	操作程序	说明/标准
接受投诉	（1）保持冷静，如有必要和可能，将投诉的客人请到妥善地点，以免影响其他客人； （2）用真诚、友好、谦和的态度耐心倾听客人的问题； （3）将客人投诉的主要内容记录在备忘录； （4）不与客人争辩或批评客人，而是让客人情绪尽快平息； （5）对客人遇到的不快表示理解，并致以歉意； （6）用和蔼的语气告诉客人，他的投诉是完全正确的，以使客人感到受尊重； （7）待客人讲完后，首先向客人道歉，说明会立即处理	倾听中不能表现出厌烦或愤怒情绪，不打断客人的陈述
处理投诉	（1）向有关人员了解事情经过及原因，不能偏听一面之词； （2）如属酒店方面工作失误，要诚恳地向客人道歉并承认错误，表示一定会改进，给客人一定的优惠予以弥补过失； （3）把将要采取的措施告诉客人并征得客人的同意，把解决问题所需要的时间告诉客人； （4）对于不易解决的投诉及时向有关经理汇报，核查事实并作处理； （5）将处理结果通知客人； （6）征求客人对投诉处理的意见； （7）再次向客人道歉	注意自己言行举止，一定不要抢着与客人讲话

续表 9-8

项目名称	操作程序	说明/标准
记录投诉	(1) 将投诉客人的姓名、房号、消费地点、单位名称、联系方式、投诉时间、投诉事由和处理结果记录在一式两份“客人投诉记录表”上； (2) 将客人的投诉分类进行整理； (3) 每日下班前转交前厅部经理审批； (4) 审批后部门留存一份，呈报总经理办公室一份； (5) 代表酒店致函给客人表示道歉，并欢迎客人再次光临酒店	将这些有过投诉的客人记录在电脑里，以便下次登记时注意

表 9-9 客人对服务不满意要求折扣处理

项目名称	操作程序	说明/标准
倾听	(1) 对客人表示歉意； (2) 认真记录客人所讲内容； (3) 与客人确认记录的内容	
调查	(1) 详细了解客人不满意原因，根据实际情况，进行综合考虑，决定折扣额度； (2) 同意给客人折扣时，应采取合理方式，尽可能减少酒店损失	
记录	对于折扣事件，应做好记录并报告上级	

表 9-10 客人物品丢失处理

项目名称	操作程序	说明/标准
表示遗憾	(1) 与安保部主管和客房部主管到房间向客人了解情况，不要轻易下结论； (2) 先向客人表示同情与理解	
引导客人回忆	(1) 引导客人回忆是否记错； (2) 引导客人回忆去过哪些地方，有没有可能遗留在某地	
调查	(1) 检查开房记录，向有关服务人员了解情况； (2) 经过客人的允许陪同客人报案； (3) 部门建立员工档案，多次涉嫌的员工应予以调查或辞退	报案：一定建议客人报案
回复	如果一时无法查出，应将查找情况与结果告诉客人，并告诉客人最后回复时间	回复时间：即使答应客人回复的时间未查到结果，也必须回复客人调查进展情况

9.3.7 投诉的预测与防范

如果客人大量投诉，就会降低和损害酒店的声誉，从而影响酒店的经营活动及经营效益。为此，酒店应在营运管理中注意易造成投诉的环节，掌握满足客人要求的方法和技巧，并采取相应的预防措施。

9.3.7.1　加强同客人的沟通

酒店应在前台、客房和餐台提供宾客意见表，收集客人书面的投诉及建议，并定期进行市场调查，新客源及丢失客源调查等。通过加强同客人的沟通可以扩大投诉的渠道，最大限度地及时掌握客人的满意程度，增强改进工作的主动性。

9.3.7.2　注意改善服务质量

可以通过加强服务人员的思想教育、业务及技能培训，增强其礼貌修养、改进其服务态度、提高其工作责任心，最终提高服务质量和工作效率。

9.3.7.3　加强设备设施的维修和保养

要建立完善的管理体制，制定具体的有关设备设施的管理、维修、保养计划。同时，还要不断提高工程维修人员的技术及技能水准，定期对设施设备进行维修和保养，保证质量，并实施定期的监督和检查。

9.3.7.4　搞好酒店的安全控制

搞好酒店的安全控制，即做好酒店内各部位消防、治安的监督、控制工作，制定严格的规章制度，采用各种控制手段，避免火灾的发生，维护好酒店的环境，从而保障住店客人的人身及财产安全。

9.3.7.5　建立客人投诉档案

可以通过大堂副理日志等形式记载投诉情况，并定期由专人整理，形成酒店全面质量管理的依据。对每一起客人投诉及其处置要进行详尽的备案，包括投诉内容、处置过程、处置结果、客人满意程度等。通过记录，吸取教训，总结经验，为以后更好地处置好客人投诉提供参考，防止此类投诉再次发生。

内 容 小 结

为了在激烈的竞争中立于不败之地，越来越多的酒店意识到宾客关系的重要性。本模块介绍了宾客关系管理的内容及方法。前厅部员工要与宾客建立良好的关系，必须掌握与客人沟通的技巧。在处理宾客的投诉时，要遵照处理投诉的流程和技巧，依据客人的个性化需求，化解客人的不满情绪，与从而提高酒店的服务质量。

【职业能力测试】

实训项目　客人投诉处理

实训目的：通过客人投诉处理的实训，学习如何正确处理客人投诉，掌握处理投诉的技巧和方法。

实训要求：（1）掌握一定的语言技巧。

（2）掌握投诉的处理原则、程序和方法。

实训准备：桌椅、电话、记录本等用品。

实训安排：（1）将学生分成实训小组。

（2）各组学生分别扮演大堂副理、员工和客人，模拟客人投诉和处理投诉的过程。

（3）做好客人投诉资料的整理和归档。

考核标准：

客人投诉处理考核标准

考核项目	考核内容	分值
1. 问候客人	（1）面带微笑，使用敬语问候客人：早上好，中午好，晚上好，请问有什么需要帮助的吗？ （2）语调诚恳热情，普通话标准清晰	10
2. 耐心倾听	找个安静的环境请客人坐下来，给客人倒茶，认真倾听客人投诉的内容，设法让客人“降温”	20
3. 表示理解、同情和歉意	在听取客人投诉的同时，要对客人的遭遇表示同情，并不失时机地表示歉意	10
4. 做好记录	在投诉记录本上做好客人的详细投诉记录	10
5. 迅速着手调查	注意自身权限，必要时向上级汇报情况，请示处理方式，做出处理意见	10
6. 把将要采取的措施和问题的解决方法告诉客人	把调查情况与客人沟通，向客人做必要的解释，争取客人同意我方的处理意见和措施	10
7. 及时处理	按照客人同意的处理方式来采取措施进行及时的处理	20
8. 将客人的投诉内容通知相关部门建立客史档案	把事情经过整理成文字材料报给相关部门，追踪投诉的反馈意见，完整记录	10
总　分		100

实训模拟情境：

客人（G）怒气冲冲地来到大堂副理（R）处投诉。

R：先生，您好！请问有什么需要帮助的吗？

G：我要投诉！

R：先生，您请坐，请问发生了什么事情呢？（一边送上茶水，一边拿出投诉记录本准备记录。）

G：我和我妻子昨晚整晚都没睡好，被你们运送行李的电梯发出的嘈杂声吵醒了好多次！本来出来度假想好好放松一下的，结果觉都没睡好！我妻子现在觉得难以忍受，责怪我选错了酒店，一大早就和我吵了一架，她说要么马上退房去别家酒店，要么就马上换房间！

R：实在是很抱歉哦，我们很理解您现在的心情，先生，您贵姓呢？请问您住的是哪间房？

G：我姓张，住409房。

R：张先生，真的不好意思，409房间靠近货梯，有嘈杂声干扰到您和您太太，加上昨晚我们凌晨还接待了一个大型团队，所以晚上运送行李一直没有停过，对此我们感到非常抱歉，如果您不介意的话，今晚我们给您调换一个安静的房间，但是要等到下午 18：00 点才有客人退房，您可以耐心等一个白天吗？您太太那边，您可否和她商量一下，我们送她一束鲜花或者一张我们酒店美容中心的七折卡来请求她的谅解可以吗？

G：（打电话给妻子）那……尽早调换一个安静的房间给我们吧，希望今晚能睡个好觉。

R：张先生，请问您还有什么其他问题和要求吗？

G：我们现在的房间里冷气的效果不好。

R：张先生，我们马上派工程部人员去您房间检修空调可以吗？

G：行吧。

R：谢谢您，张先生，谢谢您的投诉和您的宝贵意见！

G：不客气。

R：如果您还有什么问题，您可以再打电话或者直接来这里告诉我们，再见！

大堂副理将客人的基本信息和客人的要求反馈到酒店信息中心，建立该客人投诉的客史档案。

模块10　收 银 服 务

【情景导入】

您能带我核对一下吗?

某日，一位在酒店长住的客人到前台支付费用。当他看到打印好的账单上面的总金额时，火冒三丈地说：“你们真是乱收费，我不可能有这么高的消费!”收银员面带微笑地回答客人说：“对不起，您能让我再核对一下原始单据吗?”客人当然不表示异议，于是和收银员一起对账单进行核对。在此期间，那位收银员顺势对几笔大的金额作了口头提示以唤起客人的回忆。等账目全部核对完毕，收银员有礼貌地说：“谢谢，您帮助我核对了账单，耽误了您的时间，费神了!”客人听罢连声说：“麻烦你了，真不好意思!”

评析

前台收银对客人来说是一个非常敏感的地方，也最容易引起客人发火。在通常情况下，长住客人在酒店内用餐后都喜欢用签单的方式结账，简单易行而且方便。但是由于客人在用餐时往往会忽视所点菜肴和酒水价格，所以等客人事后到前台结账时，看到账单上汇总的消费总金额往往会大吃一惊，觉得自己并没有消费那么多，于是就觉得餐厅所报的账目有差错，便把火气发泄到收银员身上。而收银员在处理矛盾时，先向客人道歉，然后仔细帮客人再核对一次账目，圆满解决问题。

前厅收银处，也称前台收款处或结账处，位于大厅显眼处，且与接待处和问讯处相邻。其主要工作任务为开立住客账户、负责业务分析并累计客账、受理宾客离店退房结账业务、处理住客信贷和夜间审计、提供外币兑换服务业务和贵重物品的寄存与保管业务。

收银工作是一项十分细致而又复杂的工作，时间性和业务性都很强，其工作的好坏直接关系到能否保证酒店的经济效益，反映了酒店经营业务活动的状况，也反映了酒店的服务水平和经营管理效率。因此，要做到账户准确、转账迅速、记账准确、结账准确。

专题10.1　收银的业务范围与特点

10.1.1　前台收银业务范围

（1）办理住店客人的一切收款业务和离店手续。

（2）与酒店各营业销售点密切联系，催收、核实账单。

（3）兑换外币、旅行支票。

（4）管理客人的贵重物品。

（5）审核酒店当日营业收入，编制营业日报表。

10.1.2 前台收银的特点

前台收银业务是一项十分细致复杂的工作。为了方便客人，现代酒店一般采用一次性结账方式。所谓一次性结账就是宾客在酒店花费的全部费用在离店时一次性结清。这样，酒店每天的赊欠账单很多，这些账单最终从客房、餐厅、洗衣房、电话总机房、商务中心等处转到前台收银处。而住店客人会随时离店结账，为能迅速准确地给离店客人结账，避免跑账、漏账的发生，要求酒店对客服务的各个部门必须密切配合，将客人的各种消费账单及时传递到前台收银处，迅速入账。因此，前台收银工作具有较强的协助性和时效性。

专题 10.2 客 账 管 理

10.2.1 建账

在客人办理完入住登记手续后，前台接待员应根据住宿登记表和预订单的有关内容，按客人类型制作相应的账单，并连同登记表（账务联）立即送交收银处。前台收银处接到接待员开具的客人账单后，按照账单类型予以核收并建账。通常，酒店为散客开立个人账户，账单见表 10-1，团体宾客开立团体账户，账单见表 10-2。若团体中个别宾客不愿受综合服务费标准的限制而另有其他消费，则应另立个人账户。账户应分类归档，以保证取用方便。它既是宾客离店时结算的依据，又是编制各类营业报表的数据来源之一。

表 10-1 客人分户账单

<table>
<tr><td>房号
ROOM NO.</td><td colspan="2"></td><td colspan="2">姓名
NAME</td><td colspan="5"></td><td rowspan="2">备注
REMARKS</td><td rowspan="2">地址：
ADD.
电话：
TEL .
传真：
FAX.</td></tr>
<tr><td>房租
ROOM
RATE</td><td colspan="2"></td><td colspan="2">抵店日期
DATE OF ARR.</td><td></td><td colspan="2">离店日期
DATE OF DEPT.</td><td colspan="2"></td></tr>
<tr><td rowspan="2">日期
DATE</td><td colspan="9">借　　方</td><td rowspan="2">贷方
CREDIT</td><td rowspan="2">余额
BALANCE
DUE</td></tr>
<tr><td>房租
ROOM
RATE</td><td>服务费
RSC</td><td>餐饮
F&B</td><td>洗衣
LAUNDRY</td><td>电话
TEL .</td><td>传真
FAX.</td><td>汽车
TAXI</td><td>其他
MISC.</td><td>小计
TOTAL</td></tr>
<tr><td></td><td></td><td></td><td></td><td></td><td></td><td></td><td></td><td></td><td></td><td></td><td></td></tr>
<tr><td></td><td></td><td></td><td></td><td></td><td></td><td></td><td></td><td></td><td></td><td></td><td></td></tr>
<tr><td></td><td></td><td></td><td></td><td></td><td></td><td></td><td></td><td></td><td></td><td></td><td></td></tr>
<tr><td></td><td></td><td></td><td></td><td></td><td></td><td></td><td></td><td></td><td></td><td></td><td></td></tr>
<tr><td></td><td></td><td></td><td></td><td></td><td></td><td></td><td></td><td></td><td></td><td></td><td></td></tr>
<tr><td colspan="2">住客签名
GUEST
SIGNATURE</td><td colspan="2"></td><td colspan="2">地址
ADDRESS</td><td colspan="2"></td><td colspan="2" rowspan="2">钥匙请交
服务台
HAVE YOU
RETURNED
YOUR KEY</td><td colspan="2" rowspan="2">最终余额
LAST BAL. ABCE IS
AMOUNT DUE</td></tr>
<tr><td colspan="2">付款单位
CHARGE TO</td><td colspan="6"></td></tr>
</table>

表 10-2 团队客人账单

团队名称：______			编号：______
进店日期：______	离店日期：______	离店时间：______	预缴款额：______
二次进店：______	二次离店：______	团队类别：______	付款方式：______
状态：______			备注：______
接待单位：______	联系人：______		内宾人数：______
标准间：______ 二人间：______	双套间：______ 豪一：______	豪二：______ 豪三：______	外宾人数：______
CTRL-E 团队账单：______	CTRL-V 团队记账：______	CTRL-A 修改日期：______	
CTRL-E 团队客人：______	CTRL-W 团队结账：______	CTRL-T 二次来记账：______	

10.2.1.1 散客

（1）签收客人账单。

（2）检查账单各项内容是否填写齐全、正确。

（3）核准付款方式。

（4）对照信用卡公司或银行机构所发“黑名单”进行核实。

（5）检查有关附件如住宿登记表、房租折扣审批单、预付款收据等是否齐全。

（6）将客人账单连同附件放入标有相应房号的分户账夹内，存入住店客人账单架中。

10.2.1.2 团队

（1）签收团队总账单。

（2）检查总账单中团队名称、团号、人数、用房总数、房价、付款方式、付款范围等项目是否填写齐全、正确。

（3）查看是否有换房、加房或减房、加床等变更通知单。

（4）建立团队客人自付款项的分账单，注意避免重复记账或漏记账单

（5）将团队总账单按编号顺序放入相应的团队账夹内，存入住店团队账单架中。

10.2.2 记账

（1）分门别类地将客人按房号设立的分户账单准确记录各项费用。

（2）客人支付的预订金、预付款、转记其他客人分户账及应收账款，应按类别准确记入该客人的分户账。

（3）核收店内各营业点传递来的各种账单（凭证），并逐渐核准项目、单位名称、金额、日期、客人姓名、房号、客人签名及经手人签名等。

（4）将核准的账单（凭证）内容分别记入分户账单或总账单内。

10.2.3 夜间审核

夜间审核又称夜审，是在一个营业日结束后，对所有发生的交易进行审核、调整、对

账、计算并过入房租和统计汇总，同时编制夜核报表、备份数据、结转营业日期的过程。夜审员，主要由收银处夜间工作人员担任。夜间审计工作有如下要求。

10.2.3.1　做好准备

（1）夜审员必须在晚上 11 点之前到达前台办公室。

（2）检查收银台上有无各部门（主要指无电脑、未联机的部门）送来的尚未输入电脑的单据，如果有，就将其输入电脑，并按照房间号码进行归档。

（3）检查前台收银员的收银报表和账单是否全部交来。

（4）检查前台收银员交来的每一张账单，看房租和住客在酒店内的消费是否全部计入，转账和挂账是否符合制度等。

10.2.3.2　预审对账

（1）将各类账单的金额与收银员收银报告中的有关项目进行核对。

（2）打印整理出一份当天客房租用明细表，内容包括房号、账号、客人姓名、房租、入店日期、离店日期、结算方式等。

（3）核对客房租用明细表的内容与前台结账处各个房间账卡内的登记表、账单是否存在差错，如发现不符，应立即找出原因及时更正，并做好记录。

（4）确定并调整房态。

10.2.3.3　检查单表

（1）检查退账通知单上的内容，确定其是否符合退账条件。

（2）检查审核账务更正表。

（3）经过上述工作，确认无误后，便指示电脑将新的一天房租自动计入各住客的客人分户账（或人工计入）；编制一份房租过账表，并检查各个出租客房过入的房租及其服务费的数额是否正确。

10.2.3.4　试算打印

（1）对当天所有账目进行试算，确定是否平衡。为了确保电脑的数据资料准确无误，有必要在当天收益全部输入电脑后和当天收益最后结账前，对电脑里的原数据资料进行一次全面的查验，这种查验称为试算。这种试算分三步进行：第一步，指令电脑编印当天客房收益的试算表，内容包括借方、贷方和余额三部分；第二步，把当天前台收银员及各营业点交来的账单、报表按试算表中的项目分别加以结算和汇总，然后分项检查试算表中的数额与账单、报表是否相符；第三步，对试算表的余额与住客明细账的余额进行核对。

（2）与客房部、餐饮部、商务中心等部门对账，所有数字一致后，打印当日各部门营业收入日报表、酒店营业收入报表。

（3）做好签字、交接班工作。夜间审计是酒店每日必须进行的一项工作，通过夜间审计以保持各账目实现最新和最准确的记录，进而开展营业情况的总结与统计工作。

10.2.4　结账

10.2.4.1　散客结账服务

（1）主动问候客人，询问客人是否结账离店。
（2）问清客人姓名、房号，进行核对，同时收回房门钥匙。
（3）通知客房服务中心查房。
（4）委婉地询问客人是否有最新消费。
（5）打出客人账单，并将账单请客人检查、确认。客人如对账单有任何疑问，收银员均应耐心地对其进行解释，切不可含糊其词或不耐烦地催促客人。在客人认可其消费的所有款项的总数后，需请客人在账单上签字，然后收银员进行结算。
（6）问明客人付款方式。
（7）在账单上盖结账日期，连同房间钥匙移交总台接待员，接待员将更新客房状态。
（8）检查是否有邮件、留言、传真未传递给客人，是否有寄存的贵重物品未取。
（9）发给客人征求意见卡，请客人对酒店进行评估。
（10）对客人表示感谢，并欢迎客人下次再来。
（11）整理账、款，方便审核人员审核。

10.2.4.2　散客结账服务时的注意事项

（1）有时客人会报错自己的房号，收银员拿到房卡后要读取房卡，与客人确认房号和姓名，以免结错房间。
（2）大多数客人对结账的效率要求很高，酒店一般规定客房部的查房时间为3分钟，收银员在报退后在电脑上标注时间，并在客房员工查房期间先帮客人办理其他手续，减少客人等待时间。
（3）与客人确认好付款方式后一定要查验押金凭证，如押金单是否一致、信用卡是否是原预授权信用卡及卡片的有效性等。
（4）客人超过中午12:00退房要求免收半日租的，需前台有权限的管理人员签字确认。
（5）结账过程中可询问客人在酒店入住的感受，并将客人的喜好记入客史资料。
（6）利用离店前的最后机会为客人提供个性化服务，如提供交通信息、天气信息、旅游信息等。

10.2.4.3　团体结账服务

（1）将结账退房的团队名称、团号通知客房中心，以便检查客房酒水的使用情况。
（2）查看团队与订单上的付款方式以及有无特殊要求，做到总账户与分账户分开。
（3）打印团队账单，请该团领队在团队总账单上签字，并注明他所代表的旅行社，以便与旅行社结算。
（4）为有分账户的宾客打印账单、收银。
（5）与客人礼貌道别。

10.2.4.4　团队结账服务时的注意事项

（1）如出现账目上的争议，及时请主管或大堂经理协助解决。

（2）在任何情况下，收银员均不得将团队房价泄露给客人，如客人要求自付房费，应按当日门市价收。

（3）凡不允许挂账的旅行社，其团队费用一律到店现付。

（4）团队陪同无权私自将未经旅行社认可的账目转由旅行社支付。

【服务技能】

服务工作见表 10-3 和表 10-4。

表 10-3　散客退房结账处理

项目名称	操作程序	说明/标准
确认客人退房	（1）请客人交回房卡、钥匙； （2）电脑上点击通知查房，还需电话通知客房中心迅速查房； （3）询问客人是否有房间 mini-bar 的消费	（1）注意礼节礼貌，语音语调适中； （2）查房一般使用联网系统查房和人工报查房； （3）mini-bar 是房间内的小冰箱
确认消费	（1）如客人有消费，开出清单请客人签字确认后输入电脑； （2）如客人无消费，则可直接根据电脑金额打出账单请客人确认； （3）请客人确认后签名； （4）收款： a. 退客人现金或请客人补费用； b. 信用卡支付。 （5）款项结清，付给客人发票	（1）客人进店时都会交押金，因此离店时可能会退现金； （2）如果进店时使用的是信用卡做的预授权，离店就用预授权确认
账务处理	（1）与客人告别； （2）电脑账务处理	

表 10-4　会议、团队退房结账处理

项目名称	操作程序	说明/标准
及时入账	（1）根据会议资料，由各营业点前台接待员确认客人结算方式： a. 及时将会议使用的会租、横幅或 POP 等相关费用输入电脑； b. 录入结账方式是现付、支票、信用卡等； c. 走结、挂账团队和会议由允许签单人签字确认，前台将费用转入团队主账单即可。 （2）会议客人消费由夜审进行审核，以便结账时为客提供查询依据	保证各项单据完整备查
确认客人退房	（1）请客人交回房卡、钥匙； （2）电脑上点击通知查房，还需电话通知客房中心迅速查房； （3）询问客人是否有房间 mini-bar 的消费	（1）注意礼节礼貌，语音语调适中； （2）查房一般使用联网系统查房和人工报查房； （3）mini-bar 就是房间小冰箱，一般团队导游与会议主办方都会要求锁闭 mini-bar，除非团队会议成员自行付房间押金才会开启 mini-bar，否则消费后逃单机率很高
会议结算		一般结账方式有现付、挂账、走结、信用卡、支票

10.2.4.5 结账的不同付款方式

A 现金结账

a 人民币现金

人民币现金结账是酒店最传统也是最理想的一种方式，因为现金马上可以使用，而且不用支付任何手续费，成本较低。

人民币现金结账的注意事项有以下几点：

（1）客人入住时如使用现金做押金，结账时请客人出示押金收据，收银员核对客人联与留存联是否一致。

（2）收银员必须将押金收据的客人联收回才可与客人结算，如果此房间在客人入住期间开过多张押金收据，需将所有收据收回才可做房账结算。

（3）根据客人消费和押金数额，多退少补，收取或找零给客人现金时必须当客人面清点现金数额，并做到唱收唱付。

（4）收银员需当客人面查验现金真伪。

（5）房账结算完毕后，在电脑系统中选择现金结算方式将结账单、押金收据客人联和酒店留存联订在一起，以备财务审核、统计。

（6）如遇客人押金单丢失，酒店需要客人签署押金单遗失声明，并复印押金单上注明的客人身份证留存后，才可办理退款手续。

b 外币现金

一般情况下，酒店的电脑系统使用人民币结算，如果客人要求使用外币现金结账，从方便客人的角度，酒店需要提供此项服务。使用外币现金结账需要注意的事项有以下几点：

（1）客人使用的外币必须是在酒店可以兑换的外币币种。

（2）客人使用外币做押金时，押金收据上除与人民币押金一样的信息外，还需将客人外币的号码写在押金收据上。

（3）当天收取的外币押金暂不以现金投财务，而是暂存在前台指定位置，待客人退房时根据情况再做处理。

（4）客人退房时，如果需要更换结账方式，将收取的外币押金原币退还给客人（请客人核对钱币上的号码）。

（5）客人退房提出使用外币结算，收银员需先与客人办理外币兑换手续，再与客人结算，并告知退还的多余押金是人民币。

（6）客人结账的外币以外币兑换的程序处理，电脑系统中房间的结账方式使用人民币结算，否则可能会因汇率变动而出现房账错误。

B 支票结账

支票是出票人签发，委托办理支票存款业务的银行在见票时无条件支付确定的金额给收款人或持票人的票据，包括现金支票和转账支票。现金支票只能用于支取现金（限开户行），转账支票只能用于转账（限同城内）。

收银员在接受支票结账时的注意事项有以下几点：

（1）支票银行规定转账支票的有效期限为10天，票面应盖有两个或两个以上的公章，即财务专用章及法定代理人（法人）印章。支票应显示开户银行名称、签发单位的账号和支票磁码，不可有任何破损或折痕。收银员收到支票时必须仔细检查上述各项内容。

（2）填写支票，必须用碳素墨水笔细心填写大、小写金额，字迹清晰不得涂改。

（3）请出票人在相应的消费账单上签名确认，复印出票人有效证件。

（4）拒绝接受字迹不清、过时失效、打印或书写不规范的支票，检查支票是否是挂失或失窃的支票。

C　刷卡支付

随着现代支付技术的成熟，银行卡刷卡支付已成为酒店收银结账时的常见方式。银行卡包括借记卡与贷记卡，均可通过 POS 机刷卡支付，减少顾客携带和使用现金的麻烦。

刷卡支付需要注意的事项有以下几点：

（1）刷卡前，确定持卡人身份，是否是持卡人本人。

（2）刷卡前，确认 POS 机能正常工作、打印纸安装正确。

（3）认真核对银行卡号码与屏幕显示是否一致，如发现不一致或其他异常现象，拒绝刷卡交易。

（4）刷卡成功后，打印两联清单，其中一联给客户确认签字。

（5）如客户银行卡余额不足，屏幕提示交易失败，提醒客户用现金或其他方式交易。

D　城市挂账

酒店俗称的城市挂账属于酒店的应收账款，是酒店客人在酒店消费完毕后按照营销协议滞后结账的一种结账方式。城市挂账是与酒店有挂账协议的单位，如公司、旅行社或其他单位的宾客在酒店消费后，由该单位的有效签单人在账单或者原始消费凭单上签字，或者单位以传真确认，由财务部应收会计定期向公司或单位结账。

城市挂账给酒店的大客户和经常合作的旅行社等单位很多便捷，但对酒店来说有一定的风险，因为是滞后结账，如果收银员操作失误很可能会造成协议单位不付款的情况，所以收银员必须严格按照酒店操作程序执行。

（1）由于酒店同时与多家单位有挂账协议，因此，每个收银员都要掌握这些单位的名称及有效签单人姓名和签名字样。客人入住提出挂账要求时，要明确该客人所属单位，是否具有签字挂账消费的授权。

（2）酒店与不同挂账协议单位签订的消费协议范围会有所不同，收银员在客人入住时要向客人明确挂账单位支付的费用，如有的单位只承担房费，其他费用由客人自理，由客人自理的费用在退房时向客人收取（可提前支付一定数额押金），由挂账单位承担的费用做挂账。

（3）对于要求向客人，房价保密的挂账单位（如旅行社），收银员不可将房价透露给住店客人。

（4）对有挂账协议的旅行社团体，根据销售部或预订部与旅行社确认的挂账书面文件或传真做挂账，并请旅行社的指定陪同导游在团体主账单上签名确认。

（5）挂账的旅行社团体实际用房数与预订单和传真不符时，应及时通知销售部或预订部与旅行社确认，并把重新确认后的书面文件交前台。

（6）收银员必须严格审核所有挂账单据，并把全部有效的挂账单据移交给财务部。

E 移动支付

目前移动支付已融入日常生活的方方面面，酒店内消费也全面支持移动支付。移动支付形式可以提高用户的支付体验，同时也带来了诸多问题。用户在入住酒店时可用信用卡支付房费；而到了不同场景的个性化消费时却需要用户一次次拿出手机用移动支付进行消费，使体验大打折扣。同时，酒店会面临移动支付、信用卡等其他支付方式并行的情况，增加对账成本。

（1）防止伪造支付凭证。客户出示伪造的支付成功的交易截图，店员麻痹大意，没有到管理后台核实就出货给客户，造成资金损失。不法分子伪造凭证手段多样，往往当场就能做到以假乱真，难以分辨。酒店在消费者使用扫码付款时应注意支付界面、金额和店名；支付结果以酒店管理端收银台流水为准。

（2）防止调换商家收款二维码。不法分子偷换酒店收款二维码，客户支付的资金统统进入不法分子的账户。建议酒店妥善保管收款二维码，并且以收银台账单记录为准，收款后及时查看是否有新增的账单记录。

（3）避免网络挟持，误入钓鱼网站。客户点击页面植入广告进入钓鱼网站，或者收到页面风险提示后仍继续访问，进入钓鱼网站，造成信息的泄露和资金损失。建议遇到陌生链接或者植入广告请勿点击访问，不用公共 WiFi，尽量使用安全可信任的网络。

10.2.4.6 结账过程中特殊情况处理

A 代付

收银员在为客人办理入住或结账的过程中会遇到店外客人或住店客人为另外一间或多间房付款的情况，需要注意的事项有以下几点：

（1）确定代付人是否是住店客人，检查客人是否办理了住宿登记手续。如代付客人不住在酒店里，则须留下客人的联系方式，如非本店客人为住店客人使用信用卡预授权代付，还需要在同意代客支付凭证上抄录客人的身份证号码。

（2）请代付人和被代付人同时在被代付人的入住登记单上签字确认。

（3）询问代付人支付的范围，在电脑系统中注明“全部支付”或“仅房费”或“其他”（如代付人不支付所有费用），被支付的客人须预付预收金，以备支付自付费用。

（4）在退房结账时如遇被代付人先行退房离店，需请其在消费的账单上签字确认，并将账目转至代付人账户。

（5）在退房结账时如遇代付人先行退房离店的，需请其在消费的账单上签字确认，并将账目和押金一并转入被代付人账户，关于多余押金的退还方式可与代付人商议，可待被代付人退房后再来退款或者押金单交由被代付人保管并退款。

B 客人未退款

客人在办理入住时预付了足够的押金，但退房时未办理结账手续，致使多余的押金没能退还给客人。为保证客人退出的房间正常出售，一般情况下收银员会将未结算账目在电脑系统中转至专门开设的假房账户中保存，待客人来退押金时，按照现金结账方式与客人结算。

如果客人在比较长的时间内未来办理退款，前台可将账目结算，未退的款项转移到财务部。此后如客人来退款，收银员在核实客人未退款项后，先退款给客人，再按照酒店的财务程序将款项从财务部领回。

【服务技能】

服务工作见表 10-5 ~ 表 10-8。

表 10-5　代付款处理

项目名称	操作程序	说明/标准
住店客人之间代付款	（1）若有其他住店客人同意替该客人付款，首先确认付费客人是否为本酒店的住店客人； （2）问清同意代付款项目并填写代付款通知单，同时请付费客人签名认可； （3）将代付款通知单分别订在付费客人和被付费客人的登记单后，以作结账时的凭据	
店外客人为住店客人代付款	（1）若有店外客人要求替住店客人付款时，须请店外客人出示信用卡或交纳押金； （2）验证该信用卡属于付费客人，是酒店接受的信用卡类中的一种，并在有效期内； （3）问清同意代付款项目并填写代付款通知单，同时请付费客人签名认可	
输入电脑	（1）将代付款的具体信息，详细地在客人电脑记录的备注中注明； （2）分别在付费客人和被付费客人的电脑记录中详细注明； （3）注明内容、付费客人的姓名和客人的联系电话并标明“如有账务问题，请勿打扰客人，与××联系”等	

表 10-6　欠款催收处理

项目名称	操作程序	说明/标准
核查欠款事实	（1）根据财务部发送的催款通知单，确认客人的姓名、房号及抵（离）店时间； （2）使用“应收欠款清单”与前台收银员核对欠款收取情况； （3）核查欠款客人是否有担保人或介绍人、所欠款额等	
实施催收行动	（1）书写催款留言条，注明需付款的金额和付款时间，请客人到前台收银处付款； （2）请行李员将催款留言条送至客人房间； （3）及时询问前台收银处，客人是否已按规定时间付款； （4）留言催款无效时电话通知客人其欠款情况及欠款金额； （5）向客人说明酒店有关欠款的规定和就拖欠（拒付）账款事宜的处理规定； （6）请客人在财务部催账信所规定的期限内到前台收银处付款； （7）将客人答应在规定期限内的付款时间通知前台收银及接待处； （8）电话通知无效时，与安保及客房工作人员一起到客人房间催收	

续表 10-6

项目名称	操作程序	说明/标准
落实催收情况	（1）定期了解客人是否在规定的期限内付款，并做好记录； （2）对客人未按规定期限付款的，及时通知前厅部和客房部采取措施，如启动自动门锁系统； （3）详细记录客人欠款的情况并报告客房部、前厅部经理和财务部	

表 10-7　预付款处理

项目名称	操作程序	说明/标准
人民币预付款	（1）由行李员将客人带至收银台； （2）收银员根据房卡上的离店时间，准确计算预付金额； （3）正确填写预付款单； （4）请客人签名； （5）将第一联递交客人保存，供其结账时出示；第二联交给行李员；第三联由收银员入账。告知客人电梯方向、房间楼层； （6）祝客人住店期间愉快	
外币预付款	（1）鉴别外币真伪； （2）将预付金额按照当天外汇牌价折算成外币； （3）100 美元现钞需将面票号码抄录在预付单上； （4）外币旅行支票需请客人签好初签、复签； （5）其他程序参照人民币预付款程序； （6）下班前，把外币交与领班或主管存放在保险箱中； （7）与领班或主管共同在外币预付款交接本上签字	
支票预付款	（1）一般程序参照人民币预付款； （2）检查支票的有效性； （3）请客人在预付单上留下付款单位的电话号码，便于联系； （4）在预付款单上注明支票是在保险箱中还是在信用组； （5）有限额的支票要把限额数填写在预付款单“备注”栏内； （6）在客人电脑账单中提示客人支票付款和支票限额	

表 10-8　结账时转账处理

项目名称	操作程序	说明/标准
核对信息	（1）询问客人房间号码，核对是否是住店客人结账； （2）提醒客人是否有贵重物品遗留在酒店； （3）收回客人的房卡； （4）询问客人是否需要为其安排车辆； （5）询问客人是否有额外的消费； （6）核对转入账目的房间的信息是否正确； （7）如果在入住的时候被转入账目的房间没有确认要把改房间的账目转入，要以电话的形式和客人确认，在押金充足的情况下把改房间的费用转入被转入的房间	
转账/结账	为客人办理转账手续，并在电脑中将该房间退掉，打印账单让客人签字确认	
资料整理	感谢客人的入住，整理相关资料	

专题 10.3 外币兑换业务

10.3.1 外币现钞

10.3.1.1 星级酒店提供外币兑换服务的原因

根据我国现行的外汇管理法律，为了方便来华旅游的外宾和港澳台同胞，中国银行及其他外汇指定银行除受理外币旅行支票、外国信用卡兑换人民币的业务外，还受理英镑、欧元、新加坡币、加拿大元等货币的兑换业务。另外，根据《旅游饭店星级的划分与评定》(GB/T 14308—2010）中的规定，四星及以上星级酒店需提供24小时的外币兑换服务。

10.3.1.2 我国可兑换的外币种类

在我国，酒店比较常见的外币兑换有美元、欧元、日元、英镑几种。

10.3.1.3 外币兑换服务程序

银行根据酒店的业务量大小，相应拨给酒店定额周转金，酒店前厅收银处兑换点则应每天定时收外钞、外国银行支票及相关外币兑换凭证，再递交银行并换回等额周转金。外币现钞兑换的服务程序如下：

(1) 弄清宾客的兑换要求。

(2) 清点查收宾客需兑换的外币及金额。

(3) 使用货币识别机鉴别钞票真伪，并检查其是否属现行可兑换的外币。

(4) 填制外币兑换水单，见表10-9，查核当日现钞牌价，将外币名称、金额、兑换率及应兑金额填写在相应栏目内，准确进行换算。

表 10-9 外币兑换水单

<table>
<tr><td colspan="4" align="center">外币兑换水单
Foreign Exchange Voucher</td></tr>
<tr><td colspan="4">客人姓名 Guest Name：

房号 Room No：　　　　　　日期 Date：</td></tr>
<tr><td>外币种类
Currency</td><td>金额
Amount</td><td>汇率
Exchange Rate</td><td>人民币
RMB</td></tr>
<tr><td></td><td></td><td></td><td></td></tr>
<tr><td colspan="4">客人签名 Guest Signature：　　　　　　合计 Total：
收银员签名 Cashier Signature：</td></tr>
</table>

(5) 请宾客在水单上签名。

(6) 检查复核，确保其正确。

（7）确保无误后，将兑换的款额付给宾客。

10.3.1.4　外币兑换服务注意事项

酒店非金融机构，外币兑换是酒店仅为方便住店客人而提供的一项服务。因外币的复杂性，会涉及一些安全问题，收银员在给客人兑换外币时需要注意以下几点：

（1）酒店只提供外币兑换成人民币服务，不可换回原币。

（2）只有在住店客人可以兑换。

（3）兑换外币每位客人每天有限额，如果客人兑换过多，请客人到银行办理。

（4）只接受本兑换点可接受种类的外币。

（5）唱收唱付、当面点清。

（6）酒店兑换外币的汇率与银行有一定的差别，向客人做好解释工作。

【案例赏析】

谨防假外币诈骗

某日凌晨，有两位香港客人持港澳回乡证，到酒店要求开房间，登记姓名为：郭某，操广州口音，他拿出了一千元的港币要求支付房间的预付款。当班收银员查看了币种，上面印有香港汇丰银行的行头，且印有港币字样，但查看币样，觉得这种港币比较陌生就向客人表示，这种港币酒店没有受理过，客人解释说现在的港币有八九种的币样，这是最近发行的。由于对外币兑换经验不足，收银员轻信了客人，就收取了此币作为预付款，客人拿出了两千元的港币要求兑换人民币。

因部门有规定，在兑换外币时，换取的金额不能过高，于是，该员工就和客人协商兑换五百元，但在客人的坚持下，收银员最终还是放松了警惕，给客人兑换了一千元。客人还询问了有关酒店营业场所消费情况。随后，员工目送客人上了电梯，但实际上，客人并未真正进入房间就逃之夭夭了。后证实此“港币”实际是伪币，底版为秘鲁币，然后在币上打印“香港汇丰银行”和“港币”字样来实施诈骗。

10.3.2　旅行支票

旅行支票是一种有价证券、定额支票，亦称汇款凭证，通常由银行（或旅行社）为便利国内外旅游者而发行。旅游者在国外可按规定手续，向发行银行（或旅行社）的国内外分支机构、代理行或规定的兑换点，兑取现金或支付费用。

10.3.2.1　收兑旅行支票的服务程序

（1）了解宾客的兑换要求。

（2）检查、核对其支票是否属可兑换之列，有无限制（如区域、时间等）。

（3）与宾客核对，清点数额。

（4）请宾客出示有效证件，并进行复签（应看着宾客进行），并检查复签是否与初签相符。

（5）查清当日牌价，填制水单，并扣除贴息，换算要准确。

（6）请宾客在水单上签名。

（7）检查复核。

（8）核对无误后，将支付款额付给宾客。

10.3.2.2 收兑旅行支票的注意事项

（1）兑换旅行支票时，必须请客户出示本人有效证件并复印备查（如有必要请客户出示购买协议并复印），旅行支票必须由旅行支票持票人持本人护照办理兑换业务，不接受他人或委托他人办理兑换。

（2）要认真识别旅行支票的真伪及票面、币种、面额和有无初签，以及是否真实完整且无涂改、拼贴、挖补的痕迹，核发行机构、查验止付号码，遇有疑问时，立即与旅行支票的发行机构联系，按其指示处理。

（3）初签、复签必须相符。要求持票人本人在旅行支票复签位置上当面复签，核对复签与初签，两者相符后即可兑付。（当面复签是指工作人员的视线要完整地看到持票人在复签位置上，用笔画出线条或文字。）

（4）不得兑付在转让栏签字的旅行支票、复签与初签不相符的旅行支票、无初签及无复签的旅行支票、电子识别码受损的旅行支票，以及无法清晰辨别币种、面额、号码、发行机构名称和图案的旅行支票。

（5）不得兑付票面打孔及剪角的旅行支票。

（6）不得兑付票面上印有“VOID”或“SPECIMEN”字样的旅行支票。

（7）发现有疑问或非正常的旅行支票，一定要当即向客户说明并当着客户的面，在客户所填写的外汇兑换水单上登记旅行支票的发行机构名称、币种、面额、号码，立即联系旅行支票发行机构，按旅行支票发行机构指示办理。

【服务技能】

服务工作见表10-10。

表10-10 外币兑换服务

项目名称	操作程序	说明/标准
适用范围	酒店对住店客人提供外币兑换服务	
可兑换外币币种	根据酒店星级决定币种	
外币现钞兑换	（1）辨认客人所持外币币种是否属于酒店受理的外币，辨认外币真伪，查看有无破损； （2）请客人填写“兑换水单”的内容； （3）核对客人所填写“兑换水单”的内容中所持币种和金额是否一致； （4）根据当天汇率，计算兑换金额，填在“兑换水单”上； （5）将应付给客人的人民币和“兑换水单”客人联交给客人； （6）将外币和“兑换水单”存放在一起	“兑换水单”包括：客人姓名、护照号码、房号、日期、时间、币种、国籍及兑换数额

专题10.4　贵重物品保管

酒店为保障住店客人的财产安全，通常免费提供两种形式的贵重物品保管服务。一种是设在客房内的小型保险箱，现在比较普遍的有电子密码式、磁卡式、IC卡式保险箱，操作简单，方便实用，另一种是设在前台的客用保管箱，由收银处负责此项服务。

客用保管箱通常在前台收银处后面或旁边一间僻静的房间，该设备由一组小保管箱或保险盒组成，其数量通常按酒店客房数的15%~20%来配备。每个保险箱有两把钥匙，一把由收银员负责保管。另一把由客人自己保管。只有这两把钥匙同时使用，才能打开或锁上保险箱。

10.4.1　贵重物品保险箱启用程序

（1）客人要求使用前台贵重物品保险箱时，请客人出示房卡并与电脑核对房号。

（2）请客人仔细阅读并填写使用保险箱登记卡，见表10-11，内容包括姓名、房号、证件号码、联系电话、签名字样等。提醒客人使用保险箱的注意事项。

表10-11　使用保险箱登记卡

客人姓名： Guest Name：	房号： Room No.：	离馆日期： Departure：
保险箱号码： Safe Box NO.：	经纪人： Issued By：	经手日期： Date Issued：

TEEMS AND CONDITIONS

I hereby agree to the deposit that to claim such articles deposited by me in this safe deposit box, I will have to present the key in person to the Front Desk Counter and in the event that any person other then myself present such a key, Hotel shall not be liable for any loss. I shall declare that the total of the property that is placed into the safe deposit box does not exceed RMB 100,00,00.

I also hereby agree that if I do not personally surrender this key and remove the contents therein after I cease to be a guest of the Hotel. Hotel my force entry into the safe deposit box and remove contents, and while retaining the said contents, the Hotel is o not liable for any loss In the event that the key 13 lost while in my custody, I hereby agree to pay ×× Hotel the sum of RIVIB 500 for the cost of opening the safe deposit box and replacing the key and lock.

条件和协议

我同意把物品寄放在保险箱内所需承认的条件，我将亲自在前台出示钥匙，如果其他任何人出示此钥匙，酒店对物品丢失不负责任。我也在此声明一切放入保险箱的物品不超过人民币十万元整。

我也同意如果我在离开酒店时不交出此钥匙或拿走物品，酒店可以打开此保险箱并拿走物品。在保存该物品期间，酒店对物品的丢失不负责任。如果钥匙在我保管期间丢失。我同意给××酒店支付人民币五百元为打开保险箱，换钥匙和锁的费用。

宾客姓名1： No.1 Guest Name：	宾客姓名2： No.2 Guest Name：
中途开箱宾客签名： Signature Of Guests During Unpacking：	退用保险箱宾客签名： Signature Of Returned Safe：

（3）按照物品规格安排相应大小的保险箱，取出总、分钥匙带领客人到保险室。

（4）打开保险箱，拿出保险盒，退到一旁，请客人自行将需寄存物品放入盒中。

（5）客人装好后，当着客人面将保险盒锁入保险箱。

（6）将子钥匙交给客人，告知箱号后提醒客人需本人持子钥匙与酒店核对签字后方可开启。

10.4.2 贵重物品保险箱中途开箱程序

（1）在得到客人需要开启保险箱要求时，请客人出示保险箱钥匙，根据箱号检索出客人相应的登记卡。

（2）核对客人身份，请客人在使用保险箱登记卡的中途开箱记录签名核对栏签名，确认开箱人与办理寄存的为同一客人。

（3）取出保险箱总钥匙，带客人到贵重物品寄存室，当面为客人开启保险箱。

（4）将保险箱内的保险盒取出交予客人，请客人亲自存、取物品。

（5）客人使用保险盒完毕后，当客人面将保险盒放回保险箱，并锁好。

（6）将保险箱的分钥匙交还客人，并提醒客人妥善保管。

（7）将开箱存、取物品的具体时间及经办人填写在寄存卡的相应栏，并存放在指定位置。

（8）将保险箱总钥匙放在指定位置保存好。

10.4.3 贵重物品保险箱退用程序

（1）在得到客人需要退用保险箱的要求时，请客人出示保险箱钥匙，根据箱号检索出客人相应的使用保险箱登记卡。

（2）核对客人身份，请客人在使用保险箱登记卡的退用保险箱签名栏核对签名，确认开箱人与办理寄存的为同一客人。

（3）取出保险箱总钥匙，带客人到贵重物品寄存室，当面为客人开启保险箱。

（4）将保险箱内的保险盒取出交予客人，请客人亲自拿取寄存物品。

（5）客人使用保险盒完毕后，检查保险盒，确认无遗留物品后，将保险盒放回保险箱，并锁好。

（6）将客人办理退用保险箱的具体时间及经办人填写在寄存卡的相应栏，并存放在指定位置。

（7）将保险箱总钥匙和客人还回的分钥匙放在指定位置保存好。

10.4.4 客用贵重物品保险箱钥匙遗失的处理

贵重物品保险箱钥匙都是子母双钥匙，需两把钥匙同时启用才可将保险箱打开或锁上。因此，一旦钥匙丢失，会导致保险箱无法正常使用，影响寄存工作的正常进行。客人在使用贵重物品保险箱期间将钥匙丢失，酒店只能破箱处理，所以酒店可以按规定向客人提出经济赔偿。为了使客人高度重视保管钥匙的重要性，一般酒店会在使用保险箱登记卡上说明，以提醒客人注意安全。

若客人将贵重物品保险箱钥匙遗失，需要注意以下几点：

（1）客人报失贵重物品保险箱钥匙时，核对客人身份，并请客人在贵重物品寄存单背面注明并签字核对，确认客人确实为办理寄存手续的客人，并由相关经理签字认可。

（2）客人要求破箱取物时，宾客需按照贵重物品寄存单上说明的赔偿规定赔付相关金额。

（3）开启、破保险箱时需当客人面操作，相应经理、保安部人员等同时在场，由工程部人员开箱，开箱后备部门人员签字、备案。

10.4.5　客人贵重物品保管的注意事项

（1）贵重物品保险箱只对住店客人在住期间提供保管服务，客人离店和非住店客人不可使用。

（2）客人寄存物品价值不可超过人民币十万元，不得存放易燃、易爆、易碎物品及易腐烂食品和违禁物品。

（3）客人在存放物品时，服务人员不得以好奇的眼光窥视客人存放的物品。

（4）客人在使用贵重物品保险箱中途需要存、取贵重物品或运用保险箱时，只能由办理寄存的客人亲自办理，不得由别人代替，如需要由其他人代办，需出示寄存客人的书面委托书，并复印代办客人的有效身份证明才可办理。

【服务技能】

服务工作见表10-12。

表10-12　贵重物品寄存服务

项目名称	操作程序	说明/标准
适用范围	酒店对住店客人提供的贵重物品寄存服务	
办理寄存手续	（1）客人凭有效房卡，可使用保险柜； （2）前台接待员根据客人寄存物品的尺寸，为客人选择相应的保险柜； （3）贵重物品寄存室的钥匙及钥匙箱的钥匙由前台保管； （4）请客人在等候台填写贵重物品存放单	易燃、易爆、易腐物品不予寄存
寄存贵重物品	（1）前台接待员存取贵重物品时拿钥匙同客人一道进入贵重物品寄存室； （2）两把钥匙同时开启保险柜	保险柜通常用两把不同钥匙同时开启一道门
交接钥匙	（1）物品存完后，锁好保险柜柜门，将客人钥匙、“使用保险箱登记卡”第二联交客人； （2）并提醒客人保管好钥匙，若遗失需赔偿	客人存取物品都必须由总台留存钥匙与客人钥匙同时开启

专题10.5　收银服务常见问题处理

10.5.1　客人对账单收费怀疑不愿付款时及处理方法

（1）收银员应耐心仔细地检查所有消费内容、数量、单价、金额、折扣、服务费等是否正确，如有疑问必须及时向相关部门经手人了解情况。

（2）收银员确保账单无误后，应耐心仔细地将客人消费的所有品种及价格，用书面形式一一列明，以便进一步向客人解释。

（3）如客人要求与收银员当面核对账单，收银员在确保账单无误的前提下，应将可移动的计算器放于客人面前，以便客人复核使用。同时，耐心仔细地在客人面前逐一对账，核算一次，有礼貌地向客人解释，结账后要表示感谢。

10.5.2 客人认为账单总数过多

（1）应感谢客人指出账单中存在的问题。

（2）让客人稍等片刻进行查对。

（3）告知客人查对的结果。

（4）如果账单的确有错，向客人表示歉意，并重新开单结账。

（5）不管是哪个部门的过错，都不能互相埋怨或指责，要维护企业的声誉。

（6）如果客人感觉账单上的消费内容太明细，可按客人要求打印分类汇总账单。

（7）再次对客人表示感谢，保证下次不会再犯类似的错误。

10.5.3 发现客人给的是假钞或破损纸币及处理方法

（1）向客人表示抱歉，并解释我们不可以接受这样的纸币，按照规定应交给银行处理。

（2）如果客人表现出强烈的不满，为保障收银员和酒店自身的安全，一般不要强硬没收假钞，应及时报警。

（3）5 元面额以上的人民币，可试用验钞机验证。

（4）告诉客人验证假钞的方法，或将破损纸币拿给客人验证。

（5）帮助客人回忆假钞的来源，并报告给酒店有关部门。

（6）提醒客人收拿纸币时要特别小心，以免给自己带来不必要的麻烦。

（7）即使发现假钞，为保障客人的面子，也不可大声喧嚷，以免客人尴尬。

10.5.4 客人没有足够的钱结账时及处理方法

（1）可请客人用信用卡或以其他方式支付。

（2）巧妙地向财务部门经理或大堂副理报告情况。

（3）可请客人到没人的地方，请客人找人代为结账。

（4）如客人没有其他办法付款，可由大堂副理或安保用酒店的车辆送其回住处收款。

（5）必要时应记清楚客人的地址、电话号码、身份证、单位名称，最好能请客人留下名片。

10.5.5 当班营业结束后，清点备用金发现短款或长款

（1）重新仔细复核所有备用金、账单、报表等资料。

（2）如复核后还是找不出原因，应立即通知直属上司处理。

（3）如上司再次复核后仍查不出短款原因，自己应及时补上短款，不可在备用金或营业款中短款。

（4）如长款应将款项上交财务，不可截留下来以备下次短款时用，不可以取长补短。根据财务制度，长款不论金额大小，必须一律上交。

10.5.6　POS机通信故障不能刷卡，而客人没带现金

（1）首先礼貌地请客人稍候。

（2）立即检查线路是否正常。

（3）保证线路无问题后，再次尝试刷卡。

（4）如仍无法刷成功，应礼貌地请客人换另一张卡尝试。

（5）如还是无法刷成功，可致电银行信用卡中心拿取消费授权，进行手工压卡，请客人在手工消费卡纸和账单上分别签名。

（6）如银行告知客人卡上的余额不足，应将情况委婉告知客人，避免客人处于尴尬的局面。礼貌地询问客人是否和朋友一起，可否先由其朋友代付。

10.5.7　一位以前逃过账的客人又来入住酒店时

（1）逃过账的客人一般会被录入前台接待电脑的黑名单，此客人入住时酒店可第一时间发现。

（2）尽量拖延时间，巧妙地通知大堂副理或前厅经理，说明客人情况，请其尽快处理。

（3）如无法联系上级，可婉转地提醒客人上次的消费仍未结账，请客人付清欠款后再入住，但必须非常注意语言技巧。

（4）按标准收取该客人消费的保证金。

（5）对于少行李或无行李者，要注意其消费情况，由大堂副理通知客房部和安保监控中心注意此客人的动向，要求客房部在客人出门立即通知，防止其再次逃账。

【服务技能】

服务工作见表10-13和表10-14。

表10-13　有争议客账处理

项目名称	操作程序	说明/标准
确认有争议的客账	（1）了解客人的姓名、房间、抵店时间或消费时间和地点； （2）获取客人消费账单资料及客人入住资料	
再次核查	（1）核对客人消费账单及客人入住资料； （2）询问、了解并帮助客人回忆其曾经在店消费的地点时间、项目和次数； （3）询问并帮助客人回忆是否有来访客人以其名义的消费行为； （4）认真核查消费原始单据账单和电脑记录打印账单是否一致，姓名是否有误	
处理	（1）分析判断导致争议的原因（客人误会或工作失误），并根据酒店的有关规定予以处理； （2）将调查结果和处理意见转告客人，并作详细解释和说明，若其是由于酒店工作人员失误导致，则收银员应代表酒店向客人道歉； （3）将处理意见及时通知前台收银员，并做出明确指示； （4）在有关账务收据上签字，以证明对其的授权处理	

续表 10-13

项目名称	操作程序	说明/标准
记录处理结果	（1）详细记录有争议的客账客人姓名、房间、入住时间、消费地点和有争议的账单、项目及金额； （2）详细记录调查结果和处理情况； （3）将校典型的事件整理成文，向培训部提供培训案例资料	

表 10-14　房费变更处理

项目名称	操作程序	说明/标准
核对房费变更批示	（1）核对房费变更的有关批示； （2）计算房费差价	
开出变更通知单	（1）开出变更通知单，在其上注明客人姓名、日期、房号、原有房费××元变更为××元、变更原因说明、批示人姓名及身份。若已输入电脑，则注明加收××元或减去××元及服务费和税金等； （2）变更通知单要经主管以上管理人员签字； （3）将变更通知单发给收银处或信贷处； （4）将留存联按日期归档，有关批示的复印件转预订存档	
修改信息	（1）修改电脑明细中的房价以及相应的信息； （2）在电脑里输入有关说明，对属于优惠房价的变更要注明新价格的批示人姓名及身份	

内 容 小 结

本模块介绍了前台收银服务基础知识、结账程序、贵重物品的保管程序、外币兑换服务常识与服务程序、夜间审核的业务知识等。通过学习，可以准确为客人办理退房结账手续，正确为客人兑换外币业务，规范为客人寄存贵重物品，为担任前台收银员及前台收银基层管理人员打好基础。

【职业能力测试】

实训项目 1　散客离店结账服务

实训目的：通过散客离店结账服务的实训，学习为散客离店结账的基本流程，掌握在为散客服务过程高效、准确、热情的基本特点，掌握利用结账服务把客人变成酒店回头客及忠诚客户的工作方法和技巧。

实训要求：（1）熟悉客情。

（2）掌握一定的语意技巧。

（3）掌握各种结账方式。

（4）掌握做好结账后为客人提供后续服务的技巧。

实训准备：电话、模拟服务台、账单、押金收据、POS 机、电脑、笔。

实训安排：（1）将学生分成实训小组。

（2）各组学生分别扮演收银员和客人。

（3）模拟为客人办理结账退房，按程序完成工作任务。

（4）教师点评并考核。

考核标准：

散客离店结账服务考核标准

考 核 项 目	考 核 内 容	分 值
1. 问候并确认客人姓名	收银员应该微笑，保持与客人的目光交流，问候客人并询问客人的名字、房间号码，确认房号和姓名无误	10
2. 收回客人钥匙并报退房	收回客人钥匙并用系统读取房号，再次确认房号无误，电话报服务中心退房，并在电脑上记录已退时间	10
3. 确保所有账务划进客人账单中	收银员用客人的名字进入酒店系统，在屏幕上显示客人的账单。查看是否有和客人的账单有关的任何备注	20
4. 确认最后的消费	询问客人是否在退房前有其他的消费，如迷你吧的费用，将打印最新的账单给客人	10
5. 与客人确认付款方式并给客人结账	前台与客人确认付款方式。客人付的账要抛到客人的账中以使客人的账平，把已经平账的账单、发票一并放在信封中递给客人	10
6. 为客人提供交通服务	询问客人是否需要行李服务和出租车。如果需要，则打电话给礼宾部	10
7. 询问客人入住酒店感受	在客人退房时询问客人入住是否愉快，将客人的喜好记录到客情资料中。如果客人对房间或其他的服务项目有异议，及时联系大堂经理	10
8. 与客人再见	感谢客人的入住并希望客人有一个愉快的旅程，向客人祝福并希望下次能在本酒店相见	10
9. 完成账务工作	打印出客人的账单，根据客人的付款方式，将客人的账单需要的一些支持性的文件（信用卡、单据）订在一起，并送给财务部	10
总 分		100

实训模拟情境：

客人G先生已经在1001房间入住了两天，房价是680元每晚，今天退房，入住时用信用卡刷了预授权2000元（收银员：R）。

R：先生早上好！请问有什么可以帮您？

G：退房（客人递上房卡）。

R：（收银员通过读卡器读取房卡，显示是1001房间，收银员打开1001房间账户）是1001张先生对吗？

G：对的。

R：好的，您请稍等，马上为您办理。（电话服务中心：“你好，1001退房”，从账单夹拿去1001的登记单资料。）

G：帮我快点，我赶火车。

R：好的，张先生，请问昨晚或今天房间有其他消费吗？

G：没有。

R：好的，（打印账单，双手递到客人面前），张先生，这是您的账单，两晚的房费，一共是 1500 元，麻烦您帮我核对下，然后在右下角签字。

G：对的，没问题。

R：张先生，请问还是用信用卡结账吗？

G：是的。

R：麻烦您再出示下您的信用卡。

（客人拿出信用卡，递给收银员）

R：（双手接过信用卡，与预授权签购单比对发现不是同一张卡）张先生，这张不是您入住的时候用的那张信用卡，确定是用这张结账是吗？

G：是的，我换这张卡结账。

R：好的，没问题，我帮您结账后，把您原来预授权取消就可以了。（用客人给的新信用卡在 POS 机上刷“消费”1500 元，打印签购单给客人签字，收银员比对客人签字和信用卡背后签名字样一致。收银员在电脑系统里入账，并与签购单的客人联钉在一起。）请问张先生，发票是开个人还是单位呢？

G：开个人吧。

R：好的，请稍等。（打印发票，与给客人打印的账单一起折叠好放入信封。将入住时预授权签购单从登记单上取下，在 POS 机上做“预授权取消”，打印预授权取消的签购单，将取消单与原预授权单钉在一起，递给客人确认）张先生，这是您原预授权取消的单子，银行会解冻您原来预授权的 2000 元押金，如果一周内仍没到账，您可以拨打您发卡行的电话咨询。

G：好的。

R：（将签购单也放入信封，双手递给客人）张先生，这是您的账单、发票和预授权取消单，请您收好。

G：谢谢！

R：不客气，张先生您要去火车站，请问车安排好了吗？需要酒店帮您安排吗？

G：那太好了，能帮我安排一辆的士吗？

R：您请稍等。（电话联系礼宾部：“你好，麻烦给刚刚结账的 1001 客人叫一辆的士，客人现在在前台。”）张先生，我同事给您叫的士去了，安排好他会过来叫您的。您看方不方便帮我填下这张入住调查卡片，以便我们以后提供更好的服务。

G：好的，没问题。另外我个人的睡眠不太好，昨晚房间因为临街，有点吵。

R：这样啊，给您带来的不便非常抱歉，我会在您的客史资料里注明，您下次再来的时候一定给您安排满意。

G：那行，谢谢了（将填好的卡片递给收银员）！

R：（礼宾部同事到前台告诉的士已安排好，引领客人离去）张先生，祝您旅途愉快，欢迎您下次入住，再见！

G：再见！

实训项目 2　团队离店结账服务

实训目的：通过团队离店结账服务的实训，学习为团队离店结账的基本流程，掌握在为团队服务过程中的注意事项，掌握利用结账服务把客人变成酒店回头客及忠诚客户的工作方法和技巧。

实训要求：（1）熟悉客情及团队服务注意事项。

（2）掌握一定的语言技巧。

（3）熟悉房价保密的处理方式。

（4）掌握结账后为客人做好后续服务的技巧。

实训准备：电话、模拟服务台、账单、押金收据、POS 机、电脑、笔。

实训安排：（1）将学生分成实训小组。

（2）各组学生分别扮演收银员和客人。

（3）模拟为团队办理结账退房，按程序完成工作任务。

（4）教师点评并考核。

考核标准：

团队离店结账服务标准

考核项目	考核内容	分值
1. 问候	问候领队和客人	5
2. 团队名称和房号	礼貌询问团队名称和房号，从当日离店团队资料中取出团队资料	10
3. 收取钥匙	向领队收取钥匙	10
4. 报退房	向客房服务中心报退，请客房部查看酒水消费及是否有客人遗留物品	10
5. 查询酒水	请领队协助询问客人在前一天晚上和当天是否用过房间酒水	10
6. 请领队在总账单上签字确认	确保所有房间都在账单内	15
7. 打印客人的杂费账单并请客人付费	打印总账和客人杂项消费单，如房费挂公司或旅行社，请领队签字确认，如不挂账，请领队现付向客人收取杂项费用（一并由领队结算，不需向客人收取）	10
8. 入账，开具发票	打印余额为零的账单和发票放入信封一并交给客人	10
9. 欢送客人	真诚与客人送别，欢迎客人下次入住	10
10. 退房	在系统中挂账退房，将所有团队资料钉在一起转交财务	10
总分		100

实训模拟情境：

DF 旅行社团队在本酒店昨晚入住了 20 间标间，房价按旅行社协议价 580 元每晚，房费 11600 元已在旅行社预订时打入酒店财务账户，相同金额的发票也已开给旅行社，导游 G 是本团队的负责人，入住时为每间房交了 100 元杂费押金，共计 2000 元。今天该旅行社的 20 间房将退房（团队客人：A；导游：G；收银员：R）。

R：先生早上好！请问有什么可以帮您？

G：DF 旅行社的团队退房（客人递上房卡）。

R：（收银员接过房卡共计 5 张，通过读卡器读取房卡，显示是团队房间，收银员打开团队房间主账户）李先生，请问所有房间都退吗？

G：对的，但是其他客人还没下来，我现在只收到 5 张房卡，你先办理。

R：好的，您请稍等，马上为您办理，李先生您先在旁边沙发休息下，要等您所有客人都退了我才能最后给您结账。（电话服务中心：“你好，DF 旅行社 801/802/803/804/805 退房”，从团队夹拿出东方旅行社登记资料）

旅行社的客人陆陆续续到前台退房卡，此时住在 807 的客人 A 将房卡交给收银员。

A：服务员，我们的房间多少钱一晚啊？

R：（团队通知单上标明房价对客人保密）先生，不好意思，因为旅行社已提前跟酒店结过，我这边电脑显示不了，您可以咨询旅行社。

大概十分钟后，DF 旅行社的团房都已退完。收银员打印团队总账单，双手递到导游李先生面前。

R：李先生，这是您的账单，20 间房里 808 和 810 房间各消费了一罐可乐，共计 20 元，麻烦您帮我核对下，然后在右下角签字。

G：对的，没问题。

R：李先生，请问刷卡还是付现呢？

G：就从我押金里扣吧，这是押金单。（客人将押金单递给收银员）

R：好的李先生，（收银员将押金单与入住登记单上的押金单比对确认是同一张押金单，清点了 1980 元）这是退您的 1980 元，请您清点一下。

G：（客人数钱）对的。

R：请问您 20 元的发票是开个人还是公司名？

G：公司：DF 旅行社。

R：好的，请稍等。（打印发票，将 20 元入账，打印平账后的账单，与发票一起折叠好装在信封里，双手递给客人）李先生，这是您的账单和发票，请收好。

G：谢谢！

R：不客气，李先生，很高兴为您服务，本次入住您和您的客人还满意吧？

G：挺好的，我还没收到客人的什么意见，要是有，我会反馈给你们的。

R：非常感谢您的支持，期待您再次入住。

G：谢谢！

R：不客气，祝您和您的客人旅途愉快！再见！

G：再见！

实训项目 3　外币兑换服务

实训目的：通过外币兑换服务的实训，学习为客人兑换外币服务的基本流程，掌握在外币兑换服务时的注意事项。

实训要求：（1）熟悉酒店的外币兑换制度。

（2）掌握一定的语言技巧。

（3）掌握兑换单的填写方式。

实训准备：模拟服务台、兑换单、练功币、电脑、笔。

实训安排：（1）将学生分成实训小组。

（2）各组学生分别扮演收银员和客人。

（3）模拟为客人办理外币兑换服务，按程序完成工作任务。

（4）教师点评并考核。

考核标准：

外币兑换服务标准

考核项目	考核内容	分值
1. 问候客人	收银员应该微笑，保持与客人的目光交流，问候客人并询问客人需要什么帮助	10
2. 请客人出示房卡，查询客人房号	外币兑换服务只提供给住店客人	10
3. 向客人介绍兑换汇率	当客人要求兑换外币时，向客人介绍最新兑换汇率	15
4. 填写兑换水单	填写兑换单，请客人在兑换单上签名	15
5. 与客人确定兑换金额	点清外币金额，保证和客人要求兑换的金额一致。如果金额与客人金额不一致，要立刻询问客人。在交易完成前不要将外币放入现金柜，以免发生误会	15
6. 把兑换好的钱当着客人的面点清，并交给客人	把兑换的钱当着客人的面数清后交给客人，顺便把一联兑换水单交给客人	15
7. 告诉客人保管好收据	告诉客人保管好外币兑换单，用不完的钱可以在当地的银行兑换回他原来的外币（但不可在酒店内换回原币）	10
8. 完成	将外币及兑换单据放在指定位置转交给财务（切记不可将外币及兑换单用订书机订在一起，以免造成外币破损而无法到银行兑换）	10
总分		100

实训模拟情境：

住在1201房间的是一位日本客人松下（G），今天松下先生到前台想把一些日元兑换成人民币。

R：先生早上好！请问有什么可以帮您？

G：我想兑换日元。（客人递上房卡和护照）

R：（收银员接过房卡，通过读卡器读取房卡，显示1201房间，登记的正是护照上的客人松下先生）好的，松下先生，（通过电脑查询今日汇率）今天的日元兑换价是100日元兑7.1元人民币，您看可以吗？

G：好的，我换5万日元吧。

R：对不起，松下先生，我这里的现金有限，您看给您换3万日元可以吗？如果不够用，您明天可以再换。

G：好吧。（将3张面值一万的日元递给收银员）

R：（将日元过验钞机，然后查看日元票面是否符合酒店兑换规定）对不起，松下先生，您的这一张上有个洞，按我们酒店的要求不能兑换，麻烦您帮我换一张可以吗？

G：好吧（客人换了一张新的给收银员）。

R：（收银员检查无误后，从电脑里打印了一张一式两联外币兑换单）松下先生，这是您的兑换单，请您在这里签名。

G：好的。

R：（收银员将客人的护照复印留存，然后清点了 2130 元人民币，和护照、兑换单客人联一起递给客人）松下先生，这是您的 2130 元，请您清点下，另外您的护照和兑换单请收好。

G：（客人数钱）对的。

R：松下先生，您的钱换好了，还有什么可以帮您？

G：没有了，谢谢！

R：很高兴为您服务，祝您今天愉快！（将兑换单、护照复印件和外币放在指定位置）

实训项目 4　客用贵重物品保险箱使用服务

实训目的：通过客用贵重物品保险箱的使用实训，掌握贵重物品保管服务的程序。

实训要求：（1）熟悉贵重物品保险箱的使用。

（2）良好的对客服务意识。

（3）分析处理实际问题的能力。

实训准备：模拟前厅、房卡、贵重物品保险箱使用登记表、电脑、笔、保险箱登记本。

实训安排：（1）将学生分成实训小组。

（2）各组学生分别扮演前台服务员和客人。

（3）模拟为客人提供使用保险箱业务，按程序完成工作任务。

（4）教师点评并考核。

考核标准：

客用贵重物品保险箱使用服务标准

考核项目	考核内容	分值
1. 确认客人身份	礼貌请客人出示房卡	10
2. 为客人建立保险箱	请客人填写保险箱登记卡，包括房间号码、姓名、家庭地址、使用人签名、日期及使用时间	10
3. 存入贵重物品	（1）根据客人物品大小选择合适的保险箱，并将钥匙号码填写在登记卡上，并签上自己的姓名； （2）用保险箱母钥匙和子钥匙，帮客人打开保险箱，请客人自行将物品放入箱内； （3）将子钥匙交给客人，并向客人嘱咐保存好子钥匙，如钥匙丢失要付相应的赔偿费	20
4. 登记	（1）在保险箱登记本上进行登记，包括日期、保险箱号、客人房间号、客人姓名、开箱时间、员工签名； （2）将客人填好的登记卡，按英文字母顺序存档	20
5. 客人存取物品	（1）找到客人的登记卡，请客人在此表背后的使用栏签字； （2）检查客人签字和登记卡上的签字，笔迹相符才可开箱； （3）替客人打开保险箱； （4）员工在登记表上签字，注明日期和时间； （5）将此表放回存档处	20

续表

考 核 项 目	考 核 内 容	分 值
6. 客人取消保险箱	（1）找到客人的登记卡，请客人在此表背后“结束使用保险箱”处签字确认； （2）检查客人签字和登记卡上的签字，笔迹相符才可开箱； （3）客人取出物品后，员工再次检查保险箱，确认客人物品全部拿走，锁上保险箱，将子钥匙放回存放柜中； （4）员工在客人取消的登记卡背后签字，注明日期时间，并在登记表中注明取消； （5）在取消保险箱登记本上逐项登记，包括日期、房间号、保险箱号、时间及员工签字； （6）把登记卡存档	20
总 分		100

实训模拟情境：

住在1007的房间客人张女士（G）需要用保险箱存放一个手提箱和笔记本电脑（收银员：C）。

C：您好，请问有什么可以帮您？

G：你好，我有一个手提箱和笔记本电脑需要保管一下。

C：好的，请出示您的房卡。

G：好的，这是我的房卡，我住1007房。

C：（检查房卡后拿出登记卡）张女士，请您填写贵重物品寄存卡好吗？

G：好的。

C：张女士请您跟我来，（指引客人到达贵重物品保险箱处）这是您的寄存箱62号，（用母钥匙和子钥匙打开箱子）请您将物品放入箱子好吗？

G：好的，可以了。

C：张女士，请稍等。（将柜子锁好）这是保险箱的子钥匙请您收好，如果需要打开保险箱请出示此钥匙。张女士需要提醒您，子钥匙只有这一把，如果丢失，我们的保险箱就会报废，到时需要您照价赔偿。

G：好的。

C：张女士，保险箱只由您一人使用，需要打开时请您亲自到前台办理好吗？

G：好的。

C：这是您的保险箱寄存卡，请收好。需要凭卡和钥匙领取您的物品。谢谢您，再见！

实训项目5 结账过程中特殊情况处理

实训目的：通过客人结账过程中特殊情况处理的实训，掌握及时处理漏账、逃账、代付等相关事宜的原则与程序。

实训要求：（1）熟悉处理各类账务问题的原则与程序。

（2）良好的对客服务意识。

（3）分析处理实际问题的能力。

实训准备：模拟服务台、打印机、练功币、电脑、笔、交接班本。

实训安排：（1）将学生分成实训小组。

（2）各组学生分别扮演收银员和客人。

（3）模拟处理结账过程中出现的问题，按程序完成工作任务。

（4）教师点评并考核。

考核标准：

结账过程中特殊情况处理标准

考核项目	考核内容	分值
1. 催缴欠款	（1）每天查询住店客人的押金余额，当出现余额不足或常住客人的欠款不断增加时，需要催缴押金； （2）行文催账。在催账单上详细写明房号、姓名、日期、预交押金数额、押金余额、所需缴纳押金的数量，放入钥匙架中	20
2. 结账时，发现房间物品不见了	（1）报查房时，客房通知房内物品不见了，委婉通知客人，请客人帮忙查找； （2）如果客人占便宜拿走，委婉告诉客人物品不是免费的，需要付费； （3）如果客人不能拿出物品，按照酒店规定需要客人付费，注意说话语气和方法，照顾客人情绪和面子	20
3. 代付客人房租的处理	（1）在交接班本上注明； （2）在甲、乙两位客人的账单上附上两位签名的授权书； （3）将甲客人的账目全部转入乙客人的账上，甲客人的账目为零处理； （4）及时收回甲客人的房卡	20
4. 漏账的处理	（1）确认漏账属实； （2）确认客人是否离店； （3）查看客人入住登记时所留的通信方式，向主管报告并确定追缴漏账； （4）联系客人，向客人致歉，并说明漏账事宜，请客人谅解并付款； （5）漏账追回后查明漏账原因并记录备案	20
5. 逃账的处理	（1）确认逃账属实； （2）查看客人入住登记所用的证件，向主管汇报，及时采取适当的补救措施； （3）将客人列入本酒店的黑名单	20
总分		100

实训模拟情境：

住在1806房间客人蔡先生（G）退房，房务中心通知前台房内遗留一件白色衬衣，少一个衣架和睡衣（收银员：C；客房服务员：H）。

C：您好，请问有什么可以帮您？

H：你好，1806房间报消费。房内少一个衣架和一件睡衣，客人遗留了一件白色衬衣。

C：好的，你在1808房间找一下看有没有多的衣架，这两间房是一起的。再见。（放下电话面对客人微笑）蔡先生，您好！您的房间遗留一件白色衬衣，请问需要客房服务员给您送下来吗？

G：不用了，先放在这里下次再来拿。

C：不好意思，蔡先生，请问您房间内的睡衣放在什么地方了，我们客房服务员没有找到。

G：（客人思索了一下）哦，我想起来了，今天收拾行李的时候好像把它放到我的箱子里了，我找找（打开行李箱拿出睡衣交给前台服务员）。

C：（服务员双手接过睡衣）谢谢您！（电话铃响）您好，前台，请问有什么可以帮您?

H：你好，1806 房间的衣架找到了。

C：好的，谢谢！客人的衬衣麻烦你们收好，客人下次来取，睡衣已经放在前台，谢谢!

模块 11 前厅销售管理

【情景导入】

客房销售

一日，李先生老家来了一位远房亲戚，酒足饭饱后，天色已晚，于是他带亲戚来到一家饭店。接待小姐一见面便主动、热情地向他们介绍了酒店的双人套房，豪华套房和单人套房。房价分别是 898 元、768 元和 568 元，接待小姐只介绍了高价房，唯独没介绍普通房，李先生身上只带有 300 多元钱，可是临时退缩，那该多难堪。无奈之下，李先生只好要了间单人套房，他先让亲戚上了电梯，随即返回大堂，向大堂经理求援，好在大堂经理同意将他的工作证押在收银处，次日一早再来结账，同时他向经理反映了这个接待小姐的欠妥之处。李先生心里暗想：下次再不去那家酒店了。

评析

顾客类型多种多样，经济条件也各不相同。顾客群体里，既有成功人士、外国朋友，也有普通百姓。作为服务人员光有微笑和热情是不够的，还应善于区分消费对象，促销意识要贴近每一位顾客的实际情况，并善于察言观色，凭借敏锐的职业眼光揣测对方的接待规格，或者直接将酒店的高中低档客房一一介绍给客人，这样顾客也有一个回旋余地，以免出现尴尬场面。因此，在今后的销售工作中改进服务方式增强服务的灵活性与艺术性，以赢得更多的各个阶层的顾客。

如果说客房部和餐饮部是酒店的生产部门，那么前厅部就是酒店的销售前线，前厅部的主要任务就是销售客房。因此，前厅部员工，特别是前台员工一定要掌握客房销售艺术与技巧。目前，在我国，前厅部销售收入占整个酒店利润总额的 50% 以上。前厅部推销客房数量的多与少，达成价格的高与低，不仅直接影响着酒店的客房收入；住店人数的多少和消费水平的高低，也间接地影响着酒店的收入。所以，酒店前厅服务员不仅要接受客人的预订、安排房间，还要善于推销客房及酒店的其他产品从而最大限度地提升高利润客房的出租率，增加综合销售收入。

专题 11.1 熟悉客房产品

客房的分类方法很多，有按房间配备床的种类和数量划分，有按房间所处的位置划分等。客房类型多样，价格高低有别，才能满足不同旅游者的需求，适应不同消费能力需要。

11.1.1　客房的基本分类

客房主要是按房间数量、床的数量和大小进行分类，通常可分为以下几种。

11.1.1.1　单人房

在单人房中一般放置一张单人床，通常配置沙发两用床或隐蔽床，以增加白天起居活动的面积。这种客房的私密性较强，颇受独自旅行者的青睐。特别在发达国家的酒店中所占比例逐渐提高，其中商务酒店的单人房比例更高。

11.1.1.2　大床房

大床房一般配备一张双人床，主要适合单人或双人旅行者居住。有的酒店为显示其豪华程度，在单人房设置双人床，很受商务旅行者的欢迎。

11.1.1.3　双床房

双床间又称为标准间，配备两张单人床，中间用床头柜隔开，可供两位客人入住。这类客房在酒店中所占比例最大，适用面也最广，符合旅游团体和会议客人的要求。有的酒店以两个双人床的标准设计，以显示其较高的规格。这种两个双人床的客房可供两个单身旅行者居住，也可供一对夫妇或一个家庭居住。

11.1.1.4　普通套房

普通套房又称双套房，一般由两个连通的客房组成，一间为卧室，另一间为起居室。卧室中配备一张大床或两张单人床，并设有独立卫生间。这种套房既可住宿，又有会客场所，适合全家人外出度假或一般商人居住。

11.1.1.5　豪华套房

豪华套房又称高级套房，设施豪华齐全，室内注重装饰布置与温馨气氛的营造，一般是三间以上组成的套间，包括卧室、起居室、餐厅、会客室等。卧室通常配备大号双人床或特大号双人床。这种房型一般适合高消费人群或有特定要求的客户居住。

11.1.1.6　总统套房

总统套房装饰布置极为考究，设备用品富丽豪华。一般由五间以上的房间组成，最多可达十间以上，包括男主人房、女主人房、书房、餐厅、起居室、酒吧、厨房、随从室等。通常四星级以上的酒店才设置这种套房，且仅有一套。总统套房的设施被认为是衡量酒店级别的标志之一，但由于造价昂贵、房价高，有能力承受总统套间费用的客人较少，通常出租率较低。

11.1.2　根据房间的位置分类

（1）外景房。外景房是指客房的窗户朝向公园、湖泊、大海、山景、街道。视野开阔，景色迷人。

（2）内景房。内景房是指客房的窗户朝向酒店内院。

（3）连通房。连通房是指相邻的两间客房，中间有连通门连接。连通门平时可以两面反锁，需要时可以打开，以连接两间客房。

（4）相邻房。相邻房是指相邻的两间客房。

（5）角房。角房是指客房位于走廊过道尽头或拐弯处。

11.1.3 特殊类型的房间

11.1.3.1 无烟客房

无烟客房的房间门上有禁烟的标志，房间内不放置烟缸，不接待吸烟客人入住。有些高星级酒店还专门设有无烟楼层，深受不吸烟客人的欢迎，也体现了酒店绿色、环保的理念。

11.1.3.2 女士客房

随着女性客人在酒店客源中的比例越来越高，有些高星级的酒店开始为女性客人设计了女士客房。此类房间充分考虑女性的特点，房间布置温馨典雅，房内备有时尚的女性杂志，衣橱内配有多种衣架适合挂不同的衣物，卫生间内的一些客用品讲究品牌和种类，化妆镜的光线适合客人化妆。

11.1.3.3 残疾人房

残疾人客房充分体现了酒店以人为本、重视人文关怀的经营理念。房间的设计与装饰要充分考虑残疾人的生理特征，房内所有设施尺寸高度，如面盆、窥镜、晾衣绳、门钩、疏散图等均应降低到乘坐轮椅的人使用方便的高度。残疾人房内应提供安全装置。

专题 11.2 房价基本知识

11.2.1 酒店客房价格的特点

酒店的房价并不是随意制定的，由于酒店产品的特殊性，房价也具有自己的特点。

11.2.1.1 客房价值的不可储存性

酒店的产品具有严格的时效性，通常卖房的高峰期是下午至晚上，随着时间的推移，客房的可卖性及当日价值也在减小，直到当日结束，使用价值和经济价值随之消失。这些没有卖出去的客房，跟实物产品不一样，不可以存放。酒店的客房产品生产出来后，其价值的保质期只有一天。所以有人说，客房是“极易腐烂”的商品。

11.2.1.2 商品价值的多元性

酒店的客房产品包含很多内容，除了最基本的住宿功能外，还有一系列附加服务和功能。比如豪华的装修、客房的清洁、餐饮服务、委托代办等，这些使客房的价值具有多元性的特点。

11.2.1.3　价格的波动性

酒店房价经常变动，有季节波动、节假日波动、重大活动波动等。酒店应根据房价特点，有效组织相应市场的营销，以追求最高效益。

11.2.1.4　高比例的固定成本

一件商品都会有一定的成本，客房也不例外。对于客房商品，其固定成本占了大部分比例，也就是不变费用高，可变费用小。酒店的固定成本是不随客房业务变动而基本固定不变的成本，可变成本是根据客房业务量的增减而同步变动的那部分成本。酒店客房的可变成本基本上是客房人力资源成本、浴室的个人卫生用品、客房清洁用品和布件洗涤成本等，这是一间已出租客房的基本花费。在酒店业中，可变成本相对较低，每晚几十元至一两百元不等，这取决于酒店服务的水平、位置和客房出租率。可变成本主要与定价有关，在定价时必须将可变成本考虑在内，这是制定房价的基本起点，任何超出这些可变成本的收入都有助于抵销部分固定成本。客房价格构成，如图 11-1 所示。

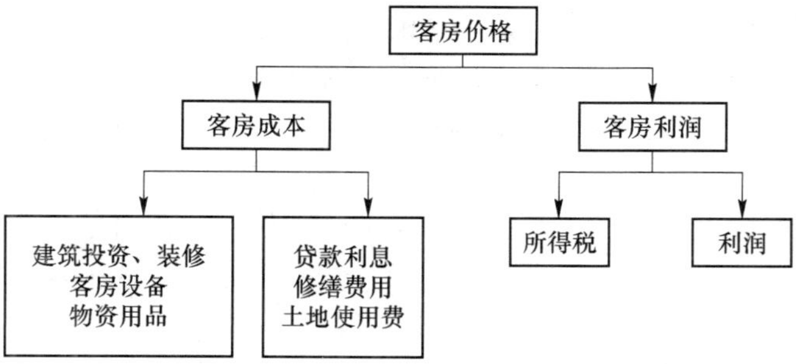

图 11-1　客房价格构成

11.2.2　客房价格的类型

11.2.2.1　公布价

A　欧洲式

欧洲式只包括房费，而不包含任何餐费的收费方式，为世界上大多数酒店采用。中国一般也采用这种方法。

B　美国式

美国式不但包括房费而且还包括一日三餐的费用，因此，又被称为全费用计价方式，多为远离城市的度假性酒店或团队客人所采用。不过随着交通的发展，有减少的趋势。

11.2.2.2　追加房价

追加房价是在公布价基础上，根据客人住宿情况另外加收的房费。

（1）白天租用价（一般用于退房超时或者钟点房）。

（2）加床费（在房内加床）。

（3）深夜房价（客人在凌晨抵店加收半天房费）。

（4）保留房价（要求暂时保留客房而加收房费）。

11.2.2.3 特别房价

酒店服务业对其服务产品实行不同的价格。价格可因日期的不同、目标市场的不同以及所推出活动内容的不同而有所变动。事实上，价格乃是当今最强有力的营销工具之一。因而一些对消费者颇具诱惑力的用词，例如“折扣”“特别优惠价”“试销价”“团体价”等在市场营销和促销活动经常可见。

在酒店企业中，通常都实行标准价格。对于在特定市场情况下实行的其他类型的价格属于特别房价。

A 协议价

酒店协议价是指公司与酒店签协议时，商定该公司客人或员工入住该酒店时，所享受的优惠价。它一般比酒店的挂牌价要低，但通常要达到一定的入住率。许多公司与当地酒店有此类协议。

B 团队价

酒店会给予旅游团的客人或者会议团队的客人更加优惠的价格。团队价适用于房间数量超过一定程度的团体，订房数量不够是不能享受到团队价的。团队价的目的是确保酒店长期、稳定的客源，保持较高的客房出租率。

C 折扣价

酒店的各级领导以及各级员工都拥有一定的折扣权限，在满足条件的情况下，可以给予客人房价折扣。

D 免费房

总经理一级或者部门总监一级的管理人员，可以在有需要的情况下，直接使客人零房费入住。一般这样的客人都是非常重要的VIP客户，或者是能成为潜在客户的集团公司经理，或者是对酒店有重大影响的人，或者是酒店的业主等。

E 家庭租用价

酒店为携带孩子的父母提供的折扣价格，比如为未满6岁的小孩提供婴儿床等。

F 小包价

除房费外，还可以包含餐费、游览费、交通费等其他费用，以方便客人进行预算。

除此之外，客房价格还有淡季价、旺季价等等。

11.2.3 影响房价的因素

11.2.3.1 外部影响因素

A 社会政治、经济形势影响

旅游经济具有脆弱性，其产品具有不稳定性、波动性。一个稳定、繁荣的社会政治及经济环境对以旅游经济为重要收入来源的酒店来讲是至关重要的。因此，房价也会受到以上因素的影响。

B 季节性影响

季节性强是旅游业的一大特点。季节直接影响酒店经营的淡旺。

C　供求关系影响

当供过于求时，酒店业不得不考虑降低价格；当供不应求时，酒店业要考虑适当提高价格。客房商品的价格随供求关系的变化而调整。

D　竞争对手价格影响

竞争对手的价格是酒店制定房价时的重要参考依据。在定价过程中，定价人首先要调查本地区同等级、同档次、具有同等竞争力的酒店的房价，做到知己知彼。

E　行业组织的价格约束

客房房价还要受本地区政府主管部门以及行业协会等组织和机构对酒店价格政策的约束，例如，某地区对所在地区酒店客房价格设置最高上限等。

F　客人消费心理认同

客人的消费心理也是进行定价时应予以重点考虑的因素，尤其是客人对某一种商品价格能够接受的上限和下限。

11.2.3.2　内部影响因素

A　定价目标

定价目标是指导酒店进行客房定价的首要因素。这是酒店确定经营方针的重要依据。

B　酒店地理位置

地理位置对酒店经营非常重要。市中心区、繁华商业区，距离机场、火车站比较近，以及交通便利的地方，有利于酒店房价的制定或调整。而位于市郊、远离繁华商业区、交通条件等地理位置较差的酒店，虽然地价便宜，经营成本低，但由于其对客人的吸引力差，因此房价会相应低一些，以提高酒店的竞争力。

C　经营成本及建筑成本回收

经营成本及建筑成本回收是影响客房价格水平的基本因素。比如，建筑成本回收期的长短，以及目标利润率的高低，都会对房价的制定产生影响。在进行客房定价时，必须考虑成本水平。

D　酒店服务质量

在定价过程中，除考虑酒店硬件设施设备的档次以外，还必须要考虑服务质量水平。

11.2.4　酒店房价的制定方法

11.2.4.1　以成本为中心定价方法

A　建造成本定价法（千分之一法）

建造成本定价法，又称经验定价法。建造一座酒店的总成本包括两个部分：一是指建材、设备、用具等的费用；二是指建造酒店所耗用的时间、技术、人工等。这二者之和构成总成本。根据建造成本定价法，总成本除以客房总数，得出平均每间客房所占的建造成本，再除以 1000，即得出这个房间的房价。例如，一座新建酒店拥有 500 间客房，总造价为 5000 万元，按照建造成本定价法计算房价：

$$每间客房房价 = 50000000 \div 500 \div 1000 = 100 元$$

千分之一是人们认为酒店建造成本与房价之间的直接关系，经过 3 年左右的时间总成本应通过客房的销售收入收回来。

千分之一法得出的结果要高于实际的平均房价，主要原因是土地价格和建造成本的上升。这种定价是建立在一定的假设基础上的，比如酒店的客房出租率能维持在60%左右，其他营业部门能提供一定数额的部门利润，在扣除资本费用前，酒店需要达到一定百分比的利润。此方法只考虑投资成本，而没有考虑酒店的实际经营费用、供求关系和市场状况等。

B　盈亏平衡定价法（保本点定价）

在既定的固定成本、平均变动成本和预计客房销售量的条件下，实现销售收入与总成本相等时的房价，就是收支平衡时的客房价格。侧重于保本经营，是市场不景气时采用的定价方法。盈亏平衡定价法计算公式为

保本点房价 = 全年固定成本总额/全年销售客房数 + 单位变动成本

C　成本加成定价法

成本加成定价法，又称成本基数法，是按客房产品的成本加成进行定价。其优点是简化定价过程，较公平并能获取预期利润，但是缺点也很明显，没有充分考虑需求与市场竞争情况。成本加成定价法计算公式为：

客房价格 = 单位成本 ×(1 + 加成率)/(1 − 营业税率)

D　赫伯特公式法

赫伯特公式法，又称成本核算定价法，这种定价方法以目标收益率为定价的出发点，在已确定计划期各项成本费用及酒店利润指标的前提下，通过计算客房部应承担的营业收入指标，最终确定房价。

在定价操作过程中，结合国际上普遍采用的统一会计制度，通过参照资产负债表和损益表，反映酒店收支状况，在预测成本支出基础上，再来制定价格。这种定价方法计算的结果比较准确，但需要大量的市场信息和相应的资料。

其计算公式分为两步：

（1）年客房预计销售额 = 酒店总投资额 × 目标投资回收率 + 酒店企业管理费用 + 客房经营费用 − 客房以外其他部门经营利润。

（2）计划平均房价 = 年客房预计销售额 ÷（可供出租客房数 × 预计出租率 × 年天数）

例如，某酒店有客房360间，全年营业费用为8040000元，税收和保险费1069200元，折旧费4452000元，合理投资收益额为6474000元，客房以外其他部门的经营利润为2880000元，预计年平均出租率为65%，计算酒店的平均房价：

客房预计销售额 = 6474000 + 8040000 + 1069200 + 4452000 − 2880000 = 17155200

平均房价 = 17155200 ÷（360 × 65% × 365）= 200.85元

11.2.4.2　以需求为中心的定价方法

以成本为中心的定价方法有一个共同缺点，即忽视了市场需求和竞争因素。以需求为中心的定价法是一种按照消费者的价值偏好为基础的定价方法。可采用的直接方法有三种：

第一种，直接评定价值法（直觉评定法）。在分析酒店产品与竞争对手产品的基础上，根据自身产品特色和可能的服务水平等邀请客人或中间商直接评定价格。

第二种，评定直接价值等级法（相对评分法）。通过对周边类似酒店的产品价格进行调查，对不同等级酒店产品进行测评和评分，以获得的分值权重对目标产品进行产品类别的差级定价。

第三种，特征法。这种方法要求酒店决策者选取周边不同等级的酒店，请消费者对其产品的可感知度、可靠性、保证性和移情性等特征进行价值评分。

11.2.4.3　以竞争为中心的定价方法

以竞争为中心的定价方法，就是以酒店面临的竞争环境作为制定房价的主要依据。以同一地区、同档次竞争对手的客房价格作为定价的依据，从而确定酒店客房价格。这是以同等级别酒店的平均价格水平作为定价目标，追随领导型酒店的价格，以减少风险。

11.2.5　酒店房价的调整

酒店的房价制定好之后，在实际运用过程中保持相对稳定。但是，房价并不是一成不变的，由于内部外部情况的变化，比如市场供求关系变化、旅游季节浮动、客房成本费用变动等，酒店有时候需要调整房价，以增加自己的竞争力。

11.2.5.1　调低房价

酒店降价的原因有很多，比如市场供大于求，或者竞争对手制定低价。在激烈的价格竞争中，酒店的市场份额减少的时候，酒店希望通过降价来增加市场份额，扩大销量，降低单位成本，以便在市场上确定牢固的地位。

但是房价下降也会出现一些问题，有时候不一定能增加客房的总销售量，反而可能会引起酒店之间的价格战。降价后，客房出租率可能会有所提高，但仍然无法获得足够的销量和营业收入，无法抵销房价下降的损失。降价之后就不易恢复原来的价格了。

11.2.5.2　提高房价

当酒店的房间供不应求的时候，或者酒店产品的质量有明显的提高，比如，新装修新开业的时候，酒店都会选择提高房价。此外，通货膨胀与汇率上升会造成房价上涨。

提高房价往往会引起客人和代理商的不满，但是，如果成功执行，就会极大地提高酒店的利润水平。

专题11.3　前厅销售策略

11.3.1　前厅销售内容

11.3.1.1　酒店的地理位置

酒店所处的地理位置是前厅销售的重要内容之一。前厅接待员可以充分利用酒店所具有的地理位置优势进行积极推销。例如，对于商务宾客，前厅员工可以强调酒店与城市中心、商务中心距离较近，距离机场、车站不远；而对于观光度假型宾客，则可以突出酒店所处的环境舒适、安静，靠近风景优美的旅游区等地理环境优势。

11.3.1.2 酒店的设施及有形产品

酒店独特的建筑格局、齐全的设施设备、宽敞的客房、高档次的娱乐健身设施及过硬的有形产品，是前厅接待员销售酒店产品、推销客房的重要内容之一。不同的规模、等级、类型的酒店对硬件设施等有形产品具有严格的不同指标，由于它的直观性、立体性，因此也是宾客选择酒店的考虑因素之一。前厅人员在向宾客推销设施及有形产品时，应突出其优势与特点。例如，高档的客房装修，典雅的餐厅布置，配套齐全的各种商业设施、娱乐设施、现代化的会议设施，以及可口的菜肴等，突出酒店产品的设施设备功能优势，达到销售的目的。

11.3.1.3 酒店的服务产品

酒店的服务产品主要包括服务人员的素质、服务态度、服务规范、服务标准与服务质量等。服务产品成为影响宾客购买酒店产品的重要因素。作为与客人接触面最广的前厅服务员，更应努力提高自身的服务意识和服务技能，给客人留下美好的印象，用自己的服务来满足宾客，让宾客体会到酒店具有提供高水准、高规格服务的能力，坚定宾客购买酒店产品的信心。

11.3.1.4 酒店的形象与口碑

酒店的形象与口碑主要包括酒店的历史、社会知名度、信誉、独特的经营作风、企业文化、优质的服务等内容。它是现代酒店无形的财富和资源，是酒店在经营管理的活动中不断积累、塑造而形成的。良好的形象与口碑，是酒店进行差异化竞争的重要元素，体现了酒店在宾客心目中的印象及地位，对于增强宾客对酒店的信任度与吸引力具有重要意义，因此也是酒店销售的重要组成部分。前厅员工不仅应灵活运用这一无形资源，还应通过自己的服务来自觉维护与提升酒店的形象与口碑。

11.3.1.5 酒店的环境氛围

酒店的环境氛围包括可视的环境氛围与可感知的服务环境氛围，二者是相辅相成的。酒店的环境氛围对酒店宾客至关重要，优美高雅的氛围容易使宾客愿意停留，酒店应努力营造独具文化个性与特色的环境氛围，并根据不同的宾客来销售。同时，前厅作为酒店服务环境氛围塑造的重要核心区，前厅接待人员应通过端庄的仪容仪表，热情、主动的服务态度，以及高超的服务技巧来提升酒店的服务气氛，让宾客感受到酒店有能力为宾客提供高效、优质的服务，从而达到销售酒店产品的目的。

11.3.2 客房产品组合策略

酒店产品是组合产品，这是酒店产品的一大特点。从宾客的角度看，客人的酒店消费是一种组合产品的消费。如在酒店住宿，这种消费就包括三个部分：物质产品部分——客人实际消耗的物质产品，如食品、饮料；感官享受部分——酒店建筑、设备家具、装潢装饰、环境气氛、职工仪表仪容、服务技术和服务态度等，通过视觉、听觉、触觉、嗅觉传递给客人而使其体验到感官享受；心理感受部分——客人在心理上所感觉到的利益，如地位感、舒适度、满意程度、快活程度等。

酒店产品的组合特性，为其开发提供了新的组合策略的可能性。开发酒店组合产品需要考虑到以下问题：

（1）销售目的；（2）销售对象；（3）产品名称要恰到好处；（4）产品组合内容，既要满足目标市场需要，又不宜太多；（5）费用问题，在经营和经济上是否可行；（6）组合产品价格以包价出售，应比各部分价格总和低些；（7）组合产品推出时间。

11.3.3　产品促销策略

酒店销售一般包括宣传广告、公共关系、招揽团体业务、保持已有业务、内部促销等。成功的酒店产品促销方式很多，不可能有千篇一律的促销模式，这里选择一些有代表性的促销方法加以论述。

11.3.3.1　突出购买动机的促销策略

（1）突出自豪感。酒店可以强调自己的排他性和豪华度。当一个被招徕的客人进入这家排他的奢华酒店时，就会产生一种优越感、自豪感。

（2）强调舒适和享受。一家酒店可以强调其设施功能的舒适性，用邀请宾客“痛快享受人生”或“请尝试最豪华的酒店”等措辞来吸引宾客。

（3）突出新奇性。新奇也能够产生一种招徕作用。因为人是好奇的，喜欢体验新鲜事物。酒店可以在“新”字上做文章，如“请尝试一下我们酒店的新酒吧”等带“新”字的广告，“新”往往具有奇效，它会像磁铁那样吸引着有好奇心理的人。

（4）突出方便与经济。一家地理位置比较方便的酒店比交通不是很便捷的酒店来说有优势。对设施和星级差不多的酒店来说，经济性也是一个卖点。

11.3.3.2　突出人员推销的销售策略

酒店产品的主要特点是向宾客提供服务，具体来说是一种服务人员与顾客之间的面对面的生产、购买与消费同步进行的活动。在这一产品生产、销售与消费的过程中，服务人员既是生产者又是推销员，顾客是直接的消费者和得益者。于是，在酒店销售策略中，就务必要考虑如何有效地发挥人（包括服务人员与顾客两方面）的作用，这里主要指可以实行全员营销销售策略。

所谓全员营销，是指旅游酒店的各部门员工参与到营销策划中并从直接与顾客或潜在顾客接触、洽谈的过程中了解客户需求并使客户满意，进而进行促销活动。

在现代酒店的经营管理中，良好的全员营销能使得酒店形成全方位、多角度的产品销售局面，并在这个过程中不断获取并积累客户需求信息，达到效益稳定、快速增长的目的。

【案例赏析】

客房优惠价

某日，一位香港常客来到酒店前台要求住房。接待员小郑见是常客，便给他 9 折优惠。客人还是不满意，要求酒店再多些折扣。这时正是旅游旺季，酒店的客房出租率很高，小郑不愿意在黄金季节轻易给客人让更多的利，香港客人便提出要见经理。

其实，酒店授权给前台接待员的卖房折扣不止9折，小郑原可以把房价再下调一点，但他没有马上答应客人。一则，他不希望客人产生如下想法：酒店客房出租情况不妙，客人可以随便还价；二则，他不希望让客人认为，接待员原本可以再多打一些折扣但不愿给，只是客人一再坚持才无可奈何地退让，这会使客人认为酒店员工处理问题不老实；三则，客人也许是想通过前厅经理的再一次优惠让自己获得一份尊重。小郑脑中闪过这些想法后，同意到后台找经理请示，他请香港客人先在沙发上休息片刻。

数分钟后，小郑回到前台，对客人说："我向经理汇报了您的要求。他听说您是我店常客，尽管我们这几天出租率很高，但还是同意再给您5美元的优惠，并要我致意感谢您多次光临我店。"小郑稍做停顿后又说："这是我们经理给常客的特殊价格，不知您觉得如何?"

香港客人计算他实际得到的优惠折扣是8.5折，已经是很给面子了。客人连连点头，很快便递上回乡证办理入住手续了。

11.3.3.3　突出销售渠道的促销策略

酒店产品与其他实物产品之间的区别在于酒店无法将产品通过一定途径输送到宾客手中，而必须通过一定途径将宾客吸引到酒店来消费。酒店的销售渠道有直接渠道和间接渠道之分。

直接销售渠道，又称零层渠道，是酒店产品和服务在流向消费者的过程中不经过任何中间环节的销售渠道。如消费者未经预订直接入住酒店或直接通过酒店预订系统亲自预订房间；又如连锁酒店销售人员在机场、车站等处直接向消费者宣传自己的产品和服务。

间接销售渠道是酒店产品经过两层或两层以上的中间环节，如通过旅行社、旅游组织商、航空公司等中间媒介，最后转移到宾客手中。间接渠道根据介入的中间商层次的多少，又可分为短渠道和长渠道两种。

酒店销售渠道的选择包括销售渠道模式的选择和销售渠道中间商的选择。

（1）销售渠道模式的选择。酒店一般都更愿意通过直接销售渠道将自己的产品销售到目标市场，但这种销售方式产品覆盖面太窄。间接销售渠道虽能够扩大销售服务的覆盖面，但存在销售环节过多、销售成本过局、产品销售期过长等问题。为适应消费市场的需求，达到酒店营销目标，现代酒店在销售酒店产品时，通常直接销售和间接销售并用。

（2）销售渠道中间商的选择。间接销售渠道成员很多，常见的有中间代理商、酒店协会、旅行社、航空公司、会议组织者等。渠道成员的选择也应根据酒店不同的目标市场来进行。

11.3.3.4　突出广告宣传和公共关系的销售推广策略

广告设计应注意：一是广告设计要新奇醒目，引人入胜；二是广告内容应雅俗共赏，生动有趣；三是准确使用广告媒介。

编印宣传资料需注意：要有本酒店的特征，提供的产品服务信息简明扼要，强调信息的真实性与实用性。

酒店公关应内求团结、外求发展，协调企业经营管理。在对外公关中，酒店首先应搞好与新闻界的关系；其次与周边单位紧密联系，同时要保持与社会名流和各界人士的广泛接触；此外还要努力为社会公益事业服务。

酒店公关手段有常客优惠、快速办理登记和结账、记录常客以往信息以及提供个性化服务等。

11.3.3.5　酒店直接建立网络销售渠道的营销策略

酒店网络销售系统的优势主要在于能够有效展示酒店形象和服务，建立与客户良好的互动关系，高效率管理销售过程，还能显著降低销售成本，提高经济效益和管理水平。

11.3.3.6　品牌营销策略

酒店树立品牌能够引发顾客的消费偏好，建立与客户的友好感情，增强消费者的认同感和对品牌的忠诚度，从而达到营销目的。

酒店品牌通过酒店名称、标识物、标识语让顾客认知和使酒店区别不同于别家酒店。

酒店品牌的树立建立在服务质量上。酒店品牌的质量主要透过酒店的表象特征传达给顾客，具体表现在价格、服务人员仪表、建筑物外观以及明显能使顾客产生第一印象的其他方面。品牌营销本身就是名牌创建的过程，其目的在于不断提升品牌、形成名牌。

专题 11.4　前厅销售程序与技巧

在前台工作的员工之中，酒店没有专门设置销售岗位，也就是说前台接待担负起了主要的销售工作。当客人出现在面前时，前台接待就要开始适当地推销客房。有预订的客人可以推荐更好的房间，无预订的客人可以根据客人的消费水平推荐合适的客房。所以，前台接待应该具备一定的销售技巧与能力。

11.4.1　客房销售的基础

11.4.1.1　做好客房销售准备

A　掌握本酒店的基本情况

前台接待必须对酒店的售卖产品非常熟悉，全面了解它们的区别、特点以及卖点，包括各类房间的价格、朝向、功能、所处的楼层、设施设备等。除了房间的基本情况，还要掌握酒店的情况，包括其风格、装饰、服务设施与服务内容、地理位置、周边环境等等。只有掌握了这些基本情况，才能回答客人的任何问题，这是客房推销的前提条件。

B　熟悉竞争对手的产品状况

每一家酒店都有很多竞争对手，客人也会不自觉地比较同类型同档次的酒店。要想把客人留在酒店，就要找出自己酒店的特色与优势，并重点宣传。这就需要前台员工知己知彼，熟悉竞争对手的情况。

C　了解不同宾客的心理需求

作为酒店推销客房的人员，前台接待必须深入了解每一位客人最需要的是什么、最感兴趣的是什么。酒店的每一种产品都会有一些附加利益，而这种利益有的客人看中，有的客人不看中。比如电梯口的房间，有的客人觉得很吵，有的客人认为出行方便。只有了解了客人的心理需求，才能满足客人的心理需求，推销房间也会更容易。

D 表现出良好的职业素质

前台员工良好的职业素质是销售成功的一半。客人刚到一家酒店，对该酒店可能不甚了解，他对该酒店的印象和产品质量的判断是从前厅员工的仪表仪容和言谈举止开始的。因此，对前台销售的服务态度要求为：

（1）要善于用眼神和客人交流，要表现出热情和真挚。

（2）要面部常带微笑，对客人表示："欢迎，见到您很高兴。"

（3）要用礼貌用语问候每位客人。

（4）举止行为要恰当、自然、诚恳。

（5）回答问题要简单、明了、恰当，不要夸张宣传住宿条件。

（6）不要贬低客人，要耐心向客人解释问题。

11.4.1.2 把握客房销售时机

在很多酒店里，前台的工作人员其实拥有许多机会向客户推销自己的产品和服务。根据酒店的所在地、位置、品牌和市场细分，前台接待可以选择合适的策略来进行客房销售工作。

A 抓住直接上门的客人

客人一旦进了大堂，就要主动给予欢迎，主动与客人接触，给客人留下一个好印象。不要只是告诉客人最便宜的房间是什么，然后快速地给客人办理入住手续。正确的做法是向客人介绍 2 ~ 3 种房间类型，或者几种价格，让客人有所选择。如果可能，带他们看看某个房间。

B 推销更好的房间

在客人登记的时候进行有效的升级产品销售。现在许多人都是通过网络或者第三方预订酒店产品，那么在客人登记的时候就是销售更高价格房间的最好时机。首先，要肯定客人预订的房间也是好的选择，然后试探客人的爱好，比如问他"您的旅行社有提到过我们的贵宾楼层吗"或者"您对我们的套房都了解清楚了吗"，在向客人介绍这些更高级选择的时候要表现出这是特别难得的机会，比如可以说："我们今晚特别开放了行政豪华客房……"并且让这些好处显得个性化，比如："像您这个层次的客人会得到……"

C 严格执行酒店价格政策

保持稳定的价格，避免客人在登记、入住期间或者退房时讨价还价。现在有很多精明的客人把讨价还价看作是必需的，无论是刚刚入住还是在入住期间都想着讨价还价。前台工作人员应该清楚地知道，大多数客人只是想再次确认自己拿到的是最实惠的房间。对此，接待人员可以告诉他们现在订的这个房间价格已经比原来低了，比如可以说："其实我们这个房间本来的标准价格是 800 元，所以现在这个价格 500 元已经很实惠了。"

D 利用渠道转化客人

有些客人在浏览完在线旅游代理的网站后会打电话咨询，酒店可以借此机会抓住客人。很多要到酒店入住的客人会直接打电话到前台确认他们在网上看到的价格是不是最优惠的。前台员工最好能在客人打电话过来咨询的时候就让其直接预订，而不是让客人把电话挂了再到网上预订。酒店需要为每个成功入住的网络订房支付佣金，这会影响到酒店的利润，把别的渠道的客人转化为自己的客人无疑是个好办法。

11.4.2　客房销售的技巧

11.4.2.1　客房销售的基本技巧

A　把握客人的特点

每家酒店都在千方百计地寻求自己的客源，以实现经营目标。前厅服务人员应着重了解本酒店所寻求的客源有什么特点，酒店能为他们提供什么产品，也就是要把握客人的特点进行销售。要把握客人的特点，必须了解客人的年龄、职业、国籍、身份等，然后针对客人的特点，灵活运用销售策略与技巧。不同类型的客人有不同的特点，对酒店服务也就会有不同的要求。

B　突出客房商品的价值

在销售客房产品过程中，接待人员应强调的是客房的使用价值，而不单是价格。正常情况下，等级越高质量越好的房间，价格也越高。因此，在与具体客人洽谈价格的过程中，要根据客房的特点及客人自身的需要，在推销时对客房的使用价值加以描述。如“一间刚装修过的、宽敞的房间……”“一间舒适、安静、能看到美丽海景的客房……”“一间具有民族特色、装饰豪华的客房……”。这样能够使客人更加容易接受。当然，描述时应避免过分夸大和错误的介绍。

C　有针对性地为客人提供价格选择的范围

许多酒店的接待员在向客人介绍客房时，都会为客人提供一个可选择的价格范围。如果客人没有具体说明需要哪种类型的客房，前厅服务人员可根据客人的特点，有针对性地推荐几种价格不同的房间，给出2～3种，以供客人选择。一般来说，由较高价到较低价比较适宜，例如“靠近湖边，新装修的客房是800元”“进出方便、别墅式的客房是600元”“环境安静景色优美、在四楼的客房是400元”。然后问客人：“您喜欢哪一种?”除客人已指定客房情况外，由高价向低价报，往往能够使多数客人选择前几种较高价格的客房。推荐的价格以两种为宜，最多不能超过三种，因为价格种类太多，客人不易记住。

在洽谈房价的过程中，前厅人员的责任是引导客人，帮助客人进行选择，而不应硬性推销，以致得不偿失。对客人的选择要表示赞同与支持，要使客人感到自己的选择是正确的，即使客人选择了一间最便宜的客房。

D　坚持正面介绍以引导客人

前厅人员在向客人介绍客房时，应坚持采用正面的说法，要着重介绍各类客房的特点、优势，以及给客人带来的方便和好处，不要做不利的比较。例如，酒店只剩下一间客房时应该说：“您运气真好，我们恰好还有一间漂亮的标准间。”不能说：“很不幸，这是最后一间房间了”。应该问：“您在这里住多久?”而不应该问：“是不是只住一晚?”

在销售客房的过程中，要把客人的利益放在第一位，宁可销售价格较低的客房，也要使客人满意。如果客人感到他们是在被迫的情况下才接受高价客房，那么虽然这次得到了较多的收入，但却失去了今后可能得到的更多的收入。只有满意的客人才会成为回头客。

11.4.2.2　针对特殊客人的销售技巧

A　对优柔寡断客人推销技巧

有些客人，尤其是初次住店的客人，可能在听完接待员对客房的介绍后仍然不能做出决定。在这种情况下，接待员应对他们倍加关注和保持耐心，认真分析客人的需求，设法消除客人的各种疑虑，任何忽视、冷淡与不耐烦的表现都将导致客房销售工作的失败。在与犹豫不决的客人洽谈时，前厅服务人员应注意观察客人的表情，设法理解客人的意图。可以用提问的方式了解客人的特点及喜好，然后有针对性地向客人介绍各类客房的优点，也可以运用语言和行动促使客人下决心。如递上住宿登记表说："这样吧，你先登记一下……"或者"要不您先住下，如果您不满意，明天再给您调换房间"等。如果客人仍然保持沉默或犹豫不决，可以建议客人在服务人员的陪同下，实地参观几种类型的客房，使客人增强对房间的感性认识。如果使用的方法恰当，灵活机动地开展销售是常见的一种方法。要在推销的同时介绍酒店周围的环境，增强感染力和引导力。介绍酒店的各项服务内容，附加的小利益往往会起到较好的促销作用。

B　对价格敏感客人的销售技巧

前台员工在报价时一定要注意积极描述住宿条件，提供给客人一个价格的选择范围，要运用灵活的语言描述不同类型的客房的设施特点。认真了解价格敏感型客人的背景和要求，采取不同的销售手段，给予相应的折扣，争取客人住店。

C　工作繁忙时的销售

由于团队客人的到店时间比较集中，往往会出现客人排长队的现象。客人会表现出不耐烦。这时就需要前台员工做好入住高峰前的接待准备，了解会议及团队到店时间，做好其他准备工作，以减少客人办理入住手续的等候时间。同时也应注意房况，确保无误。入住高峰可选派专人指引，帮助客人办理入住登记，以缩短客人的等候时间，按"先到先服务"的原则，认真接待好每一位客人，做到忙而不乱。

11.4.3　客房报价的技巧

前台接待员掌握对客报价方法和推销技巧是做好销售工作的重要前提。所以，不断地研究总结和运用这些方法和技巧，已成为销售工作取胜的一个重要环节。对客报价是运用口头描述技巧，引起客人的购买欲望，借以扩大销售的一种推销方法，其中包含着推销技巧、语言艺术、职业品德等内容，在实际推销中非常讲究报价的针对性。掌握报价方法，是搞好推销工作的一项基本功。以下是酒店常见的几种报价方法。

11.4.3.1　高低趋向报价

这是针对讲究身份、地位的客人设计的，以最大限度地提高客房的利润率。这种报价法首先向客人报出酒店的最高房价，让客人了解酒店所提供的房价及与其相配的环境和设施，当客人对此不感兴趣时再转向销售较低价格的客房。高价伴随的是高级享受，接待员要善于运用语言技巧打动客人，促使客人做出购买决定。

11.4.3.2　低高趋向报价

这种报价法可以吸引那些对房间价格做过比较的客人，能够为酒店带来广阔的客源市场，有利于发挥酒店的竞争优势。

11.4.3.3　交叉排列报价法

这种报价法是将酒店所有现行价格按一定排列顺序提供给客人，即先报最低价格再报最高价格，最后报中间价格，让客人有选择适中价格的机会。这样，酒店既坚持了明码标价，又方便客人在整个房价体系中自由选择，也增加了酒店出租高价格客房获得更多收益的机会。

11.4.3.4　利益引诱报价

这是一种对已预订一般房间的客人采取给予一定附加利益的方法，使他们放弃原预订客房，转向预订高一档次价格的客房。

11.4.3.5　“冲击式”报价

“冲击式”报价是指先报出房间价格，再介绍客房所提供的服务设施和服务项目等。这种方式比较适合推销价格较低的房间，以低价打动客人。

11.4.3.6　“鱼尾式”报价

“鱼尾式”报价是指先介绍客房所提供的服务设施和服务项目及特点，然后再报出房价，突出客房物有所值，以减弱价格对客人的影响。这种方式比较适合中档客房。

综上所述，尽管接待员的报价方法很多，有些方法甚至相互对立，然而在酒店的经营实践中，由高至低报价法仍然是较科学而实用的。推销客房需要大量的思考和实践，接待员应该在开房时注意观察客人的心理活动和反应。只有用热诚的态度及对客房艺术性的描述语言和适当的报价技巧，才能顺利完成销售高价客房的任务。

11.4.4　前台电话销售的技巧

11.4.4.1　迅速接听

很多时候客人都是通过电话来询问房间情况。从酒店外打入的电话，在电话铃响过第二声后，前台销售人员必须马上接听。在酒店的销售部门，任何在上班时间故意挂上话筒不接电话或办公室无人接电话的行为都必须杜绝。

11.4.4.2　表明身份

接起电话的第一句话应该按照酒店的电话接听规范来问候加一系列客套用语，紧接着就必须报明自己的身份。当客人在你接听电话后，为了确认这是他要找的部门，很可能问一句：“请问这是前台吗?”你的回答不能只是“是的”那么简单，正确的回答是：“是的，先生，这是××酒店前台。我是×××，请问有什么可以帮助您吗?”当然与此同时必须牢记客人的姓名，并在通话中经常使用他的姓氏尊称他。

11.4.4.3　语气愉悦

电话销售的一个基本特点就是销售人员与客人互不相见。在电话销售中，讲话的语气、语调及用词非常重要。一个优秀的销售人员必须做到语气平和、语调轻松、用词得当，给客人愉悦的感受，让听电话的顾客可以迅速被你的轻松自如所感染，愉快地进入谈话状态。

11.4.4.4　抓住重点

在与客人开始的几分钟，要尽可能让对方多讲话，弄清客人的全部要求，准确理解客人的意思，掌握客人尽可能多的资料。聚精会神倾听，抓住问题中心，保持礼貌态度，简明准确回答。同时，把客房销售的技巧运用到通话中，选择适当的报价方式，抓住客人的特点，精准营销。

11.4.4.5　掌握分寸

客人第一次打来的电话常常是做一些基本的询问，了解酒店的相应设施及价格，很可能还会与你的竞争对手做一些比较才能决定。前台销售人员应根据客人所关心的问题做出全面详尽地解答，掌握分寸，适可而止；切忌在第一次电话中就咄咄逼人地强买强卖，一定要客人给你一个肯定的答复。要处处表现出你是以他的利益为中心，让他感觉到，是他自己做出的正确选择，而不是你作为销售员推销的结果。电话销售比当面销售难度更大，因为一旦客人觉得不满意，会快速挂上电话而几乎不会再次打来。

总之，一个礼貌、训练有素的前台销售人员是酒店经营最宝贵的财富之一，他所缔造的酒店第一印象，将决定客人是否再次光顾，以及是否会自动为酒店宣传。

专题 11.5　客房经营统计分析

前厅部作为酒店经营活动的中心和信息中心，要利用经营与服务过程中所获得的统计信息资料，分析研究客房商品经营状况和对策，这也是前厅管理的重要内容之一。

11.5.1　前厅统计报表制作与分析

前厅统计报表是根据酒店经营管理的要求而设置的，它是酒店管理者了解酒店经营情况的首要途径，是酒店管理者做出正确决策的依据，也是酒店其他部门获取信息的重要来源。

11.5.1.1　客房营业日报表

在前厅报表中，最重要的是客房营业日报表。客房营业日报表是全面反映当日客房营业情况的业务报表，一般由前厅收银处夜审人员负责编制。其中，一份于次日清晨送往酒店总经理办公室，以便其及时掌握营业的总情况；另一份送交财务部门，作为其核对营业收入的依据。

客房营业日报表的格式和内容因酒店而异，主要是统计当日出租的客房数、在店客人数及客房营业收入，统计当日离抵店客人数和用房数，用以计算当日客房出租率及当日的实际平均房价。

客房出租率和当日的实际平均房价这两个重要的数据分别从出租的客房数量及出租的

效益的角度简明、集中地反映当天的客房营业情况。有的酒店根据自身的特点，还要求统计团体用房率和散客的平均房价。

11.5.1.2　客源预测表

客源预测表是前厅统计报表中另一个重要的表格，由销售部和前厅部根据以往经验和市场预订情况对即将来临的客源状况进行预测，有利于其他各协调部门做好预期的准备工作，也有利于前厅部客房预订处做好客房预订计划的制订。

客源预测表的内容包括各类客人的现状和预计出现的客人数。

11.5.1.3　前厅接待状况表

前厅接待状况表是前厅部的人员对当天客房占用信息的统计，能够及时确定房间的状态，是前厅部开展工作时的一个必要的参考表格。

11.5.2　主要营业统计数据

11.5.2.1　当日出租客房数与在店客人数

（1）当日出租客房数。当日出租客房数 = 昨天出租的客房数 - 当日离店客人用房数 + 当日抵店客人用房数

（2）当日在店客人数。当日在店客人数 = 昨天在店客人数 - 当日离店客人数 + 当日抵店客人数

11.5.2.2　客房出租率和各类平均房价

（1）客房出租率：

日出租率 =（日出租客房数/可供出租客房数）×100%

月出租率 =[月出租客房数/（可供出租客房数 × 月营业天数）] ×100%

年出租率 =[年出租客房数/（可供出租客房数 × 年营业天数）] ×100%

（2）平均房价：

总平均房价 = 客房房租总收入/已出租客房数

散客平均房价 = 散客房租总收入/散客占用客房数

团队客人平均房价 = 团队客房租总收入/团队客占用客房数

长住客平均房价 = 长住客房租总收入/长住客占用客房数

11.5.2.3　各类客人占用客房的百分比

（1）散客房间占用百分比。散客房间占用百分比 =（散客占用房间数/已出租房间数）×100%

（2）团队客房间占用百分比。团队客房间占用百分比 =（团队客占用房间数/已出租房间数）×100%

（3）免费房间占用百分比。免费房间占用百分比 =（免费占用房间数/已出租房间数）×100%

（4）预订客人房间占用百分比。预订客人房间占用百分比 =（预订客人占用房间数/已出租房间数）×100%

11.5.2.4 计算各类订房变化的比率

（1）空订百分比。空订百分比 =（预订不到客人数/预订客人数）×100%

（2）取消预订百分比。取消预订百分比 =（取消预订客人数/预订客人数）×100%

（3）提前离店客用房百分比。提前离店客用房百分比 =（提前离店客用房数/预期离店客用房数）×100%

（4）延长停留客用房百分比。延长停留客用房百分比 =（延长停留客用房数/预期离店客用房数）×100%

11.5.3 客房主要经营指标分析

酒店管理者及前厅人员掌握的客房商品主要经营分析指标有以下几个。

11.5.3.1 客房出租率

客房出租率是酒店实际出租的客房数在酒店可供出租的客房总数中所占的比例。

一般来讲，酒店经营者总是设法提高客房出租率，以期提高酒店的经济效益。但客房出租率并非越高越好。理想的年平均客房出租率应在85%左右，最多不超过90%，否则，就属于"破坏性接待"。这是因为：

（1）酒店及其客房设施设备需要保养维修，过度使用会使其功能失灵，建筑物寿命缩短。这样不仅影响酒店的经济效益，而且将直接影响对客人的服务质量，进而影响酒店的长远利益。

（2）长年过高的出租率会使包括客房服务员在内的酒店员工被牢牢地固定于工作岗位，无暇参加旨在提高员工素质的各种培训，以致其服务质量下降，对管理工作也会造成很大的压力。

11.5.3.2 双开率

在酒店的实际经营活动中，只计算酒店的客房出租率并不能完全、准确地反映客房的实际出租状况及产生的效益与成本费用。因为在已出租的房间中，每间客房住两位宾客与只住一位宾客的成本费用和效益是不同的。与酒店的一般客房出租率一样，酒店双开率也是酒店决策的重要参考，是全面、科学、正确地反映客房出租率的一项重要指标。

双开率是指在已出租客房中，双人使用的房间数所占的比例。

双人使用的房间数 = 客人总数 − 已出租房间数

双开率 =（双人使用的房间数/已出租房间数）×100%

=［（客人总数 − 已出租房间数）/已出租房间数］×100%

例如：某酒店共接待住宿客人400人，当时出租客房250间，其双开率为：

$$[(400-250)/250]\times100\% = 60\%。$$

双开率可以反映酒店客房的利用状况，是酒店增加收入的经营手段。其前提是一个房间（单人间除外）划出两种价格，比如一个标准间住一位客人时房价为100美元，住两位客人每位只收 70 美元，这样客人节省了费用，酒店也能增收，西方酒店往往这样操作。

11.5.3.3 实际平均房价

这是在酒店经营统计分析中仅次于客房出租率的指标。平均房价是指酒店每出租一间客房所获得的平均客房收入。酒店的客房收入与出租的客房数量及房价密切相关，所以平均房价对酒店经营管理者具有重要的参考价值。平均房价的高低受到许多因素的影响，如出租的客房类型、双开率、白天房价及房价折扣等。通过对平均房价的分析，也可以得出前台销售人员向宾客出租高价客房的工作业绩。

影响酒店实际平均房价的主要因素：

（1）实际出租房价，一般低于门市价。

（2）客房出租率，一般与实际平均房价成反比例。

（3）销售客房类型结构，一般以标准间为主，约占 80%，接近平均房价；否则就会波动较大。

11.5.3.4 理想平均房价

理想平均房价是指酒店各类客房以现行牌价按不同的客人结构出租时可达到的平均房价。计算理想平均房价时，要结合计划期内的客房出租率、双开率及客房牌价进行（尽量避免“破坏性接待”）。其计算方式为：在一定时间内，从计算最低价到最高价出租客房和从最高价到最低价出租客房而得出的客房价格平均值。

例如，某酒店共有客房 400 间，其客房类型与出租牌价见表 11-1。预计未来该酒店的客房出租率可达 80%，双开率 30%，计算期为 12 个月，求其理想平均房价。

表 11-1 某酒店客房类型与出租牌价

客房类型	数量（间）	牌价（元）	
		1 人住	2 人住
单人房	50	140	—
标准间	300	200	260
普通套房	40	300	400
高级套房	10	450	600

根据已知条件，该酒店的理想平均房价计算如下：

（1）从低档到高档计算平均房价（低价出租客房平均房价）。即为客人排房，从最低档的单人房开始，依次向高一档的客房类型推进，直到排完为止。

$$酒店每天开房数 = 400 \times 80\% = 320（间）$$

$$双开客房数 = 320 \times 30\% = 96（间）$$

1）每日客房收入：

$$50 \times 140 = 7000（元）$$

$$(270 \times 200) + (96 \times 60) = 59760（元）$$

该酒店每日客房总收入：

$$7000+59760=66760（元）$$

2）平均客房价格为：

$$66760/320=208.6（元）$$

（2）从高档到低档，计算每日客房收入。即为客人排房，从最高档房开始，依次向低一档的客房类型推进，直到排完为止。

1）每日客房收入：

$$10\times450+10\times30\%\times(600-450)=4950（元）$$

$$40\times300+40\times30\%\times(400-300)=13200（元）$$

$$270\times200+270\times30\%\times(260-200)=58860（元）$$

该酒店每日客房总收入：

$$4950+13200+58860=77010（元）$$

2）平均客房价格为：

$$77010/320=240.7（元）$$

（3）理想平均房价为：

$$(208.6+240.7)/2=224.7（元）$$

在实际运作中，若酒店实际平均房价高于理想平均房价，说明酒店经济效益好，酒店可获得较为理想的盈利。这种比较也能在一定程度上反映酒店牌价是否适应市场的实际状况。若两者相差甚远，则说明牌价过高或过低，酒店应适当调整。

内 容 小 结

房价管理是酒店前厅管理的一项重要内容，直接关系到酒店的客房出租率和酒店的客房经营效益。本模块主要介绍了客房销售的基本知识、内容、程序及技巧，介绍了制定房价的影响因素、房价的类型、客房经营指标等方面的基础知识。通过学习，了解前厅销售基础知识，掌握客房的销售技巧，并进行经营统计分析，为做好前厅部的销售和管理工作打好理论基础。

【职业能力测试】

实训项目　客房销售服务

实训目的：通过客房销售服务的实训，具备客房销售的基本技能。

实训要求：（1）仪容、仪表、仪态符合职业要求。

（2）熟知对客房销售的基本知识。

（3）服务用语礼貌，语音语调轻柔适度，发音清纯，说话流利。

（4）销售应变协调能力强，有促销意识。

实训准备：房价表，酒店宣传册，酒店名片，酒店客房特点。

实训安排：（1）示范讲解。

（2）学生分组，进行客人、接待员的角色扮演，完成客房销售实训任务。

（3）教师点评并考核。

考核标准：

客房销售服务标准

考 核 项 目	考 核 内 容	分 值
1. 迎宾	端正站立，自然微笑，精神饱满地迎接客人	10
2. 判断客人特征	根据客人年龄、职业、穿戴等特点，判断其支付能力和心理承受能力	20
3. 推荐房间	向客人推荐合适的房间	30
4. 合适报价	熟练掌握相关报价方式及销售技巧	20
5. 参观客房	必要时可带客人参观客房	20
总 分		100

实训模拟情境：

客人王先生（G）来到红旗酒店的前台，想要预订房间。接待员（R）接待。

R：王先生，下午好！有什么可以帮到您？

G：我想要一个标准间。

R：先生，实在抱歉，由于我们酒店现在有一个大型会议，所有的标准间都已经住满了。

G：没有标准间了，那怎么办？我每次来都住你们酒店，你帮我想想办法吧。

R：感谢您对我们酒店的信任，我们非常乐意接待像您这样尊贵的客人。其他房型您看可以吗？

G：什么房型，多少钱一晚？

R：先生，您非常幸运，我们酒店的豪华套房还有两间。这种套房在我们酒店销售得非常好，套房是面朝大海的，可以欣赏到美丽的海景。套房房价是每晚 1280 元，房内还配有电脑、打印机等商务设施，浴室有豪华的冲浪浴设备，提供的服务也是上乘的。先生您经常来我们酒店，一定知道我们的标准间是没有这些设施的。

（接待员讲到这里，故意停顿了一下，以便等对方的反应。客人沉默了一会儿，似乎犹豫不决，接待员又开口了）

R：我想先生一定不会单纯在乎房价的高低，而是在考虑这种套房是否物有所值。这样吧，我先带你去参观一下套房，您看了以后再做决定不迟，您看行吗？

G：那好吧，你陪我去看看吧。

R：非常乐意为您效劳，请随我来。

（王先生参观之后，非常满意，决定入住豪华套房）

能力培养篇

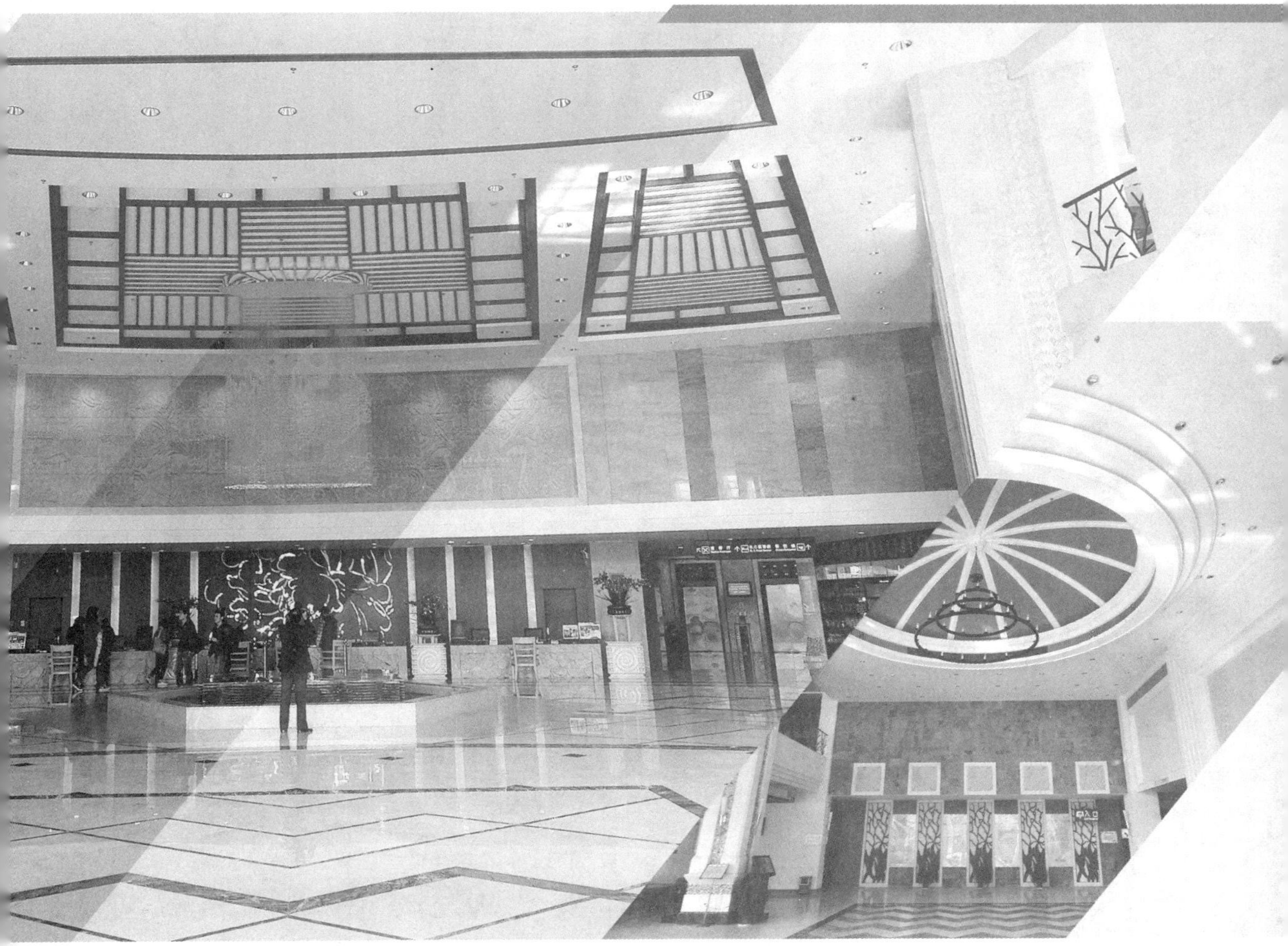

模块 12 前厅信息沟通管理

【情景导入】

优质服务带来的超值体验

张先生讲过这样一段难忘的经历。在泰国曼谷的酒店一开门一名漂亮的泰国小姐，她微笑着和我打招呼："早，张先生。""你怎么知道我姓张?""我们酒店楼层的当班小姐要记住本楼层客人的名字。"我心中很高兴，乘电梯到一楼，门一开，又一名泰国小姐站在那："早，张先生。""你也知道我姓张?""张先生，是上面打电话说您要下来了。"原来她们腰上挂着对讲机。于是，她带我去用早点，餐厅的服务员都称呼我张先生。这时来了一盘点心，点心的样子很奇怪，我就问服务员中间那个红红的是什么。这时我注意到一个细节，那个小姐看后，后退一步，然后说是什么，我又问黑的部分是什么，她还是这样做的。这个后退一步就是防止她的口水溅到菜里，我退房离开时，刷卡后她把信用卡还给我，然后说："谢谢您，张先生，真希望第七次再见到您。"之后 3 年，我再没去泰国，有一天收到一张酒店寄来的卡片："亲爱的张先生。3 年前的 4 月 16 日您离开后，我们再没见过您，酒店全体上下很想念您，下次经过泰国一定来看看我们。"下面写的是：祝您生日快乐！原来写信那天是我的生日。

评析

顺畅的沟通协调机制和完善的客户管理体系是酒店优质服务的前提。酒店的对客服务是具有整体性和系统性的工作，并不能只靠一个人或一个部门，酒店各部门之间要保持工作上的沟通及联系，相互协作，共同做好对客沟通，协调好宾客关系，保证酒店经营管理的成功。

酒店的对客服务是整体性的，要靠酒店每一个部门、每一个环节以及每一位服务人员的共同努力才能令客人满意。而作为酒店"神经中枢"的前厅部，其内外沟通就显得格外重要。

专题 12.1 沟通协调的目的与原则

12.1.1 沟通协调的目的

前厅部是酒店的"神经中枢"，是信息的集散点，是客人与酒店管理部门之间联系的纽带。因此，前厅部管理人员更应了解自己肩负的责任，明确团结协作的重要性。他们不仅应该精通本部门的运转过程，还要了解其他部门的工作。同时，还必须掌握有效的沟通技巧，这样才有可能做好前厅部与其他部门的信息沟通。

信息沟通的目的主要有以下五个方面：

（1）对方理解。自己要争取被别人理解，不要造成别人的误解。

（2）理解对方。作为服务人员，要理解客人，理解自己的上司和同事。

（3）得到对方认可。自己所做的事和所说的话力争得到对方的认同。

（4）获取有关信息。前厅部是信息中心，要争取获得相关信息，这样有利于开展工作。

（5）采取行动，共同努力，完成任务。酒店的每一位成员要团结一心，共同努力，这样才能圆满完成工作。

12.1.2 沟通协调的原则

沟通协调的原则可概括为：

（1）实事求是。任何沟通协调工作都应从实际出发，实事求是，把协调工作控制在政策规定的范围内，否则就会出现偏差。

（2）顾全大局。要从酒店总体目标与全局利益出发，不能有个人主义。

（3）调动积极性。通过沟通协调解决问题，挖掘潜力，调动酒店所有员工的积极性。

12.1.3 酒店沟通协调的内容

各部门之间目标的协调；各部门之间服务项目、服务内容的相互协调；各部门之间服务质量的协调；各部门之间服务时间与服务过程的协调；各部门之间接待能力的协调；各部门之间人际关系的协调；各部门之间在利益分配上的相互协调。

专题 12.2 客情预测及传递

客情预测表是反映未来一段时间内预订客人的基本信息的表格。通过预测酒店的客源情况，然后根据酒店自身的接待能力开展相关的营运活动，更能达到经济效益和社会效益“双丰收”的目的。按照时间划分，客情预测及其传递一般要经过三个阶段，即近期预测、每周预测与翌日抵店客人预测。

12.2.1 近期预测

近期预测一般指半个月或一个月以上的预测，一般只需统计预订客人的数量、每天所需的房间、VIP 或团队会议情况等内容，在每月初或月中打印成预测表传递给有关部门，以便各部门管理人员掌握未来一段时间的预订动态，分析客房销售情况，为市场开发和客源组织提供决策参考，还可据此做好近期接待计划和设备物资准备（特别是住宿高峰期或物资紧缺时，防止接待时措手不及，影响服务质量）。

12.2.2 每周预测

前厅预订处应提前一周将未来每天的客人人数、用房类型、团队会议及 VIP 等信息进行统计并制作一周客情预测表，见表 12-1，一式多份，分送有关部门，以做好接待准备，也可召开由总经理或驻店经理主持的协调会，以做好重大活动的接待工作。

表 12-1　一周客情预测表

年　　月　　日

	特级套房		甲级套房			标准客房			用　餐			备注
	团体客人	重要客人	团体	散客	重要客人	团体	散客	重要客人	早餐	午餐宴会	晚餐宴会	
一												
二												
三												
四												
五												
六												
七												
合计人数												
合计房数												

预测预订总数　　　　预测房租收入
制表人

12. 2. 3　翌日抵店客人预测

在客人抵店前夕，将具体的接待要求（包括客人姓名、用房类型、优惠条件、接待规格等）提前通知相关部门，制作 VIP 接待通知单，见表 12-2、接站单、订餐单，翌日抵店客人名单，见表 12-3，鲜花和水果篮通知单及团队接待通知单，见表 12-4 等。

客人抵店当天早上，接待员根据抵店客人名单，提前预分好房间，并把钥匙信封、住房登记表准备好。将有关细节通知有关部门，以做好接待，共同完成客人抵店前的各项准备工作。

表 12-2　VIP 接待通知单

VIP Arrival Report

姓名 Name	
职务 Designation	
公司 Company	
到店日期 Arrival Date	时间 Time
离店日期 Departure Date	时间 Time
访问目的 Purpose of Visit	
到店接待 Arrival Reception 1. ________董事长 MD ________总经理 GM ________副总经理 DGM to meet 2. 摄影师 Photographer ________________ 3. 其他要求 Other Requirements ________________ 4. 礼节 VIP Amenities ________________ ________________________________	
离店 Departure	
要求部门 Originating Dept	日期 Date
备注 Remarks	

表 12-3 翌日抵店客人名单

年 月 日

预定号	客人姓名	房号	房间类型	到达时间	航班	离店日期	备注

表 12-4 团队接待通知单

年 月 日

姓名__________ 国籍__________ 人数__________
旅行社______________________________
抵达日期______________________________
离开日期______________________________
单人________ 房租________ 双人________ 房租________
三人________ 房租________ 套房________ 房租________

早餐______________________________
午餐______________________________
晚餐______________________________

备注______________________________

____
送往
总台 旅行社 餐饮部 客房部

专题 12.3 前厅部内部沟通与协调

前厅部每天的正常运转和有效地对客服务取决于良好的、通畅的内部与部际沟通。前厅部班组较多，职能任务各不相同，其内部沟通协调是指前厅部所属的客房预订、入住接待、问讯、大厅服务、总台收银、电话总机、商务中心等各环节的相互沟通与协调。它们应按照本身对客服务的操作程序正常运行，还应密切配合，共同承担对客服务的任务，以免因工作脱节而造成客人无人接应或无人服务的现象。

同时，有效的内部沟通协调也有助于前厅部更好地发挥销售客房这一重要功能，尤其表现在总台几大环节的沟通协调上，如图 12-1 所示。

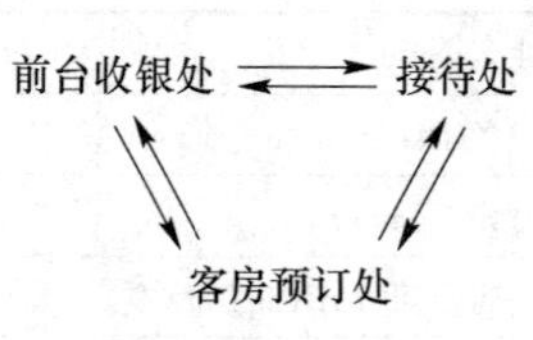

图 12-1 前厅部的内部沟通

12.3.1 接待处与预订处的沟通协调

（1）预订处要及时把有关客人的订房要求及个人资料移交接待处，接待处把预订没到的客人情况返回预订处，以便预订处进一步查找有关资料而进行处理。

（2）对于预订客人抵店当天的订房变更或订房取消信息，预订处应及时通知接待处。

（3）接待处应向预订处提供有关客房销售情况，以便预订处修改预订总表，确保客房预订信息的准确性。

12.3.2　接待处与收银处的沟通协调

（1）接待处应及时将已经办理入住登记手续客人的账单交给收银处，以便收银处建账和累计客账。

（2）换房时如房价变更，接待处应迅速通知收银处。

（3）客人结账离店后，收银处立即通知接待处更改房态。

（4）双方在夜间都应认真细致地核账，以免漏账、错账，确保正确显示当日营业状况。

12.3.3　预订处与行李处的沟通协调

（1）通常，预订处要在晚上把预计翌日抵店的 VIP 客人资料及有关接待要求，以报表形式填写清楚，交由行李处分别派送至总经理室、销售部、公关部、餐饮部、客房部、工程部、保安部，以及前厅部的接待处、问讯处、大堂副理、总机等有关部门。

（2）预订处要把翌日抵店的团体名称、人数、航班、抵店时间等有关资料详细列表并交行李处。

（3）酒店礼宾处代表到机场、车站询问处查询团体所乘航班、车次的到达时间，汇总后报预订处。

12.3.4　接待处与行李处的沟通协调

（1）行李员在大堂门口欢迎客人的到来，协助客人照看行李，引导客人到接待处。

（2）离店客人如有行李服务要求，则接待处应通知行李处按客人指定的时间到房间提供行李服务。

（3）酒店礼宾处代表上班后，到接待处、预订处领取有关资料，将当天特别指定要接的客人姓名、人数、所乘车次（航班）、对应的到达时间、所要求接的车型及其他具体要求登记在交班簿上。

（4）对于没有接到的 VIP 客人或特别指定的客人，酒店礼宾处代表回店后应到接待处查对客人是否已到达，并报告主管或大堂副理，以及时做好补救工作。

专题 12.4　前厅部与其他部门的沟通与协调

12.4.1　前厅部与客房部的沟通协调

（1）前厅部的排房工作效率和准确性，取决于对客房状况的有效控制。前厅部必须注意及时与客房部核对客房状况信息，确保客房状况信息显示的准确性。

（2）团体或会议客人抵店前，前厅部应递交团体、会议用房分配表，以预留好客房。前厅部应递交一周客情预测表、VIP 客人接待通知单、在店 VIP 客人、团体表、翌日抵店客人名单、预期离店客人名单等，以书面形式将客情信息通报客房部。

（3）前厅部应递交特殊要求通知单、客房和房价变更通知单，以通知客人对客房的要求以及客人用房的变动情况。

（4）前厅部应递交有关客房状况的报告，以协调好客房销售与客房管理之间的关系。

（5）客房部应及时将走客房内所发现的客人遗留物品情况以及客房异常情况通知前台。

（6）住店客人通过总机或前台要求酒店提供叫醒服务时，总机或前台应做好记录，保证在客人指定时间提供该项服务，当发现电话被搁置或铃响多遍无人接听时，应及时通知客房部，由客房部派人前往察看。

（7）住客带着行李到总台结账时，总台要及时通知客房部查房。

（8）客房部应安排楼层服务员协助前厅部行李员运送抵店的团体行李（尤其是住客不在客房时）。

（9）前台接到客人要求提供送餐服务等属于客房部工作范围的电话后，应向客人进行解释，及时转接电话或告知客房部当值人员有关客人的服务要求。

（10）前厅部与客房部应互相进行质量监督以及交叉培训。

12.4.2　前厅部与销售部的沟通协调

酒店销售部主要负责团体/会议客人的客房销售，而前厅部主要负责零星散客、当天的客房销售。

（1）前厅部在客房销售工作上与销售部密切配合，双方进行来年客房销售预测状况的磋商，前厅部要参与制定客房的销售策略。

（2）当销售部接到国内外客户（如旅行社、公司等）的订房要求时，应先与前厅部的预订处联系，了解能否按客户的要求来安排订房。

（3）销售部将已获准的各种预订合同副本递交前厅部预订处。

（4）销售部将团体、会议客人的预订资料及用房变动情况资料及时递交预订处。

（5）前台应给销售部递交一周客情预测表、翌日抵店客人一览表、VIP 客人、团体、会议一览表等。

（6）前台应向销售部了解团体、会议活动的日程安排情况等，以便解答客人的询问及提供所需的服务。

（7）接待 VIP 客人时，前厅部、销售部及公关部都要协调做好接待工作。

12.4.3　前厅部与餐饮部的沟通协调

（1）前厅部应向餐饮部递送客情预报。每天以书面形式通报客情信息，并每周递送客情预报表，以便餐饮部了解未来几天中宾客的大致人数，做好食品的采购计划。

（2）通常 VIP 客人会在酒店进餐，团体客人也会附带团体进餐的要求，前厅部应及时把有关信息传递到餐饮部，以做好接待的准备工作。将订房客人用餐的特殊要求及房内鲜花、水果篮布置的要求，以书面形式通知餐饮部，做好准备工作。

（3）前厅部人员应掌握餐饮部各营业点的服务项目、服务特色及最新收费标准等，协助餐饮部进行促销。

12.4.4　前厅部与财务部的沟通协调

（1）前台递交已抵店散客的账单、登记表及压印好的信用卡签购单。

（2）前台应递交已抵店团体客人的主账单。

（3）递送客房、房租变更通知单、长途电话收费单、预期离店客人名单、在店客人名单等客情信息资料以及其他售卖记录，交财务部审查。就信用限额、预付款、超时房费收取等进行有效协调。

12.4.5　前厅部与总经理室的沟通

（1）定期向总经理室呈报“客情预报表”以及“VIP 客人接待规格审批表”和“VIP 客人接待通知单”。

（2）每天以书面形式通报有关客情信息以及酒店免费、折扣、定金、预付款、客房信用政策等信息。

（3）向总经理室转交有关邮件及留言等。

（4）前厅部应了解总经理的值班安排及去向，以提供传呼寻人服务。

12.4.6　前厅部与其他部门的沟通协调

（1）向工程部递送维修通知单。

（2）与工程部、保安部沟通协调客房钥匙遗失后的处理事宜。

（3）了解其他各部门经理的值班安排及去向。

（4）出现突发事件时的沟通协调。

（5）与人事部、培训部沟通协调，开展前厅部新员工录用和上岗前的培训工作。

【案例赏析】

某日，国内某报社编辑一行三人入住某市一家三星级酒店。在办理入住登记手续时，前台接待员要求他们支付预付款。由于不能确定具体住宿天数，接待单位就先为其交了一天的预付款。因为接待单位与该酒店有着较好的业务往来关系，且负责接待的人员恰巧与该酒店销售经理较熟，销售经理同意这三位客人以后几天可免交预付款。

第二天夜间 23:00，当三位客人办完事返回酒店时，一位楼层服务员站在客人的房门口，拦住他们，不允许进入客房，理由是他们没有交押金（预付款）。“可你们的销售经理已经同意了啊!”其中一位客人解释道。“我不管，反正前台说你们没有交押金就不能进客房。”

任凭客人如何解释都无济于事，情急之下，客人说道：“已经半夜了，我们现在外出也没有地方去，要不，你先让我们进去，如果接待单位不帮我们交押金，你就直接去公安局报案……”后经调查，由于内部信息沟通不畅，客人被折腾了半天。后来尽管销售经理一再向接待单位和三位客人道歉，但却难以得到谅解。

专题 12.5　前厅部信息沟通的渠道

沟通就是相关对象之间所进行的信息传递与反馈的双向交流过程。通过有效的沟通，可以争取到上级的支持照顾、同级的默契合作、下级的理解帮助及社会的同情欢迎，以更好地完成各自的服务任务，化解和克服彼此间的矛盾冲突。在酒店的运行过程中，常见的沟通协调渠道有下列几类。

12.5.1　报表、工作报告和备忘录

前厅部的沟通多采用此类方法。其中，报表包括各种营业统计报表、营业情况分析、管理报告等。工作报告包括按组织机构管理层次逐级呈交的月度工作报告。备忘录则是酒店上下级之间、部门间沟通协调的一种有效工具，可包括工作指示、请示、汇报、建议和要求等。

12.5.2　工作日志、特别记事簿

工作日志、特别记事簿是对客服务的备忘录和各班组间的联系纽带，主要用来记录本班组工作中发生的重大问题，以及尚未处理完的需下一班组继续处理的事宜或对客服务等。

12.5.3　会议

举行各种类型的内部会议是协调联系，及时传递指令、信息的有效方法，如由酒店总经理或驻店经理召集的各类指令会、协调会，还有各部门举行的班前、班后的各项例会等，都为酒店对客服务的沟通与协调发挥了很大的作用。

12.5.4　计算机系统

计算机系统是酒店沟通协调和信息处理的一个常规手段，其中包括酒店经营活动中各类数据的收集统计、分析处理、储存、传输及显示等，它能使沟通更为迅速而有效。

专题 12.6　前厅信息沟通的障碍与纠正方法

前厅部与其他部门之间能否进行有效的沟通，不仅反映了管理者是否了解沟通的方法，也反映了管理者对团队协作精神是否有足够的认识。因此，要时刻避免阻碍信息沟通的障碍。

12.6.1　阻碍信息沟通的障碍

12.6.1.1　以自我为中心，互相拆台

酒店是一个相对晋升比较缓慢的行业，特别是单体酒店在职位上升方面存在着较大的瓶颈。同时，酒店基层工作相对来说也具有很强的重复性。因此，难免出现员工为竞争晋升及表彰机会而互相拆台的现象。酒店在人员职业道德及职业素质方面如果缺乏较好的培训和监督机制，就会影响部门之间信息沟通的效果。

12.6.1.2　彼此缺乏尊重与体谅

酒店处处强调对客服务的整体配合效果，但在日常工作中，不少管理人员在设计服务流程时首先考虑的是自己是否方便，或在推出一项计划时没有考虑其他部门的实际情况，从而造成客人的投诉和计划实施的失败。

12.6.1.3　缺少团队意识和合作精神

酒店的组织划分常常会在提高分工带来的高效率的同时，在一定程度上造成条块分割、各自为政。每一位经理和主管可能首先关心的是自己的利益和责任，尤其是在酒店缺乏相关管理制度和规范，以及相关监督和控制措施的时候，一是把自己的职权范围明确地定义出来，二是把不利的信息拒之门外。

12.6.1.4　感情、意气用事

在酒店前厅的部际沟通中，存在着员工之间或部门之间认为对方应该知道自己想要传达的信息的现象。例如，认为对方应该会收到书面重要通知，而不去跟进一个电话确认，这些主观的臆测和猜想经常造成事故和客人投诉。

12.6.2　纠正方法

12.6.2.1　实行定期部际交叉培训，加强沟通协作

由于每个部门的岗位职责要求不一样，跨部门间的工作难免出现沟通障碍。通过各部门有业务背景的主管人员进行培训授课，不仅能让前厅的员工了解、熟悉各个部门的工作职责，增加员工个人对不同工种知识的学习，同时也能加强部门员工之间的沟通交流，树立酒店整体经营管理意识。这样，在平时的工作中，部门间就能相互体谅、共同合作，为有效的沟通创造一个良好的环境。

12.6.2.2　注意日常沟通检查和信息反馈情况

工作中，注意检查部门与内部之间信息沟通的执行反馈情况，不断总结、完善各个环节。对于沟通良好的部门和个人及时予以表扬，反之，则予以批评。

12.6.2.3　提高服务人员的服务意识和综合素质

酒店是一个特殊的行业，它所提供的产品就是服务。服务意识发自于服务人员的内心，员工要微笑待客，时刻注意满足客人的需求，热情周到、亲切真诚、一视同仁地对待每一位客人。只有具备良好的服务意识才能给顾客提供热情周到的服务，培养忠诚的顾客。

12.6.2.4　开展有益的集体活动，增进部际间的相互了解，加强团结协作

酒店为了增进自己与和社会公众以及内部员工之间的了解、信任和合作，应做出各种有计划的、持久不懈的努力沟通。通过各种有效活动，帮助酒店在公众的心目中建立良好的企业形象，提高酒店的知名度，减少或消除对酒店不利的影响，加强酒店员工的集体凝聚力，并与新闻界、顾客、竞争者以及社会公众搞好关系，从而为酒店创造良好的经营、营销环境。

内容小结

前厅信息沟通包括前厅内部信息沟通、前厅与客人信息沟通、前厅与酒店其他部门之间的信息沟通。各部门员工要清楚信息沟通的目的、方法、方向及如何将这些信息进行妥

善处理，保证信息渠道畅通。客情预测表是反映未来一段时间内预订客人的基本信息的表格。加强对员工的培训，让员工熟悉酒店的运转程序。酒店在可能的情况下有必要对员工进行交叉培训，增进员工对其他部门工作的了解；组织员工集体活动，增进员工之间的相互了解，加强团结，这些都是保证有效的信息沟通的方法。

【职业能力测试】

实训项目　前厅报表编制

实训目的：通过前厅报表编制的实训，熟练使用办公软件，做好信息沟通。

实训要求：（1）了解前厅部日常所需的报表种类。

（2）熟练使用电脑编制各种表格。

（3）传递信息通畅。

实训准备：电脑、纸、笔。

实训安排：（1）将学生安排进机房，一人一台电脑。

（2）给出前厅部报表样表，制作样表包括半月客情预测表、VIP 宾客呈报表。

（3）制作后，根据实际情况将表格传递给相应部门。

半月客情预测表

日期	预抵散客	预抵团队	预订出租房数	预计出租率	已用房间数	可用房间数	预计空房间数	VIP 客人数	故障房

VIP 宾客呈报表

姓名	身份	接待单位	抵店日期	离店日期	客房种类		房　租		备注
					ST 标准双床房	SK 标准大床房	ST 标准双床房	SK 标准大床房	
小计									

送：总经理室、大堂经理室、公关销售部、餐饮部、客房部、保安部、前厅部、总机等

考核标准：

前厅报表编制考核标准

考核项目	考核内容	分值
1. 熟悉各类报表	熟悉前厅各类报表的意义	20
2. 编制报表	能够准确完成各类报表的填报	50
3. 信息传递	分清楚接收报表的渠道，保证信息传递的通畅	30
总　分		100

模块 13 前厅人力资源管理

【情景导入】

"机械式"员工

住在 810 房的两位客人王先生和李先生来自浙江温州，他们今天上午刚抵达杭州，经朋友介绍下榻到这家酒店。早上 8 点半他们接到客户电话说过来谈一笔生意。

挂好电话后，王先生说："邢副总还有半小时便要到达，房里还是乱七八糟的，请服务员来打扫一下吧。"

李先生开门出去找楼层值班台服务员时发现，一辆服务车已停在 801 房外面，801 房的门敞开着，显然服务员已经开始在那儿做客房清洁工作。

李先生来到 801 房，说明情况后请两位服务员立即打扫 810 房。

两位服务员听到他的要求后都说："我们每天打扫房间都是按规定的顺序进行，早上 8 点半开始打扫 801 房，然后是 803、805 等。先打扫单号，接着才是双号，打扫到 810 房估计在 10 点左右。""那么能不能临时改变一下顺序，先打扫 810 房呢?"李先生问道。

"那不行，我们主管说一定要按规范中规定的顺序进行。"服务员断然拒绝了李先生的请求。

评析

案例反映了该酒店在员工培训方面的问题，管理人员片面强调服务员执行规定和按程序操作，没有把服务上的灵活性告诉他们。一切规范和程序的根本目的是保证服务质量，因此制定各种规范和程序的唯一依据是站在客人的立场上为客人考虑。一味强调程序，固然能在一般情况下保证大多数客人的满意，但还有一部分客人的特殊需求不在规范之内，甚至可能与酒店服务程序相违背，只要需求是合理的，酒店都应尽量予以满足。

对前厅管理工作人员而言，其日常管理的中心工作主要是对人员的管理。因为人才是经管之本，没有高素质的员工队伍，管理者的一切管理行为就无法得到切实的贯彻落实，从而成为空洞的说辞，所以人力资源管理对前厅管理者来说至关重要。前厅人力资源管理的主要工作：一方面是合理编制定员；另一方面是对员工的招聘、录用、培训和激励，最大限度地发挥现有人员的潜力和能力，避免浪费和滥用人力资源。

专题 13.1 前厅人力资源管理概述

人力资源被称为酒店的第一资源，而前厅人力资源管理是通过管理前厅部人员实现经管目的的过程。前厅人力资源管理的重点是以人为中心的管理，与传统人事管理的差别在于人力资源管理不再把人当成一种成本看待，而是把人视为最宝贵的财富，并且是可以增值的资源。因此，人力资源管理追求的效果就是不能仅仅是成本的节约、绩效的改进、出勤率的提高、员工的成长与发展等，知识经济时代的酒店人力资源管理必须是一个更符合人性特征的管理。

13.1.1 前厅人力资源管理的含义

前厅人力资源管理就是及时恰当地运用现代管理中的计划、组织、领导、控制等职能，对前厅部的人力资源进行有效的开发利用和激励，使其得到最优化的组合和积极性最大限度的发挥一种全面管理。

酒店业所说的前厅人力资源管理不同于传统的人事管理。前厅人力资源管理深受经济竞争环境、技术发展环境和国家法律及政府政策的影响，它作为近 20 年来出现的一个崭新的和重要的管理学领域，远远超出了传统人事管理的范畴。

13.1.1.1 前厅人力资源管理以“人”为核心

传统人事管理的特点是以“事”为中心，强调“事”的单一方面的静态控制和管理，其管理的形式和目的是“控制人”；而前厅人力资源管理以“人”为核心，强调一种动态的、心理意识的调节和开发，管理的根本出发点是“着眼于人”，其管理归结于人与事的系统优化，使酒店取得最佳的社会和经济效益。

13.1.1.2 前厅人力资源管理把人作为一种资源

传统人事管理把人设为一种成本，将人当作一种“工具”，注重的是投入、使用和控制。而前厅人力资源管理把人作为一种资源，注重产出和开发。“工具”可以随意控制、使用；资源，特别是把人作为一种资源，就需要用心保护、引导、开发。

13.1.1.3 前厅人力资源管理成为决策部门的重要伙伴

传统人事管理是某一职能部门单独使用的工具，似乎与其他职能部门的关系不大，但前厅人力资源管理却与此截然不同。实施人力资源管理职能的各组织中的人事部门逐渐成为决策部门的重要伙伴，提高了人事部门在决策中的地位。

13.1.2 前厅人力资源管理的目的

前厅人力资源管理是一个人力资源的获取、整合、保持激励、控制调整及开发的过程，目的如下。

13.1.2.1 建立一支专业化的员工队伍

专业化的员工是指具有酒店服务意识和良好职业习惯的员工。专业化的员工队伍是不会自发形成的，必须通过管理者有意识地挑战、培养和激励，即进行人力资源开发利用和管理，并通过一定时间的熏陶和锻炼才能逐渐形成。

首先，酒店管理者要根据酒店的特点和经营发展的需要，精心挑选适合并且乐于从事酒店前厅工作的员工；其次，要加强对员工的培训和提高，不仅要进行前厅部业务技能的培训，更要培养员工的酒店服务意识和职业自豪感；最后，管理者还应通过科学的管理和有效的激励，激发员工的工作热情，最终形成一支高素质的专业化员工队伍。

13.1.2.2　形成最佳的员工组合

一支优秀的员工队伍，必须通过科学的配备，形成最佳的人员组合，即每个人的行为协调一致，形成合力，共同完成酒店前厅部的目标。否则，即使员工非常优秀，也未必能够保证取得好的成效。因此，在酒店经营管理活动中，管理者应制定明确的岗位职责，并使每个员工权责相当，能够各尽所能，形成最大的工作效能，进而形成一个有序、高效的前厅部。

13.1.2.3　充分调动员工的积极性

人的管理实质上并非管人，而在于得人心，谋求人和事的最佳配合。正所谓“天时不如地利，地利不如人和”。酒店前厅人力资源管理的最终目标就是充分调动员工积极性，即“得人心”。也就是通过各种有效的沟通、激励措施，发挥最佳的团队效应，创造一个良好的工作环境，使员工安心工作、乐于工作，最大限度地发挥员工的积极性和创造性。为达到这一目的，酒店需要建立一套科学的人力资源管理体系，包括优化招聘员工的程序和方法、完善制度及优化结构、发挥最佳群体效应的措施等。

13.1.3　前厅人力资源管理的内容

前厅人力资源管理的主要内容包括酒店前厅部人力资源计划的制订，以及员工的招聘与录用、教育与培训、考核与激励等方面的内容。具体地说，有以下几个方面内容。

13.1.3.1　人力资源计划的制订

前厅的人力资源计划与前厅部整体的经营管理计划是紧密相连、息息相关的，通常只有当前厅部确定了经营管理目标和计划后，才制订前厅人力资源计划。人力资源计划建立在前厅经营管理计划的基础上，是从人力资源方面保证前厅经营管理计划的顺利实施。

制订人力资源计划，首先要根据前厅部结构和未来经营趋势，对其所需人力资源进行需求预测；其次，分析前厅部内外人力资源的供应情况，进行人力资源的供应预测；再次，对需求预测和供应预测进行分析，确定人力资源的实际需求；最后，制订出一个具体的人力资源计划。

13.1.3.2　员工的招聘与录用

招聘与录用是根据人力资源计划、前厅部经营目标和相关政策，制订出一套筛选的方法和程序，从而判断应聘者是否符合该项工作的要求。招聘与录用的最终目的是将合适的员工放在合适的工作岗位上。因此，前厅部招聘员工不应局限于部门外部，还可以在内部对符合要求的在职员工进行提升和调动，即内部招聘。

13.1.3.3　员工的教育与培训

为使每位员工都能胜任其所负责的工作，并以最快的速度适应前厅部的工作环境，部门必须对员工进行经常的培训。通常对操作层的员工侧重于技能方面的培训，而对于管理者则侧重分析问题、解决问题的管理能力方面的培训。培训方式通常有店内培训、外出进修、考察等。

13.1.3.4　建立完善的考核奖励体系

考核是对员工完成工作目标或执行前厅部各项规定的实际状况进行考察、评估，是奖惩的依据。科学合理的考核、奖惩体系给员工指出了努力的方向，可以提高员工实现前厅部目标的积极性，又是前厅人力资源管理效能的反馈。

13.1.3.5　建立良好的福利薪酬制度

前厅部的福利薪酬制度是前厅人力资源管理的重要内容，不仅直接涉及前厅部的费用支出，而且直接影响到员工工作积极性的调动与发挥的程度。前厅部应根据自身情况，选择适当的工资形式，实行合理的奖励和津贴制度，为员工提供劳动保险等福利待遇。通过建立良好的薪酬福利制度，激励员工努力工作。

13.1.3.6　培养高素质管理者

前厅部管理者的素质及工作能力对部门员工积极性的调动也有重要影响。只有高素质的管理者，才有可能对员工进行有效的激励，保证前厅部的正常运转。因为他们有科学的领导艺术和沟通技巧，并善于通过培养企业文化、团队精神等来增强前厅部凝聚力，激发员工的工作热情，使之乐于奉献，最终提高酒店的经济效益和社会效益。

专题 13.2　前厅部人员编制计划

在人力资源管理中，确定岗位数和员工数是要根据前厅部的发展状况和日常工作任务，全面考虑影响部门人力资源需求的各种因素，对部门人力资源未来需要的数量、质量等进行管理的活动。

13.2.1　前厅编制定员的原则

13.2.1.1　控制酒店工资费用

为了降低酒店费用支出，保证酒店整体效益，各酒店都采取定岗定编或减岗减编的措施来控制工资费用，避免出现人浮于事、机构臃肿的情况。

13.2.1.2　保证酒店正常运转

编制定员的前提是要保证酒店的正常运转。一般酒店员工在负荷75%～85%可保持正常运转，一旦连续满负荷或超负荷运转，将引起服务质量下降、差错率上升、员工士气低落等不利于酒店长期利益的现象。为避免出现上述情况，编制定员首先要考虑酒店的正常运转。

13.2.1.3　保证酒店服务质量

酒店长期可持续发展的根本在于酒店的产品质量，因此编制定员也必须以确保服务质量为前提，绝不能以牺牲服务质量为代价来降低费用支出。

13.2.1.4　充分发挥员工的潜力，提高工作效率

在保证酒店的正常运转和服务质量的前提下，前厅部各下属班组可根据自身工作特点，合理分工合作，通过各种激励方法，刺激员工发挥个人潜力，提高工作效率，减少费用支出。

13.2.2　前厅编制定员的程序

13.2.2.1　根据经营环境，确定组织机构和岗位设置

酒店的经营环境决定了酒店类型，酒店类型又决定了服务模式和服务特色，服务模式和特色又影响了组织机构的设置，而组织机构的差异将直接影响定员编制。

13.2.2.2　预测各岗位工作量

在确定组织结构和岗位设置后，就可以着手预测各岗位的日平均标准工作量。各岗位的日平均标准工作量是编制定员的重要依据，综合各岗位工作量和员工的平均工作效率，就可以得出各岗位的编制定员。

各岗位工作量的测定需要综合考虑酒店规模、平均出租率、平均逗留时间和其他因素的影响，计算出酒店的日平均客流量，以此为依据得出部门各班组的日平均标准工作量。具体内容包括：

（1）酒店规模越大，客流总量就越大，工作量自然增加。

（2）平均出租率越高，客流量就越大，工作量也越大；反之工作量越少。平均出租率高低表明酒店客流量大小，而客流量的大小则同各岗位的工作量成正比。客人在酒店的平均逗留时间对前厅客房的日常工作量也有较大影响：平均逗留时间越长，客流量就越小，工作量也越小。

（3）酒店的客源结构对工作量也有一定影响：散客比重越大，工作量越大；商务客人越多，工作量也越大。

13.2.2.3　确定各岗位工作定额

工作定额是指在一定的物质、技术和管理条件下，员工发挥正常的工作效率，在单位时间内所应完成的标准工作量或为完成单位工作量所消耗的时间。工作定额的确定取决于普通员工的正常工作效率，即经过一般培训的大多数员工完成单位工作量所需的时间或在单位时间内完成的工作量。

工作定额的确定方法通常有两种，一是经验预测法，二是技术分析法。经验预测法就是管理人员根据自己以往的工作经验，结合酒店现有的人员、设备、技术条件和管理水平，综合分析后得出的基本工作定额。这种方法简单方便，易于掌握，但预测出的工作定额准确性不高，不能保证充分利用员工的工作能力，只适用于一般服务水准的中小型酒店。大中型城市商务酒店的工作定额必须通过技术分析法来获得。技术分析法是通过科学测定各岗位员工的平均工作效率，经过分析和计算得出有效工作时间内各岗位的标准工作定额。

13.2.2.4　确定各岗位人员编制

有了日工作量、员工的平均工作效率和标准工作定额，管理人员就可以着手确定各岗位的编制定员。确定岗位数和员工数，要本着节约成本、提高效率的宗旨。

在建立岗位职责制的基础上，确定岗位数和员工数的方法包括：

（1）历史分析法。历史分析法是通过考查部门历史在位人员的数量、质量、业务量、工作量等历史数据的关系，同时，根据制定者以往经验进行分析来确定岗位数和员工数。

（2）现场观察法。现场观察法也称实况分析法，即借助实地访谈、跟踪，通过现场观察、写实分析来确定部门岗位数和员工数的方法。

（3）劳动效率定员法。劳动效率定员法是一种根据工作量、劳动效率、出勤率来计算岗位数和员工数的方法，主要适用于实行劳动定额管理、以手工操作为主的工种。

（4）岗位定员法。岗位定员法就是根据组织机构、服务设施等因素，确定满足工作的岗位数量，再根据岗位职责及业务特点，考虑各岗位的工作量、工作班次和出勤率等因素来确定人员的方法。

（5）比例定员法。比例定员是指根据酒店的档次、规模，按一定比例确定人员总量；同时，以某一类人员在全员总数的比例和数量，来计算另一类人员数量的方法。这一方法是依据前厅部某类人员与酒店之间，或不同岗位人员之间客观上存在的规律性的比例关系确定的。当然，这种比例关系在确定编制时只是一个相对的依据，因为每个酒店的实际情况不同，服务标准和管理目标也不同。

（6）职责定员法。职责定员是指按既定的组织机构及其职责范围，以及机构内部的业务分工和岗位职责来确定人员的方法，主要适用于确定管理人员的数量。

专题 13.3　前厅部员工的招聘

13.3.1　前厅员工招聘的途径

13.3.1.1　员工外部招聘

外部招聘是指根据一定的标准和程序，从酒店外部选拔符合前厅岗位要求的工作人员。特别是需要高级管理人员或者特殊人才时，必须采用外部招聘的方式来获得所需要的人员。

A　外部招聘的方法

（1）媒体招聘。利用电视、广播、报纸、杂志等媒体发布招聘广告进行招聘，是一种普通而又有效的招聘形式。采用哪种媒体做广告，还要根据对人员的急需程度及招聘成本等来决定。

（2）校园招聘。学校是培养人才的重要场所，校园招聘是招收应届毕业生人才的主要途径。

（3）网上招聘。随着互联网的出现和普及，越来越多的酒店使用互联网进行人才招聘，也有越来越多的求职者在网上发布求职信息。

（4）职业中介机构招聘。目前，我国的职业中介机构主要有劳务市场、人才交流中心或人才市场、人才咨询公司、高级人才咨询公司等。

（5）猎头公司招聘。猎头公司的主要优点在于可以主动出击，有针对性地为前厅部招来人才，而且时间较快，又能准确地满足前厅的需要，但是通常费用都较高。

B 外部招聘的优、缺点

依靠外部招聘对前厅而言有以下优点：

（1）外部招聘的人员可以带来新的管理方法和经验。

（2）有利于平息和缓和内部竞争者的紧张关系，因为，对于内部条件相当的竞争者，如果有的被提升，有的不被提升，就容易引发不满情绪，而外部竞争能使这些竞争者得到某种心理平衡。

外部招聘主要缺点表现在以下方面：

（1）招聘费用高，成本大。外部招聘一般要借助于各种广告媒体和宣传媒介，并且招聘工具的设计和制作通常需要有专业的部门和人员来完成。

（2）吸引、接触、评估有潜力的候选人较为困难。在进行外部招聘时，面对的是大量陌生的应聘者，同时，任何一种外部招聘方法的信息覆盖面都是有限的，难以让更多的优秀人才接触到有效的招聘信息。

（3）需要较长时间的培训和适应。从酒店外部招聘的员工对酒店的了解与认识一般仅限于从招聘广告和招聘人员那里获取的有限信息，对职位的了解十分有限，因此需要对他们进行一段时间的培训，使其熟悉工作要求和前厅部门情况。

（4）可能将原先的工作方法和思维模式运用到新的工作环境中，可能会影响工作效率。

13.3.1.2 员工内部招聘

内部招聘是员工招聘的一种特殊形式。严格来说，内部招聘不属于人力资源吸收的范畴，而应该属于人力资源开发的范畴。内部招聘是指通过内部晋升或工作调动来实现人力资源补充的招聘形式。内部招聘是一种既经济又快速的人力资源补充方式。

A 内部招聘的方法

内部招聘主要有推荐选拔、考试选拔、人员调动、内部提升等方法。

（1）推荐选拔。这是内部招聘的一种特殊方法，一般由上级主管人员向人力资源管理部门推荐候选人，通过对候选人的审查、考核、岗前培训等一系列程序，把符合条件的人员安排在新的工作岗位上。

（2）考试选拔。这是最常用的内部招聘方法，尤其是非管理层的职位出现空缺时，通过内部招聘公开空缺职位，吸引人员来应聘，并通过考试录用。此种方法简便、经济、快速和实用。

（3）人员调动。包括调换和轮换两种方式。人员调换也称“平调”，通过将酒店内部平级人员之间进行相互调换，为员工提供在内部从事多种相关工作的机会，从而使员工能够从事最适合自己的工作，更好地提高工作效率。轮换相对于调换通常是短期的。它通过让不同岗位上的员工定期地轮流换岗，使那些有潜力的员工了解到酒店的不同方面，也可以减少一些员工因长期从事某项工作而带来的枯燥、无聊感，避免因单调重复劳动引起的生产率降低。

（4）内部提升。当前厅部一些比较重要的岗位需要招聘人员时，让内部符合条件的员工从一个较低级的岗位晋升到一个较高级的岗位的过程就是内部提升。内部提升应遵循唯才是用、调动大部分员工的积极性、提高生产率的原则。

B　内部招聘的优、缺点

依靠内部招聘对酒店而言有以下优点：

（1）内部招聘可以使酒店得到大量自己非常熟悉的员工，不必再花费力气去认识和了解新员工。

（2）这些应聘者对酒店的状况及空缺职位的性质都比较了解，同样也省去了很多适应岗位的麻烦。

（3）有利于激励员工奋发向上的精神，较易形成酒店文化。

内部招聘的主要缺点表现在以下方面：

（1）招聘的可选范围有限，可能造成职位的长期空缺。

（2）易受主观偏见的影响，不利于应聘者的公平竞争。招聘人员对应聘者先入为主的印象和看法，有可能对应聘者造成有利或不利的影响，从而使内部招聘偏离公平竞争的原则。

（3）容易在酒店内形成小团体和裙带关系，给管理带来困难。

（4）有可能影响员工的积极性。

（5）内部不良竞争反而降低士气。

（6）阻碍新思想的引入，使前厅缺少活力。

13.3.2　前厅员工招聘的程序

从人力资源规划的角度来看，人员招聘与甄选的运作程序一般分为以下几个步骤：

（1）确定招聘岗位。各部门各岗位由于人员流动、工作需要，造成人员编制不足时。前厅部管理人员应根据本部门实际运行需要，确定空缺职位和所需招聘人员数量。

（2）制作招聘广告。招聘广告内容应该包括部门的简要介绍，应聘者的岗位职责和资格要求，以及应聘者的工资福利待遇等内容。

（3）发布招聘广告。发布招聘广告可根据需要选择不同的招聘途径。招聘广告应明确说明所招聘的具体岗位和对应聘人员的资格要求。

（4）选择合格人选。人事部门及前厅部有关人员共同对应聘资料进行整理和筛选，初步确定基本符合应聘资格的招聘对象。选择的标准通常是看应聘者的个人简历是否符合酒店的要求、相关证明文件是否真实。

（5）安排面试。面试的具体程序如下：

1）面试人员做好充分的准备工作，详细阅读应聘人员简历，准备好一定数量的面试问题。

2）应聘者陈述个人情况，包括学历、个人履历、应聘原因、个人能力评价等。

3）应聘者陈述过程中，面试人员应做好笔记。

4）面试人员对应聘者进行简短提问，提问方式建议多采用非正式问题。

5）应聘者对面试人员提出的问题进行相应的回答。

6）面试人员根据应聘者的综合表现评分。

7）面试人员比较众多应聘者的综合素质，从中选择理想人选。

面试过程中，面试者应注意给应聘者创造一个轻松亲切的面试环境，让应聘者能够放松精神，在面试过程中充分展示自己的能力和价值。面试者应保持良好的礼节礼貌。整个面试过程中面试者都要保持精力高度集中，对应聘者给予足够的重视。

（6）安排体检。由于酒店业属于服务性行业，所有从业人员必须身体健康，无任何传染性及其他不适合服务性工作的疾病，要持健康证上岗工作。

（7）聘用。由于存在管理体制和模式上的差异，各个酒店的员工录用手续不尽相同，但出发点都是共同的，即帮助员工尽快熟悉新的工作环境，适应新的工作岗位，建立同事间良好的合作关系。

（8）招聘结果评估。最后要做好招聘结果评估工作。

专题 13.4　前厅部员工的培训

客人对酒店评价的好坏，很大程度上取决于和他们接触最多的一线员工，而员工的服务水平很大程度上取决于酒店对员工培训的重视程度。

13.4.1　员工的培训

（1）提高员工的业务技能和酒店的服务质量。培训的首要目的是保证员工具备胜任岗位工作所需的服务技能。在现代酒店的发展中，对员工素质的要求越来越高。这就要求酒店对员工不断地进行培训，提高员工队伍的综合素质，而员工的高素质也会在酒店的经济效益指标中反映出来。

酒店行业想在激烈的竞争中立于不败之地，很重要的一点就是要打造能驾驭不断发展的科技和先进工作方法的高素质员工队伍，增强酒店员工的凝聚力和向心力，充分发挥员工的积极性和创造性，将热情、规范、优质、高效率、高质量的服务视为自己的责任与义务。

（2）培养业务骨干和后备管理人员。酒店和管理部门对工作表现出色、工作踏实勤恳的优秀员工进行有针对性的系统培训，采取长期外派、短期集中培训等多种方法将这些员工培养成为酒店的业务骨干和后备管理力量。

（3）提高工作效率，降低经营成本。相对未经培训的员工，培训后可以减少 73% 左右不必要的浪费。而未经培训的员工发生事故的概率是经过培训员工的三倍。

（4）激励员工，促进员工的个人发展。培训对酒店固然有许多的效益，但对于酒店的员工本身也是颇有效益的，这主要表现在以下几点：一是提高能力，增加收入；二是有助于个人事业的发展；三是增强职业安全感。

13.4.2　培训的类型和内容

13.4.2.1　按培训对象的不同层次进行分类

（1）决策层管理培训。高级管理人员是酒店管理的决策层，作为酒店管理的领导中枢，对其培训的主要内容是如何树立宏观经济观念、市场及竞争观念，销售因素分析及营销策略制定，组织行为学，如何进行预算管理、成本管理和经营决策等系列宏观课题。

（2）督导管理层培训。督导管理人员是酒店的中坚力量，对督导管理人员的培训重点在于加强管理概念与能力的训练。

（3）服务员及操作人员层培训。酒店服务员、各技术工种操作人员及后台杂勤人员，是维持酒店正常运行的实际工作人员，培训重点是具体的操作技能和完善的服务意识。

13.4.2.2　按实施培训的不同地点进行分类

（1）店内培训。酒店人力资源部或各部门在统一的安排下利用酒店专设的培训教室，在非营业时间利用餐厅或食堂等酒店内部的场所进行的培训活动为店内培训。

（2）在岗培训。在岗培训也是店内培训的方式之一，区别在于受训员工不离开岗位，或以现任的工作为媒体接受训练。

（3）店外培训。培训地点不在自己的酒店内，有计划地安排与有关单位联合举办多种形式的培训班、专题讲座或报告会、参观考察活动等店外培训。

13.4.2.3　按培训的不同内容进行分类

（1）员工职业素质培训。酒店员工职业素质是决定酒店服务质量的关键，培训课题有旅游业以及酒店业的行业信息、涉外人员守则与外事纪律、礼貌常识和外事礼节、人际关系处理技巧等。

（2）外语培训。英语是国际通用语言，要求酒店所有的员工都必须掌握日常的英语会话。根据酒店的不同国家的客源，培训不同的语言，如法语、韩语、日语等。

（3）专题培训。专题培训是酒店开业后针对性较强的培训，其内容及对象的选择要根据改进管理和服务工作的需要而定。专题培训的内容有电话礼节培训、宾客的关系训练、管理员督导技巧培训、酒店营销技术培训、酒店公共关系培训等。

（4）部门专业实务培训。实务培训指酒店各部门在人力资源培训部的协助下，对本部门员工进行旨在改进工作方法、提高工作效率的培训。

（5）相互培训和岗位轮训。为了增强员工对工作的适应性，便于同其他部门沟通，酒店可以采用交互培训。

13.4.3　员工培训的方法

（1）讲授法。通过讲解传授的形式向培训对象传播知识的方法。

优点：培训成本较低；系统性强，重点突出；便于掌握时间和进度。

缺点：被动的学习方法，只注重与学习者的单向沟通，学习者没有机会对材料加以澄清适用于理念性的知识培训。

（2）角色扮演法。通过设计一个接近现场的培训环境，模拟一系列实际工作中的情景，使受训者进入角色去处理各种问题和矛盾的培训方法。

优点：角色扮演让受训者有机会实践所学到的技能；生动、直观，使人印象深刻。

缺点：参加人数受限；教学时间较长，对准备工作要求比较高。这种方式最常用于教授人际技能和推销技巧。

（3）操作示范法。通过模拟工作现场或在真实工作环境中利用设施、器具、用品进行操作、展示和讲解的培训方法，多用于技能培训。

优点：受训者如果犯错，培训者会立即加以纠正，并让他们正确地重复该步骤；能调动学习对象的视、听等多种感觉器官，有利于加强记忆。

缺点：培训受场地、设备等条件限制较多。

(4) 小组讨论法。将学员分为若干小组，每一小组在规定的时间内讨论某一特定问题，并由小组代表做交流发言，最后由培训师进行总结的培训方式。

优点：互动交流，启发思考；课堂气氛活跃，容易提高学习的积极性；能使受训者综合运用理论知识，锻炼分析、推理、判断、评价等思维能力和表达能力。

缺点：受参与者的数量和知识能力水平限制，不适合对庞大而又复杂的问题作研讨；课堂控制难度较大。

(5) 管理游戏法。用于表现和辅助学员学习的练习、图解、活动或小插曲。它的形式生动活泼，寓教于乐，能强烈激发学习热情；节省时间，加速学习循环，在游戏中易于感受和培养综合管理意识和能力。

(6) 拓展训练。内容为团队建设、领导才能、新员工拓展、客户关系、挑战极限。

(7) 自学指导。自学指导是员工根据自学指导材料自行学习。

优点：这种方法节约了培训成本，员工可以根据自身情况灵活安排。

缺点：缺乏面对面教学所具有的交流以及员工间的激励，学习的兴趣和培训效果受到一定影响。

由于酒店员工培训有自身的特点和规律，在实施不同的培训内容时，应科学选择培训方法，以帮助培训的有效实施。

一个酒店想要获得想要的人才，最重要的渠道是对外招聘和对现有人才进行培训。通常，酒店不可能在任何时候都招聘到合适的人才，即使找到，也有一个提高、更新知识以适应环境的问题。所以从长远的角度来看，人才培训才是企业发展的关键。

在这个人才竞争激烈的时代，对于劳动密集型的酒店来说，人力资源是企业一项最基本、最重要、最宝贵的资源。只有人，才能使用和控制酒店的其他资源——物资、资金、信息和时间，从而形成酒店的接待能力，达到酒店的预期目标。在这之中，人才的引进和培训更是重中之重，高素质的人才是企业发展和竞争的关键所在，培训无疑就起到了至关重要的作用。

专题 13.5　前厅员工的考核

员工的考核与评估是指管理人员依据既定的标准，按照一定的程序，采用适当的方法对下属员工进行综合考核和评定，并提出改进和要求。为了提高服务质量和工作效率，必须实施并加强对员工的日常考核和定期评估工作。否则，将会出现有令不行、纪律涣散、服务质量恶化的状况。

13.5.1　前厅员工的日常考核

前厅部各级管理人员平时应做好对下属员工工作表现的观察与考核记录，这不仅是提高服务质量和工作质量的重要手段和途径，同时也是对员工进行客观、公正评估的基础。

考核应该逐级进行，涉及部门内包括管理人员在内的每一位员工。领班对服务员进行考核，主管对领班进行考核，而部门经理则对主管进行考核。考核结果除了对当事人进行批评教育外，还将在每月的绩效奖中予以体现。当然，管理者应该明白，考核和评估只是手段而已，而提高服务质量和工作效率才是最终目的。

考核的内容可以因考核的对象不同而不同，对服务员的考核包括员工的出勤情况、仪容仪表、服务态度、客人投诉情况、工作出错情况、违反店规店纪情况、与其他员工的合作情况、对管理人员的服从性以及工作的责任心与自觉性等。而对管理人员的考核则还应增加督导和管理情况、财产管理情况及考评工作执行情况等。

为了增强考核工作的客观性和公正性，考评员还应在考评表的背面写下扣分理由和出现的问题，使被考核者心服口服，这也是日后对员工工作评估的客观依据。

13.5.2 前厅员工的绩效管理

绩效管理是一种正式的员工评估制度。它通过系统的方法、原理来评定和测量员工在职务上的工作行为和工作效果，是前厅部管理者与员工之间进行管理沟通的一项重要方式。员工的绩效考核是指针对部门每个员工所承担的工作，应用各种定性与定量的方法，对员工工作的实际效果（数量、质量、成本费用等）及对酒店的价值贡献进行的考核和评估。绩效考核的结果可直接影响到薪酬调整、奖金发放及职务升降等诸多员工的切身利益，其最终目的是改善员工的工作表现，在实现酒店经营目标的同时，提高员工的满意程度和工作的成就感，最终达到酒店和员工个人发展的“双赢”。

绩效考核的核心是促进前厅部获利能力的提高及综合实力的增强，其实质是做到人尽其才，使人力资源作用发挥到极致。绩效考核常用的方法如下。

13.5.2.1 等级评估法

等级评估法是绩效考核中常用的一种方法。根据工作分析，将被考核岗位的工作内容划分为相互独立的几个模组，在每个模组中用明确的语言描述完成该模组工作需要达到的标准。同时，将标准分为几个等级选项，如优、良、合格、不合格等，考核人根据被考核人的实际工作表现，对每个模组的完成情况进行评估，总成绩便为该员工的考核成绩。

13.5.2.2 目标考核法

目标考核法是根据被考核人完成工作目标的情况来进行考核的一种绩效考核方式。在开始工作之前，考核人和被考核人应该对要完成的工作内容、时间期限、考核的标准达成一致。在时间期限结束时，考核人根据被考核人的工作状况及原先制定的考核标准来进行考核。

13.5.2.3 相对比较法

相对比较法是对相同职务员工进行考核的一种方法。它是对员工进行两两比较，任何两位员工都要进行一次比较。两名员工比较之后，工作较好的员工记“1”，工作较差的员工记“0”。所有的员工相互比较完毕后，将每个人的成绩进行相加，总数越大，绩效考核的成绩越好。相对比较法每次比较的员工不宜过多，5～10名即可。

13. 5. 2. 4　重要事件法

考核人在平时注意收集被考核人的重要事件，重要事件是指被考核人的优秀表现和不良表现，对这些表现要形成书面记录。对普通的工作行为则不必进行记录。根据这些书面记录进行整理和分析，最终形成考核结果。该考核方法一般不单独使用。

13. 5. 2. 5　评语法

评语法是指由考核人撰写一段评语来对被考核人进行评价的一种方法。评语的内容包括被考核人的工作业绩、工作表现、优缺点和需努力的方向。评语法在我国应用得非常广泛，由于该考核方法主观性强，最好不要单独使用。

13. 5. 2. 6　综合法

综合法，顾名思义，就是将各类绩效考核的方法进行综合运用，以提高绩效考核结果的客观性和可信度。在实际工作中，极少使用单独的一种考核方法来实施绩效考核。

专题 13. 6　前厅部员工的激励

酒店要在激烈竞争的市场中立足，并且实现可持续发展，关键在于吸引和留住大批优秀的员工。吸引和留住优秀员工的关键在于酒店施以有效的激励机制，充分调动员工的工作积极性，给予员工施展才华与能力的平台。优秀的管理者总能洞察到员工之间不同的需求、不同的目标，从而采用恰当的激励手段和方法，促使每个员工自发地、最大限度地发挥聪明才智，从而提高酒店的经济与社会双重效益。

13. 6. 1　激励的含义

激励，是促使员工为了个人利益和自身需要，充分发挥自身的能力和潜力，最终实现酒店经营目标的一种动力。

13. 6. 2　激励在酒店管理中的意义

服务质量是酒店的生命之源，而每一个成员是组成酒店生命的零部件。良好的服务取决于服务人员良好的素质和主观能动性。激励管理是酒店管理的重要环节，是实现良好效益的手段，其重要性主要表现在以下几方面：

（1）吸引优秀人才。在许多发达国家的企业中，特别是那些竞争力强、实力雄厚的企业，通过各种优惠政策、丰厚的福利待遇、快捷的晋升途径来吸引企业需要的人才。

（2）激发员工潜能。研究发现，按时计酬的分配制度仅能让员工发挥 20% ~30% 的能力，如果受到充分激励的话，员工的能力可以发挥出 80% ~90%，两种情况之间 60% 的差距就是有效激励的结果。

（3）留住优秀人才。每一个组织都需要三个方面的绩效：直接的成果、价值的实现和未来的人力发展。因此，每位管理者都必须在这三个方面均有贡献。在三个方面的贡献中，对“未来的人力发展”的贡献就是来自激励工作。

（4）造就良性环境。科学的激励制度包含一种竞争精神，它的运行能够创造出一种良性的竞争环境，进而形成良性的竞争机制，在具有竞争性的环境中，组织成员就会受到环境的压力，这种压力会转变为员工努力工作的动力。正如麦格雷戈所说："个人与个人之间的竞争，才是激励的主要来源之一"。在这里，员工工作的动力和积极性成了激励工作的间接结果。

（5）实现酒店效益。正确地使用激励可以使酒店员工得到满足，提高员工工作的积极性和主观能动性，消除不自信，以主人翁的姿态服务客户，为酒店带来经济效益和口碑效益。

13.6.3 员工激励的基本形式与技巧

13.6.3.1 了解员工的真实需要

需要是员工努力工作的源泉。员工的需要是客观存在的，也是各不相同的。酒店里员工的职位不同、文化程度不同、性别不同、年龄不同，都会导致需要上的千差万别。

（1）管理人员要高度重视员工的需要，要意识到满足员工的合理需要是调动员工积极性的基本前提，要把尽量满足员工合理的需要作为调动员工积极性的基本策略和方法。

（2）管理人员要花时间去研究了解员工的需要。研究员工的需要，具体的做法除了要经常进行认真观察外，还要时常与员工谈心，了解员工较隐秘的个人需要。激励员工，最好先了解员工的真正需求。我们经常会出现的误区就是把管理者的爱好普遍化，如管理者喜爱旅游，则其对员工的激励方式很有可能就是奖励旅游；反之亦然。如果不能确定他对这件事的反感程度，也要加以试探，问其个人的喜好。

（3）管理人员要根据调查结果具体分析员工的需要，再结合酒店的实际情况采取有针对性的激励措施。

13.6.3.2 制定合理的薪酬制度

酒店的大多数普通员工是一线工作者。一般来说，他们比较重视可以满足基本需要的工资和奖金。对普通员工，酒店宜采取"基薪+综合奖金"的薪酬制度，特别是要充分利用奖金的促进效用。奖金可以对某些行为产生正强化的推动作用，可以促使员工主动为顾客提供更优质的服务。因此，酒店要实行差别化的奖励措施，加大奖金对员工的吸引力，使员工的积极性巩固和保持下去。管理者要善于发现对员工的奖励点，按照对酒店贡献的大小颁发不同额度的奖金，如对超长工作量的员工、顾客满意的员工、为酒店节省了成本费用的员工颁发奖金。同时，奖金的发放要把握时机，及时适度，不应该把奖金与工资放在一起发放，避免员工把工作应得的报酬与额外奉献混为一谈，削弱他们的获奖感受。酒店的普通员工最看重薪酬激励，所以酒店管理者要充分重视这一点，集中优势财力在员工的奖金发放上，这会取得明显的激励效果。

13.6.3.3 确保激励的公正性

激励的公正性就是激励的灵魂。公平理论指出，管理者必须对员工的贡献做出恰当的承认，否则员工就会有不公平的感觉。如果对不公平无法忍受时，员工可能出现发牢骚、制造人际矛盾、消极怠工、放弃工作等消极行为。可见，酒店管理者客观公正评价员工工作业绩，并据此给予合理的弹性工作报酬，对于消除员工不公平感、提高员工工作积极性是十分重要的。而要做到客观公正，酒店在对员工进行激励时，就必须做到赏罚严明、赏罚适度。

13.6.3.4　注意及时适度激励

激励的物质基础和思想基础就是员工的利益取向和生理、心理特点，由此在生理和心理上必然产生与之适应的喜好和厌恶情绪。激励就是诱导员工共同的喜好和厌恶趋向。当然，这种趋向，不同的员工各不相同；诱导这种趋向的方式和做法，对不同的员工也各不相同。但有一点是相同的，就是及时和适度。激励如果不及时、不适度，不仅会失信于员工，挫伤员工的积极性，而且还可能使员工产生怨恨，出现完全相反的结果。

因此，及时适度是酒店正确实施激励的一条重要原则。在实践中，酒店应正确识别激励时机的特点。激励员工的时机具有隐蔽性、短暂性和易变化的特点，酒店管理者只有根据激励员工时机的三个特点，才能准确地把握好时机对员工实施激励。其次，应掌握好激励的度。即在激励时，不能无功而奖，无过而罚。及时不适度，激励效果不会好；而适度不及时，激励便会失去应有的作用。

内 容 小 结

本模块概述了前厅人力资源管理的基础知识，分析了人员外部招聘和内部招聘的优缺点，同时点明了绩效考核在人力资源管理中的重要性：科学的绩效考核，是对员工劳动数量和质量的承认，因而成为激励员工的持久动力。考核的最终目的是改善员工的工作表现，在实现前厅部经营目标的同时，提高员工的满意程度和成就感，最终实现部门和个人发展的“双赢”。善于激励可以调动员工积极性，可以形成团队精神，提高服务质量和管理水平。

【职业能力测试】

实训项目　员 工 培 训

实训目的：通过员工培训的实训，学习不同的培训方法，掌握不同培训方法的技巧。

实训要求：（1）掌握一定的语言技巧。
（2）熟悉计算机的使用。
（3）熟悉培训的材料。

实训准备：电脑、纸、笔、扩音器。

实训安排：（1）将学生分成实训小组。
（2）各组学生分别扮演培训师和学员。

实训内容：（1）确定培训的相关人员。
（2）确定培训的内容。
（3）选择培训的时间、地点。
（4）培训。

（5）考核。

（6）总结。

考核标准：

员工培训考核标准

考 核 项 目	考 核 内 容	分 值
1. 确定培训目的	员工培训的主要目的明确	20
2. 确定培训内容	对培训的内容设计合理	20
3. 确定培训人员、地点、时间	便于实际工作，合理安排培训相关事宜	15
4. 培训方式	根据培训对象与内容的特点，采用培训的方式高效、有创意	30
5. 培训效果考核与总结	对员工培训的效果进行检测，对本次培训的内容与评价有总结	15
总 分		100

实训模拟情境：

酒店前台英语口语

非正式英语	正式英语
What's your name?	May I have your name?
您贵姓?	请问您贵姓?
Do you want some tea?	Could you like some tea?
您要喝茶吗?	请问您想喝茶吗?
Over here, please.	Could you come this way please?
这边请。	请您往这边走好吗?

不要说 OK，Sure，Yeah 等，而要说“Certainly，Sir.”

Hey，uh-huh，Hang on 等，也不适合在酒店中使用。

不要说“I don't know”回答“不知道”是非常不礼貌的。

可以说“Just a moment，please！I'll check that for you.”（请稍候，我来帮您确认），然后请有能力处理的人前来协助。

对男性客人，尊称为 Sir；面对女性客人时，尊称为 Ms.

在招呼客人时，最好说“Excuse me，Sir（Ms.）”，不要直接称呼 Mr. 或 Ms.，至于称呼小孩，可以直接使用 Excuse me，但是不可以直接称呼 boy 或 girl。

模块 14　前厅服务质量管理

【情景导入】

温馨的早餐

2 月 26 日深夜，某公司的几位日本客人来到前台结账，前台服务员小李认真查看了客人的明细账单，快速为客人办理了结账手续。小李想，这几位客人均是第二天要离店的，之所以晚上就结账应该是因为走得早、赶时间，于是主动询问客人第二天离店的具体航班信息，一位客人说："明天 5：30 公司有车来接我们去机场，今晚来将账务结清，明天就能直接退房了。"小李听完这话，在电脑上查看了客人的信息，了解到客人的房费是含早餐的，心想：客人这么早离店，吃早餐肯定来不及了，不吃早餐的话对身体很不好，要不然为客人准备一些方便携带的食品，让他们在去机场的路上食用。但又一想：现在已是深夜，餐厅早已下班，到哪里去给客人准备早餐呢？这时，小李灵机一动，立刻打电话给刚回宿舍的同事，请其到附近的 24 小时便利店为客人购买一些便于携带的食品。

客人在拿到这份早餐时无比感动，连声称赞酒店的服务，说在这里就像在自己的家里一样，并表示以后来了还选择住这里，还要把酒店推荐给他所认识的每一位朋友。

评析

前台服务员小李设身处地地为客人着想，把客人看作自己的朋友甚至亲人，自掏腰包帮客人准备了温馨的早餐，看似小事，却深深地感动了这些身在异国他乡的外国友人。在酒店，无论是哪一个岗位，能否真正做到把客人放在首位、凡事都从客人的角度去考虑，实现"宾客至上"的理念，对于提高服务质量至关重要。只有用心服务才能感动身边每一个人，只有付出真情，才能赢得客人归！

酒店服务质量不仅包括设备设施、实物产品、服务环境等有形产品质量，还包括酒店员工在为客人提供服务时所付出的劳务这一无形产品质量。酒店所提供服务的使用价值适合和满足宾客需要的程度高低即体现了酒店服务质量的优劣。适合和满足宾客的程度越高，服务质量就越好；反之，服务质量就越差。

专题 14.1　前厅服务质量的内容与特点

14.1.1　前厅服务质量的内容

前厅服务质量带有无形性的特点，同时又有物质性和有形性的特点。因此，前厅服务质量实际上包括有形产品质量和无形产品质量两个方面。有形产品质量是无形产品质量的有效载体，无形产品质量是有形产品质量的完善和必要补充，两者相辅相成，构成了完整的服务质量的内容。

14.1.1.1 有形产品质量

前厅有形产品质量主要包括以下几个方面。

A 设备设施的质量

设备设施主要包括客用设备设施和供应用设备设施两种。酒店只有保证设施设备的质量，才能为客人提供多方面的、舒适的服务，进而提高酒店的声誉和服务质量。

（1）客用设备设施是指直接供宾客使用的那些设施设备，酒店只有保证设备设施的质量，才能为客人提供多方面的、舒适的服务，进而提高酒店的声誉和服务质量。在前厅部，如大堂客人休息区的沙发、贵重物品保险箱、照明灯具等。它要求做到设置科学、结构合理，配套齐全、舒适美观，操作简单、使用安全、性能良好。另外，客用设施设备的舒适程度是影响酒店对客服务质量的重要方面。舒适程度的高低主要取决于设施设备的配置和对设施设备的维修保养等两个方面。因此，设施设备随时保持完好无损，保证各种设施设备正常运转，充分发挥设施设备效能，是提高酒店服务质量的重要组成部分。

（2）供应用设备设施是指酒店经营管理所需的不直接和宾客见面的生产性设施设备，如制冷供暖设备、厨房设备等。供应用设施设备要求做到安全运行、保证供应，否则也会影响服务质量。

B 实物产品的质量

实物产品是指直接满足宾客的物质消费需要的产品，也是酒店服务质量的重要组成部分。其质量高低也是影响宾客满意程度的一个重要因素，前厅的实物产品质量通常包括：

（1）客用品质量。客用品是实物产品的一个组成部分，它是指直接供宾客消费的各种生活用品。客用品质量应与酒店星级相适应，避免提供劣质客用品，否则会给宾客留下较差的印象。提供的客用品数量应充裕，能够满足宾客需求，而且供应要及时。另外，客用品的品种还应切实满足宾客的需要，而不仅仅是摆设。但客用品品种过多势必增加酒店成本，所以客用品配备应适度，以能够满足本酒店客源需求为佳。最后，还必须保证所提供的客用品的安全与卫生。

（2）服务用品质量。服务用品质量是指在提供服务过程中供服务人员使用的各种用品，如前厅部的行李车等。它是提高劳动效率、满足宾客需要的前提，也是提供优质服务的必要条件。服务用品质量要求品种齐全、数量充裕、性能优良、使用方便、安全卫生等。

C 服务环境的质量

服务环境质量就是指服务气氛给宾客带来感觉上的美感和心理上的满足感，主要包括独具特色、符合酒店等级的酒店建筑和装潢，布局合理且便于到达的酒店服务设施和服务场所，充满情趣并富有特色的装饰风格，以及洁净无尘、温度适宜的酒店环境和仪表仪容端庄大方的酒店员工。它在满足宾客物质方面需求的同时，又可满足其精神享受的需要。通常对服务环境质量的要求是整洁、美观、有序和安全。在此基础上，对于星级酒店来说，还应充分体现出一种带有鲜明个性的文化品位。

14.1.1.2 无形产品质量

前厅无形产品质量也是酒店无形产品质量的一部分，主要包括以下几个方面。

A　礼貌礼节

礼貌礼节是以一定的形式通过信息传输向对方表示尊重、谦虚、欢迎、友好等态度的一种方式，礼节偏重于仪式，礼貌偏重于语言行动。它表明了酒店对宾客的基本态度和意愿。酒店礼貌礼节主要要求服务人员具有端庄的仪表仪容、文雅的语言谈吐、得体的行为举止等。前厅部服务员直接面对宾客进行服务的特点，使得礼貌礼节在酒店管理中备受重视，因为它直接关系着宾客满意度，是酒店提供优质服务的基本点。

B　职业道德

酒店服务过程中，许多服务是否到位实际上取决于员工的事业心和责任感。因此，遵守职业道德也是前厅部服务质量的最基本构成之一，它无可避免地影响着酒店的服务质量。作为前厅部的员工，应遵循“热情友好，真诚公道；信誉第一，文明礼貌；不卑不亢，一视同仁；团结协作，顾全大局；遵纪守法，廉洁奉公；钻研业务，提高技能”的职业道德规范，真正做到敬业、乐业和勤业。

C　服务态度

服务态度是指前厅服务人员在对客服务中所体现出来的主观意向和心理状态，其好坏是由员工的主动性、创造性、积极性、责任感和素质决定的。前厅部员工服务态度的好坏是很多宾客关注的焦点，尤其当出现问题之时，服务态度常常成为解决问题的关键，宾客可以原谅酒店的许多过错，但往往不能忍受服务人员恶劣的服务态度。因此，服务态度是无形产品质量的关键所在，直接影响酒店服务质量。

D　服务技能

服务技能是酒店提高服务质量的技术保证，是指酒店服务人员在不同场合、不同时间对不同宾客提供服务时，能适应具体情况而灵活恰当地运用操作方法和作业技能。服务技能的高低取决于服务人员的专业知识和操作技术，要求其掌握丰富的专业知识，具备娴熟的操作技术，并能根据具体情况灵活地运用，从而达到给宾客以美感和享受的服务效果。也只有掌握好服务技能，才能使服务达到标准，保证前厅部的服务质量。

E　服务效率

服务效率是指员工在其服务过程中对时间概念和工作节奏的把握。它应根据宾客的实际需要灵活掌握，要求员工在宾客最需要某项服务时随时提供。因此，服务效率并非仅指快速，而是强调适时服务。酒店服务效率有两类：其一，是用时限来表示服务效率；其二，是指有时间概念，但没有明确的时限规定，是靠宾客的感觉来衡量的服务效率。这类服务效率问题在酒店中大量存在着。若使宾客等候时间过长，很容易让宾客产生烦躁心理，并会引起不安定感，进而直接影响宾客对酒店的印象和对服务质量的评价。

F　安全卫生

酒店安全状况是宾客外出旅游时考虑的首要问题。因此，酒店必须保障宾客、员工及酒店本身的安全。酒店在环境气氛上要制造出一种安全的气氛，给宾客心理上的安全感，但不是戒备森严，否则，更会令宾客感到不安。前厅部的清洁卫生主要包括前厅部各区域的清洁卫生、用品卫生、个人卫生等。前厅部的清洁卫生直接影响宾客身心健康，是优质服务的基本要求，所以也必须加强管理。

服务质量除上述内容外，还包括员工的劳动纪律、服务的方式方法、服务的规范化和程序化等内容，同样应被酒店管理者关注。

14.1.2　前厅服务质量的特点

前厅服务所需要的面对面、随时随地提供服务的特点及其服务质量特殊的构成内容，使其质量内涵与酒店其他部门有着极大的差异。为了更好地实施对前厅服务质量的管理，管理者必须正确认识与掌握前厅服务质量的特点。

14.1.2.1　服务质量构成的综合性

前厅服务质量的构成内容既包括有形的设备设施质量、服务环境质量、实物产品质量，又包括无形的劳务服务质量等多种因素，且每一因素又由许多具体内容构成，贯穿于酒店服务的全过程。其中，设备设施、实物产品是酒店服务质量的基础，服务环境、劳务服务是表现形式，而宾客满意程度则是服务质量优劣的最终体现。因此，前厅服务质量的构成具有极强的综合性。这一特点要求管理者树立系统的观念，把前厅服务质量管理作为一项系统工程，既要抓好有形产品的质量，又要抓好无形服务的质量；不仅要做好自己的本职工作，还要顾及酒店其他部门或其他服务环节，督导员工严格遵守各种服务或操作规程，提高整体服务质量。正如“木桶理论”所说的，一只由长短不一的木条拼装而成的木桶，它的盛水量取决于最短的那根木条的长度。

14.1.2.2　服务质量显现的短暂性

前厅服务质量是由一次又一次的内容不同的具体服务组成的，而每一次具体服务的使用价值均只有短暂的显现时间，即使用价值的一次性，如微笑问好。这类具体服务不能储存，一结束，就失去了其使用价值，留下的也只是宾客的感受。服务的不可储存性要求酒店提供的任何服务都要及时，因为超过了一定的时间，客人也许不会再有服务的需求了，服务的价值将永远失去。因此，从这种意义上说，前厅服务是一次性的。一次性服务产品的质量如何，只体现在客人当时的感知，而不是服务后的补偿。

14.1.2.3　服务质量内容的关联性

宾客对酒店服务质量的印象，是通过他进入酒店直至他离开酒店的全过程形成的。在此过程中，宾客得到的是各部门员工提供的具体的服务活动，但这些具体的服务活动不是孤立的，而是有着密切的关联，因为在连锁式的服务过程中，只要有一个环节的服务质量有问题，宾客对酒店的整体印象就会被影响，进而影响其对整个酒店服务质量的评价。那么前厅部作为酒店的重要部门在做好自己每一个服务过程、服务环节的同时，也要同其他部门协调好，确保每项服务的优质、高效，确保酒店服务全过程和全方位的“零缺点”。

14.1.2.4　服务质量具有依赖性

服务是一个服务主体与服务客体互动的过程。因此，服务质量的最终形成不仅是酒店服务员单方面的事情，而且还依赖于服务对象即客人的参与程度。这种依赖性，主要体现在两个方面，一个是前厅员工的素质，另一个是客人对服务质量评价的主观性。因此酒店服务质量的优劣在很大程度上取决于员工的即席表现，而这种表现又很容易受到员工个人素质和情绪的影响，具有很大的不稳定性。另外，不同客人在服务的需求上存在着差异，有时即使同一个客人，在不同的时段对服务的要求也会有所差异。因此，前厅部作为酒店和客人接触最密切的部门，部门员工应在服务过程中通过细心观察，了解并掌握宾客的物质和心理需要，不断改善对客服务，为宾客提供有针对性的个性化服务。

事实上，无论酒店如何努力，服务质量问题还是会出现在酒店的任何时间和空间。不同的是存在的问题数量和层次，这是一个无可回避的客观现实。作为前厅部的管理者，应做的是积极地采取妥当的措施，将出现的服务质量问题的后果对宾客的影响降至最小，避免矛盾的扩大化。其中最为有效的办法，就是通过一些真诚的服务赢得宾客的信任，在日常工作中与宾客建立起良好和谐的关系，使宾客最终能够谅解酒店一些无意的失误。

专题 14.2　前厅服务质量管理的内容

14.2.1　前厅服务质量管理的基本原则

14.2.1.1　宾客至上

在国内，酒店业已由卖方市场转为买方市场，左右产品特色和产品质量的不再是酒店经营者，而消费者。对酒店经营者，尤其是前厅部各级员工来说，产品质量的评判者是自己所面对的宾客。只有令客人满意的服务才是优质服务，而只有靠优质服务才能吸引更多的客人，为酒店和个人带来更好的效益。因此，在前厅对客服务质量管理过程中，要求员工从客人的角度出发，时刻把客人的利益放在第一位，想客人所想，急客人所急，把方便留给客人，把困难留给自己。只有树立“宾客至上”的意识，才能确保质量管理取得良好效果。前厅部的管理者应积极听取客人的意见和建议，从客人的角度考虑问题，给予客人方便和满意，提高服务质量。服务程序并不是一成不变的，而是随着客人需求的变化而不断调整的。

14.2.1.2　预防为主

服务产品生产与消费的同时性要求服务性产品具有百分之百的一次成功率，也决定了服务产品质量控制和管理必须以预防为主，防患于未然。通过充分准备、严格检查和严密监督，及时发现任何可能影响服务质量的隐患和漏洞，积极采取一切措施，有效地扼制问题的进一步发展，保证服务质量的稳定。

14.2.1.3　以人为本

以人为本就是要重视具体实施对客服务的一线员工。客人是服务质量的裁判，而员工是优质服务的基本保证。以人为本就是充分强调普通员工在质量管理、控制过程中的重要作用，重视对全体员工的培训与激励，使质量意识深入每个员工的心中，同时充分调动员工的工作积极性，为质量管理、控制出谋划策。管理者应运用多种激励手段提高员工服务意识，促使前厅全体员工意识到集体利益对个人的重要性，发自内心地把保持和提高酒店的服务质量当作自己的天职，自觉自愿地去钻研服务技能，提高服务质量。为了达到这一目的，前厅部管理者必须加强同下属员工的沟通和联系，了解员工的思想，解决员工的困难，重视员工的成长，通过对员工进行职业道德、业务技能的教育和培训，从思想上确立员工的服务意识。同时，通过一系列行之有效的奖惩制度和激励措施，使员工在行动上加以贯彻落实。在加强员工培训的同时，管理者还要充分信任员工的能力和判断，鼓励员工为部门服务质量的控制和管理提出合理化建议，不轻易否定员工的想法和建议，因为他们对客服务程序中出现的问题有最大的发言权。以人为本就是要充分发挥普通员工的工作积极性和创造性，集思广益，自上而下地推动服务质量管理与控制。

14.2.1.4　标准化服务与个性化服务相结合

在酒店，标准化服务包含两个方面的内容：一是服务规范的标准化，即制定严格、统一、标准的服务规范，要求所有酒店员工都必须遵守，依照服务的规范向客人提供统一的服务；二是产品本身的标准化，即将所有客人看作具有相同需求的消费群体，提供同质产品，以相同的价格、相同的促销手段和销售渠道将酒店的产品和服务销售给所有的客人。个性化服务也称定制化服务，是指服务性酒店根据客人的具体需要，由服务技能较高、服务知识较丰富的服务人员为各位客人提供个性化、差异化的服务，满足客人具体的、独特的需要和愿望。个性化服务是标准化服务的有效补充和延伸。酒店管理者应努力将看似矛盾的标准化与个性化完美结合，为客人提供标准化的个性服务。

14.2.2　前厅服务质量管理的方法

只有采取有效的服务质量管理方法，才能真正提高酒店服务质量，为客人提供满意的服务，使酒店取得良好的经济效益。在酒店中通常采用的服务质量管理方法主要有以下几种。

14.2.2.1　全面质量管理

全面质量管理是为了能够在最经济的水平上，充分满足客人要求的条件下进行市场研究、设计、制造和售后服务，把酒店内各部门的研制质量、维持质量和提高质量的活动构成一体的一种有效的体系。

酒店全面质量管理是指酒店为保证和提高服务质量，组织酒店全体员工共同参与，综合运用现代管理科学，控制影响服务质量的全过程和各因素，全面满足宾客需求的系统管理活动。它要求以系统观念为出发点，通过提供全过程优质服务，达到提高酒店服务质量的目的。全面质量管理的精髓体现在以下三个方面。

A　以客人为导向

任何组织都要依存于他们的客人，管理必须识别客人的需求，满足并超越他们的需求，这样才能获得继续发展下去的动力和源泉。与过去相比，现在的顾客有更明确的服务质量期望值，正确理解客人需要和识别客人潜在的需要成为做好质量管理的关键。

B　全员参与

一个酒店的运作相当于一部机器的运转，任何一个零件出现质量问题，都会影响到产品整体的质量输出。组织内全体员工，从总经理层到员工层，都必须参与到质量管理的活动中来。其中，最为重要的是酒店的决策层必须对质量管理给予足够的重视。

C　持续改进

持续改进是全面质量管理的核心思想和目标。客人需求不断变化，酒店必须要持续改进才能持续获得客人的支持，才能获得不断的利润进而持续发展。全面质量管理不只是一种管理方法，更是一种主动寻求不断改进和系统融合的理念。

14.2.2.2　PDCA 循环法

PDCA 循环的概念最早是由美国质量管理专家戴明提出，所以又称“戴明环”。PDCA 是计划（plan）、实施（do）、检查（check）、处理（action）的英文简称。

PDCA 管理法的核心在于通过持续不断的改进，使酒店的各项事务在有效控制的状态下向预设目标发展。PDCA 管理循环的工作程序分 4 个阶段。

A　计划阶段

计划阶段的内容包括：运用排列图找出存在的问题，运用因果分析图分析产生问题的原因，并找出影响问题的主要原因，针对这些主要原因制定相应的对策、措施和方法。

B　实施阶段

实施阶段，按制定的对策措施和方法的要求实施。

C　检查阶段

检查阶段，再次运用排列图对酒店服务质量情况进行分析，检查对策措施的实施结果是否达到预期目标，是否还存在质量差异，是正偏差还是负偏差。

D　处理阶段

根据检查结果，采取必要的措施巩固已经取得的成果，对未达到的预期目标进行进一步的改进，并自动转入下一循环的第一步，并开始新一轮的 PDCA 管理循环。

PDCA 管理循环的 4 个阶段缺一不可。只计划而没有实施，计划就是一纸空文；有计划，也有实施，但没有检查，就无法得知实施的结果与计划是否存在差距和有多大差距；若计划、实施、检查俱全，但没有处理，则不但已取得的成果不能得到巩固，失败的教训不能汲取，而且发生的问题还会再次重复，如此，服务质量就难以提高。因此，只有 PDCA 4 个阶段都完成且不断地循环下去，才会使酒店服务质量问题越来越少，使酒店服务质量不断提高。

14.2.3　前厅服务质量管理的控制

酒店服务质量管理的目的都是为了有效控制酒店服务质量。前厅部的服务质量是酒店的中心工作，在酒店各项工作中占有十分重要的地位。前厅部服务质量的控制主要是以下三个方面的内容。

14.2.3.1　事前服务质量控制

随着全面质量管理和零缺点管理的推广，事前服务质量控制日益受到酒店管理者的重视。做好事前的准备工作，是保证服务质量的前提条件。服务员必须做好充分的精神准备和物质准备，为给客人在住店期间提供服务打下良好的基础。

A　精神准备

精神准备要求每个服务人员必须精神饱满、集中精力、着装整洁、规范上岗。要做到这些，必须对前厅部服务员进行职前培训、岗位培训、重要接待任务前的思想动员等。

B　物质准备

物质准备要求当前必须控制好设施设备的安全程度、舒适程度及配备的合理程度等，以保证宾客进入酒店就能得到满意的服务。客人抵店前，前厅部需要事前核对客人是否有预订及提前考虑如何分房等，为了确保房间符合酒店规定的质量标准，必须严格执行查房制度。

14. 2. 3. 2　服务过程质量控制

服务过程中的每一次对客服务，由于时间、环境、对象、心理、标准等多方面因素的影响，质量和结果不尽相同。要使每一次对客服务都做得比较圆满，服务人员应积极主动地从每一次服务的常规模式中创造出新的、更好的服务，以满足客人不同的消费需求，使每一次服务都能达到既定的服务质量目标。这就要求服务人员在服务过程中必须严格执行服务质量规范标准，如礼貌待客标准、语言动作规范、职业道德规范、服务效率标准、各岗位服务员职责和服务规程等。同时，管理人员必须以服务质量标准为依据，加强服务质量的监督和检查，发现问题，及时纠正。前厅对客服务过程质量控制，应着重做好以下两个方面的工作。

A　加强现场控制

酒店服务质量的偏差往往是在一瞬间发生的，有些偏差需要立即纠正，因此要加强现场控制。各级管理人员要尽可能深入第一线去发现服务质量中的问题，及时处理。例如，遇到客人投诉要尽可能及时解决，在客人离店前尽量消除不良影响，维护酒店声誉。

B　实行层级控制

实行层级控制，即通过各级管理人员一层管一层地进行。它主要是控制重点程序中的重点环节，如总台预订、接待质量等。

14. 2. 3. 3　服务结束过程的质量控制

服务结束过程控制主要指的是质量信息反馈处理工作。前厅应充分利用质量信息反馈系统，及时收集服务过程中的各种质量信息，对照酒店服务质量标准，找出质量差异及其产生的原因，提出有效的改进措施，避免过错的再次出现。对客服务质量信息来源有以下几个渠道。

A　客人信息渠道

客人的投诉、抱怨、批评、表扬、建议等，都是改善服务质量的重要信息。这些来自客人的声音最能够反映客人的需求，暴露对客服务的优点和弱点。为此，对客服务质量管理，应确保信息畅通，方便客人投诉，鼓励客人投诉，主动征求客人的意见，恳请客人对对客服务提建议。高度重视客人意见表，确保客人意见及时传达。

B　员工信息渠道

来自一线的员工，最了解客人的需求和意见，同时，他们又是服务质量标准的实践者，对服务质量标准的合理性和实践意义最清楚。因此，管理者应经常征求他们的意见，认真听取他们的反映和建议，鼓励他们为改善酒店服务质量献计献策。

C　其他渠道

酒店对完成各种服务质量指标的考核、内部的检查评比和评价等，也是对客服务质量重要的信息来源。

14.2.4　提高前厅服务质量管理的途径

14.2.4.1　培养员工的服务意识

服务意识是员工应具备的基本素质之一，同时也是提高服务质量的根本保证。服务意识是酒店全体员工在与一切和酒店利益相关的人或组织的交往中所体现的为其提供热情、周到、主动的服务的欲望和意识。

（1）要培养员工的服务意识，就必须先培养员工对本职工作的热爱。只有真心喜欢这份工作，工作起来才会有热情，才会主动，才会有强烈的为客人服务的欲望。

（2）要培养员工的服务意识，就必须使他们正确认识所从事的工作，不断更新观念，做到爱岗敬业。

（3）要培养员工的服务意识，就必须使他们正确理解服务对象的需求、情绪，真正做到想客人所想，急客人所急。

14.2.4.2　强化训练，掌握服务技能

服务技能和操作规程是提高前厅服务质量和工作效率的重要保障，前厅服务员必须熟练掌握。前厅部可以通过强化训练、组织竞赛等多种手段来提高前厅服务员的服务技能。

14.2.4.3　为客人提供微笑服务

微笑服务是员工为客人提供真诚服务的具体体现，是服务工作要求的基本礼貌礼节，是优质服务的基本要求。

14.2.4.4　为客人提供个性化服务

提供规范化的服务是保证前厅服务质量的基本要求，但不应仅仅满足于为客人提供这一类服务，因为每一位客人都是不同的，都有自己的个性与特点，必须为其提供相应的个性化服务，这样才能使客人对前厅部的服务有更高的满意度。

14.2.4.5　做好与酒店其他部门的合作与协调

要提高前厅服务质量，还必须做好与酒店其他部门的合作与协调，特别是客房部、餐饮部、安保部、账务部等部门。

14.2.4.6　加强员工培训

服务是无形产品，只有提供现场服务，其价值才能实现。因此，服务质量的高低，直接取决于服务人员素质的高低，而培训是提高员工素质的有效手段，酒店应把培训工作列为重点工作来抓。培训工作不能流于形式，应该计划周密、形式多样、严格要求、注重实效，培养出一支高素质的职工队伍，为提高服务质量奠定坚实的基础。

专题 14.3　客史档案管理

客史档案又称客人档案，是酒店对在店消费客人的个人情况、消费行为、信用状况、偏好和期望等特殊要求所做的历史记录。它是酒店用来促进销售的重要工具，也是酒店改

善经营管理和提高服务质量的必要资料。完整的客史档案不仅有利于酒店开展个性化服务，提高客人满意度，而且对搞好客源市场调查、增强竞争力、扩大客源市场具有重要意义。

14.3.1 客史档案资料收集整理

客史档案主要包括：计算机客史档案和手工客史档案两种形式。手工客史档案按字母顺序排列，每张档案上记录了住店一次以上的客人的有关情况。而计算机系统中专门有客史档案菜单，计算机会根据菜单指令记录、储存客人的有关资料，并可随时打印出来。

14.3.1.1 客史档案的作用

A 提高顾客忠诚度

宾客入住时需要登记个人信息，如年龄、地址等。在宾客到店消费时，可通过消费记录掌握客人的消费需求，整理成册，定期回访。当客人感受到酒店的重视时，就会提升其忠诚度。

B 便于对客人提供个性化服务

利用酒店的客史资料，了解不同客人的需求、喜好，及时为客人提供个性化服务，增加酒店服务的人情味标准化、规范化服务保障酒店服务质量的基础，个性化服务则是服务质量的灵魂。

【案例赏析】

拥有一口流利中文的英国客人在某酒店前台办理入住登记，接待员在与客人的沟通中了解到他是第二次到本酒店入住，客史档案中记载了这位英国客人的生活习惯和喜欢住的房型及使用的物品等。接待员按照客人喜好的中式客房和一厚一薄的枕头等物品需求，很快办理妥当。当客人进入房间后，满意地对行李员说："你们的服务太细致了。"

14.3.1.2 客史档案内容

建立客史档案是酒店了解客人、掌握客人的需求特点，从而为客人提供针对性服务的重要途径。客史档案是一个珍贵的工具。建立客史档案对提高酒店服务质量、改善酒店经营水平具有重要意义。

客史档案包括常规档案、预订档案及消费档案。

（1）常规档案：客人姓名、性别、年龄、出生年月、婚姻状况及通信地址、电话号码、公司名称、职务等。收集这些资料有利于了解酒店目标市场的基本情况。

（2）预订档案：客人的订房方式、订房数量、订房时间、订房类型等。

（3）消费档案：房间价格、房型、餐费、商品、娱乐等项目，以及喜欢的房间和娱乐方式。通过这些可以了解客人的消费水平、消费喜好、习俗、爱好、意见等。

14.3.2 客史档案的资料来源

（1）预订单。它可以告诉酒店客人抵离店的时间、用房种类、房价、预订方式和渠道等信息。

（2）登记单。酒店从登记单可以掌握客人的基本情况。

（3）账单。据此可以了解客人的消费情况和信用。

（4）客人意见记录。这包括客人意见征求书、客人表扬和投诉记录，从这种记录中可以了解到客人对酒店服务的评价以及有哪些特殊的要求。

（5）其他服务部门的接待记录。这主要指客房、餐饮等对客服务部门的对客服务记录，从中可以了解客人对客房、餐饮等服务的特殊要求。

14.3.3　建立客史档案程序与标准

14.3.3.1　明确建档原则

（1）建立健全管理制度。建立健全客史档案的管理制度，确保客史档案工作规范化。例如，编订编目和索引，档案存放要严格按照既定顺序排放；坚持“一客一档”，以便查找和记录。

（2）妥善保管。客史档案要多次重复保存，以保持客史内容的连续与完整。档案是要长久保存的资料，因此必须定期整理，纠正存放及操作的失误，清理作废的卡片，以保持客史档案的完整。

14.3.3.2　选择建档方式

（1）登记单方式。将客人住宿登记单的最后一联作为客史档案，登记单最后一联通常是硬纸卡，反面还应印有客史资料项目。这种方式比较简单易行，但编目保存较困难，而且记载的信息量不大。中、小型手工操作的酒店多采用这一方式。

（2）档案卡片方式。这是用专门印有各项须填写的客史资料内容的单据，并按字母顺序编目。该单据为正规客史档案卡，可以根据酒店管理上的规定，将卡片印制成各种颜色，用以代表不同的内容和含义，方便预订人员查找。此种方式建档编目比较正规适用，但工作量大。

（3）计算机方式。这种方式是在计算机系统中设定客史档案栏目。将客人的各种信息输入储存，以供随时查阅。该方式操作简便，信息储存量大且易于保管，已成为建立客史档案最主要的方式。

14.3.3.3　建立宾客档案

将相关信息输入客史档案表，见表 14-1。

表 14-1　客史档案表

姓名		性别		国籍	
出生日期及地点			身份证号		
护照签发日期与地点			护照号		
职业			职务		
工作单位					
单位地址			电话		

续表 14-1

家庭地址				电话				
其他								
住店序号	住宿期间	房号	房租	消费累计	习俗、爱好、特殊要求	表扬、投诉及处理	预订信息	信用卡及账号	备注

14.3.3.4　管理客史档案

（1）分类管理。客史档案通常是在客人离店后，由接待处填写建立，由预订处分类保管。为了避免客史档案的丢失，便于管理和使用，应有专用的档案柜来分类存放客史档案。客史档案可以按国外客人、国内客人分为两大类，也可作更详细的分类。每一类以英文字母或汉语拼音顺序逐项排列存放。

（2）运行管理。建立客史档案的目的之一是了解客人的需求信息，所以，客史档案建立之后不能封闭和闲置下来，应在接待服务中发挥它的作用。在档案的运行中，要防止丢失和错用，还要注意收集新的信息资料，使客史档案的内容不断地得到补充。

（3）定期整理。为了充分地发挥客史档案的作用，酒店每年应系统地将客史档案进行 1 ~2 次的检查和整理。

（4）细节管理。在客史档案的具体管理业务中，应注意以下一些细节管理问题：

1）首张档案表填满后应填写续页，注意两张表格应装订在一起。

2）清理过期档案时，必须用碎纸机销毁，以保护客人的隐私。

（5）更新与维护。客史档案的存档系统更新与维护，是每一个对可服务部门应尽的责任，必须充分认识到以下重要性：

1）随时掌握客人的通信与联络地址，以利于我们适时向客人推荐并销售我们的产品，增加酒店的营业收入。

2）随时清楚地了解客人的习惯、喜好与其他相关信息，有利于我们在提高客人满意度的同时，能提供超越他们期望的服务。

内 容 小 结

为了保证前厅服务质量能够让宾客满意，酒店应加强对前厅服务质量的管理。本模块对前厅服务质量的内容与特点、提高服务质量的基本方法与控制过程进行了详细讲解。另外，加强客史档案管理工作，有利于增强酒店的创新能力、提升酒店的服务品质、提高酒店经营效益和工作效率、塑造酒店的显性品牌。

【职业能力测试】

实训项目　建立客史档案

实训目的：通过建立客史档案的实训，学习如何积极有效地收集、整理、管理客人的资料，建立规范的客史档案。

实训要求：（1）掌握一定的语言技巧。

（2）熟悉电脑的使用。

实训准备：电脑、纸、笔。

实训安排：（1）将学生分成实训小组。

（2）各组学生分别扮演员工和客人。

（3）在前厅预订和接待工作中收集客人的资料。

（4）建立有效的客史档案。

（5）学会使用客史档案。

考核标准：

散客预订中收集客史档案考核标准

考核项目	考核内容	分值
1. 树立全员档案意识	宣传客史档案的重要性，培养员工的档案意识，形成人人参与收集客户信息的良好范围	10
2. 问候客人	语调应诚恳，普通话标准清晰	10
3. 主动询问客人相关信息和特殊要求	询问客人的基本信息与有无禁忌和特殊要求，且详细记录	25
4. 复述客人要求以确认	复述客人姓名、联系方式和付款方式，客人特殊要求	20
5. 结束电话	向客人致谢；在客人挂断电话后再挂断电话	10
6. 整理归档	及时迅速地将客人的信息整理归档，客史档案的管理纳入酒店管理系统中	25
总分		100

实训模拟情境：

客人（G）打电话到酒店预订部，要求订房（预订员 R）。

R：（接听电话）您好！某大酒店预订部。

G：你好！我想订一间客房。

R：好的，先生。请问您的全名，好吗？

G：我姓张，叫张三。

R：张三先生，您好！您是弓长张，一二三的三，对吗？

G：是的。

R：张先生，请问您的电话和传真？我们好及时与您取得联系。

G：电话是 87654×××，传真是 87654×××，区号 021。

R：张先生，请问您还有什么其他要求吗？

G：我希望我住的房间安静点。

⋮

R：谢谢张先生，请允许我向您核对以下内容：您订的是标准套房，每晚 980 元，要求房间安静。5 月 3 日抵店，5 日离店，现金结账，从上海乘 1618 次航班前来，您的联系电话是87654321，传真是87654322，区号021，对吗?

G：没问题。

R：谢谢您，张先生。如果您在抵店前有什么变更，请及时通知我们好吗?

G：好的。

R：张先生，感谢您的订房，我们期待着您的光临。再见!

预订员将客人的基本信息和客人的要求反馈到酒店信息中心，建立该客人的客史档案：

分类（按姓氏字母分类）：					
姓名		性别		籍贯	
生日		职业		电话	
身份证号码				入住房型	
单位					
地址					
喜好和忌讳					
下榻次数、时间					
投诉记录					
消费记录					

参 考 文 献

[1] 王多惠．前厅服务与管理［M］．长沙：湖南大学出版社，2013.
[2] 段青民．酒店前厅服务细节与作业流程手册［M］．北京：人民邮电出版社，2013.
[3] 袁照烈．酒店前厅部精细化管理与标准化服务［M］．北京：人民邮电出版社，2016.
[4] 花立明，张艳平．前厅客房部运行与管理［M］．北京：北京大学出版社，2014.
[5] 王培来．酒店前厅运行管理实务［M］．北京：电子工业出版社，2008.
[6] 陈宁．前厅客房服务与管理［M］．武汉：武汉大学出版社，2011.
[7] 陈乃法，吴梅．饭店前厅客房服务与管理［M］．北京：高等教育出版社，2015.
[8] 薛华成．管理信息系统［M］．北京：清华大学出版社，2004.
[9] 穆林．酒店信息系统实务［M］．上海：上海交通大学出版社，2014.
[10] 王玉．前厅部实训教程［M］．西安：西安交通大学出版社，2011.
[11] 杨冬琼．酒店前厅服务看图看板管理与问答［M］．广州：广东经济出版社，2013.
[12] 刘伟．前厅管理［M］．北京：高等教育出版社，2012.
[13] 徐文苑．酒店前厅运作实务［M］．北京：清华大学出版社，北京交通大学出版社，2012.
[14] 秦承敏，王常红．前厅客房服务与管理——理论、实务、案例、实训［M］．大连：东北财经大学出版社，2011.
[15] 陈雪，马柯．饭店前厅客房服务与管理［M］．大连：大连理工大学出版社，2009.
[16] 张智，易红燕．前厅服务与管理［M］．北京：清华大学出版社，2013.
[17] 韩军，翟运涛．前厅客房运行与管理［M］．北京：首都经济贸易大学出版社，2012.
[18] 于水华，谌文．酒店前厅与客房管理［M］．北京：旅游教育出版社，2011.
[19] 曹红，方宁．前厅客房服务实训教程［M］．北京：旅游教育出版社，2009.
[20] 祝红文，周令芳，代荣英，张立．前厅实务［M］．重庆：重庆大学出版社，2009.
[21] 张青云．前厅客房服务与管理［M］．北京：北京大学出版社，2013.
[22] 吴玲．前厅运行与管理［M］．上海：上海交通大学出版社，2011.
[23] 韩鹏，刘晓芬．酒店服务实训教程［M］．北京：旅游教育出版社，2013.